Amazon 国内メーカー直取引完全ガイド

増補改訂版

中村裕紀
Amazon物販ビジネス
コンサルタント

standards

はじめに
～「国内メーカー直取引」で安心、安全、安泰なビジネスができる！～

本書は、誰でも簡単に取り組みやすく、長期的に安定した利益が見込める「国内メーカー直取引」を、世界最大のネットショップ、Amazonで実践するノウハウを解説した本です。

国内メーカー直取引というと、「中上級者向きで難しいのでは」「個人で始めるのは無理では」と感じている方も多いと思いますが、**一般的なサラリーマンやOL、主婦、大学生でも、法人ではなく個人として始めることができます。**私がコンサルタントとして教えている生徒（コンサル生）も、一個人から始めて多くのメーカーと取引を成立させ、利益を継続的に得ています。

Amazon物販ビジネスについて完全な初心者という方でも、最後までお読みいただければ、安心して国内メーカー直取引をスタートできるようになる、著者としてはそう自負しています。

Amazon物販ビジネスというと、多くの人は「せどり」「転売ビジネス」「輸入転売」と呼ばれる方法を思い浮かべると思います。

「せどり」「転売ビジネス」は、国内の量販店やネットショップなどで安く売られている商品を仕入れて、Amazonで高く売ることにより利益を得る方法のことをいい、「輸入転売」は、海外のamazon.comやebayから商品を仕入れて日本のamazon.jpなどで販売する、といったビジネスモデルのことを指します。

どちらも商品を安く仕入れて高く売るだけ、と一見簡単そうに見えますが、**実はせどり、転売ビジネス、輸入転売には大きな問題点があります。**

まず、同じ商品で常に一定の利益を得られるわけではありません。参入障壁が低い、つまり誰でも買える商品でライバルが多いため、**常に価格の値下げ競争にさらされます。**

Amazonのような大きなプラットフォームでは、同じ商品ページにライバルがすぐに群がってしまいます。1商品あたり月100個売れる商品があって、それを10人が売っていたら1人あたり月に10個の売上ですが、20人が売ったら1人あたり5個の売上に減ってしまいます。誰でも買える商品では、一瞬でこういった状況になります。

転売は誰でも仕入れをすることができる商品を扱うわけですから、最初は売れていた商品も、すぐにライバルが増加して、売れなくなります。今月は利益が出ていた商品も来月は出ない商品に変わる可能性が高く、常に利益の出る商品を探してリサーチしないといけないという、「リサーチ地獄」に陥ります。自分が努力した分が積み上がらない、いつまで経っても安定した利益に繋がらない状態になってしまいます。

また、Amazonでは「メーカーの正規販売店と同等のメーカー保証を購入者が受けられない商品」は「新品」として出品できない、という規約も設けられました。Amazonに対する顧客満足度を高めるためです。これにより、Amazon側から「あなたの扱っている商品はちゃんとした正規の商品ですか？」と証拠を求められる場合が出てきます。その際に「せどり」や「輸入転売」では証拠が出せません。証拠が出せなければ、**Amazonのアカウント停止や閉鎖のリスクも高くなり、いったんアカウントが閉鎖されれば、あっという間に売上がゼロになります。**

Amazonが転売商品を嫌うのには理由があります。Amazonの企業理念は「地球上で最もお客様を大切にする企業になる」というところにあるからです。転売に対する規約も年々厳しくなっています。つまり、単純に商品を横流ししているだけの、いわゆる「せどらー」や「転売ヤー」が生き残ることは、今後非常に難しいということです。

しかし、メーカーから直で買っているならまったく問題ありません。本書で紹介する「国内メーカー直取引」であれば、この問題点はすべてクリアできます。消費者、メーカーにとっても嬉しく、そして自分も長期的な利益が出る、といった三方良しの状態が作れます。

国内メーカー直取引では、メーカーから直接商品を仕入れることで、最上流から最安値での供給が可能になります。また、不良品が届くリスクもなく、商品の信頼性があります。Amazonのアカウント停止や閉鎖のリスクも、規約に触れる可能性も低くなります。

メーカーと深い信頼関係を築き最安値で商品を仕入れ続けることで、メーカーに直接働きかけ、Amazonの販売者の限定化や独占に取り組むことも可能です。この結果、転売と違い長期的な利益が見込めます。今月利益が出たけど来月は出ない……などということはなくなります。作業した分の利益が確実に残ります。

「せどり」や「転売」のような、消費者やメーカーにとってもデメリットのあるビジネスに後ろめたさを感じる方もいます。しかし、国内メーカー直取引は、Amazonを通じてメーカーに販路拡大を促し、メリットを与えた上で、消費者にもいい商品を適切に届ける素晴らしいビジネスです。

仕入先を量販店やネットショップから、最上流のメーカーに変えるだけで、メーカーも消費者も自分も喜ぶwin-win-winのビジネスになるのです。

「国内メーカー直取引」を始めたことで私が一番嬉しかったことは、月初めと月の中旬にメーカーに仕入れのメールを1回送るだけで安定した利益が見込めるので、気持ちに余裕ができ、家族と過ごす時間が増えたことです。自分の趣味などに費やせる時間も増えました。

これまで「せどり」や「転売」でリサーチ地獄に苦しんでいたコンサル生も、安定的に利益を上げるようになりました。月利100万円以上稼いでいるコンサル生も多くいます。彼らはガツガツとPCに何時間も張り付いて作業しているわけではありません。**1日のうちの2～3時間だけ使ってメーカーにメールを送っているだけなのです。**

Amazonのプラットフォームを活用した国内メーカー直取引はシンプルで

わかりやすく、Amazon物販ビジネス未経験者でも安心して取り組めます。

なお、メーカー直取引には、国内メーカー直取引と海外メーカー直取引の2種類があります。国内メーカー直取引も海外メーカー直取引も、安定して利益を上げることが可能で、月利100万円以上を継続しているコンサル生も多いです。安定した収入を得ながら家族と過ごす時間や、趣味に費やせる時間を増やせるという点では、どちらも共通しています。

ただ、国内メーカー直取引と海外メーカー直取引では、メールの送り方や返信、交渉の仕方、信頼関係構築などのコツが違ってきます。

例えば、国内メーカーであれば、メールだけでなくFAXや電話、対面でメーカーと交渉することがありますが、海外メーカーは基本的にメールのみです。海外メーカーの場合でも言葉の壁はほとんど心配しなくて良いのですが、コミュニケーションの取り方が国内メーカーと違う特徴があります。また、海外メーカー直取引には、輸入規制、海外送料、関税・消費税など輸入ビジネス独自のノウハウがあります。

どちらがおすすめというわけではなく、両者を比較すると、どちらにもメリット・デメリットがあります。

そのため、海外メーカー直取引にも興味のある方は、拙著『Amazon海外メーカー直取引完全ガイド』(standards)も併せてご覧ください。そして、どちらか自分に合っている方から始めてみると良いでしょう。ただ、私のコンサル生のなかでは、最初はどちらかから始めても、経験を重ねながら最終的にどちらも実践する方もいます。

どちらを実践するにしても、「自分で稼ぐ力を身につけ、好きな時に好きな人と好きな場所へ、好きなだけ行く」という理想を、現実のものにしてください。

中村 裕紀

Contents

Chapter4 メーカー取引を始める前に知っておきたいセールステクニックと重要ポイント

Chapter5 直取引できるメーカーを効率よく探そう

Chapter6

初めてでも取引できる!
メーカーへのメールの出し方

Chapter7

国内メーカー直取引の契約成立を
実現するツメの交渉術

Chapter8

ここが大事!
利益を出すための数字の見方

Chapter9

月利100~200万円を達成させよう!

Chapter10

作業を外注化して自動で売上アップ!

◎本書は2019年11月に弊社より刊行された『Amazon国内メーカー直取引完全ガイド』を基に、2021年8月までの新規の情報や市場動向を踏まえた上で加筆・訂正を加えて構成された増補改訂版です。
◎本書は著者の独自の方法で行った調査に基づき、制作されたものです。
◎本書は同じ著者による既刊『Amazon海外メーカー直取引完全ガイド』と内容が重なる部分が多々ありますが、同書を読んでいない方、または「Amazonをプラットフォームにしたメーカー直取引」に関して全くの初心者の方などに丁寧にわかりやすく説明するための配慮としてご了承ください。
◎内容については万全を期して作成されていますが、本書の内容に合わせて運用した結果については責任を負いかねますので、予めご了承ください。
◎本書は2021年8月の時点で制作されたものです。登録作業や各種作業画面については、Amazonやツールの仕様が変更される場合があります。予めご了承ください。

Chapter 1

Amazon国内メーカー直取引の流れとメリット

～転売、せどりとは全く異なる最新型の物販ビジネスの魅力～

この章では、まずAmazon 物販ビジネスと国内メーカー直取引の概要についてお話しします。Amazon を活用することで時間がない方でも効率よく利益を伸ばせます。また国内メーカー直取引は、他の一般的な単純転売やせどりとは違う魅力があります。具体的なところをメリット、デメリットを含め解説していきます。

01 Amazon物販ビジネスの魅力とは？

魅力①
Amazonは一個人でも物販ビジネスを展開できる

Amazonビジネスを一言で言うと、個人または法人の出品者が、AmazonのWebサイトを利用して商品を販売する物販ビジネスです。

Amazonに出店することで、Amazonの出品システムや集客力をそのまま利用できます。

自分でネットショップを立ち上げたり、広告費をかけて集客をしたりする必要がないので、初心者でも非常に始めやすい仕組みです。

2020年度のAmazonの日本市場における売上高は、2兆1893億2700万円となっており、伸び率は前年度の25.5%増しで、年々拡大しています。

また、日本人の3人に1人がAmazonで商品を購入したことがある、といったデータもとれており、このAmazonで商品を販売できることは、**成功の可能性がものすごく高いビジネスなのです。**

具体的に言うと、Amazonには大きく分けて「Amazon小売り部門」と「Amazonマーケットプレイス」があります。「Amazon小売り部門」とは、Amazon自体が仕入れをして、販売をしているものです。「Amazonマーケットプレイス」とは、私たちのような一個人や法人がAmazon上で商品を販売できる場所です。

本書でお伝えするのは後者、「Amazonマーケットプレイス」を利用した方法になります。

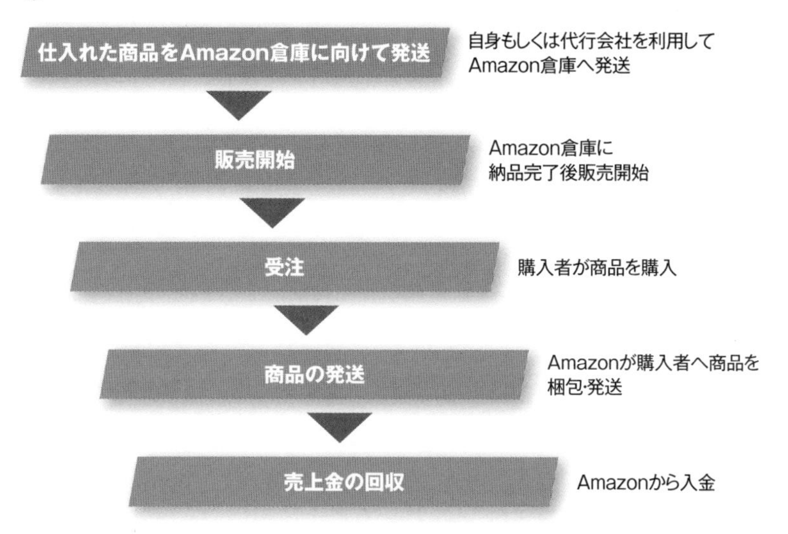
Amazon物販ビジネスの流れ
仕入れた商品をAmazon倉庫に向けて発送
自身もしくは代行会社を利用して
Amazon倉庫へ発送
販売開始
Amazon倉庫に
納品完了後販売開始
受注
購入者が商品を購入
商品の発送
Amazonが購入者へ商品を
梱包・発送
売上金の回収
Amazonから入金

魅力②
梱包／配送作業はAmazonが全部やってくれる！

物販というと、出品するための画像や商品ページを作ったり、お客様への梱包発送、入金確認など、いろいろと面倒だったり、手間がかかったりするイメージがあると思います。そのため、面倒に感じて躊躇する方も多いはずです。実際に、「興味はあるけど梱包したり配送したり、めんどくさそうだよね」と言う声も聞いたことがあります。

しかし、Amazonには便利な機能があります。この面倒なすべての作業をAmazonに委託することができる、そんな画期的なシステムがあるのです。**これをFBA(Fulfillment by Amazon)と言います。**

FBA(Fulfillment by Amazon)とは？

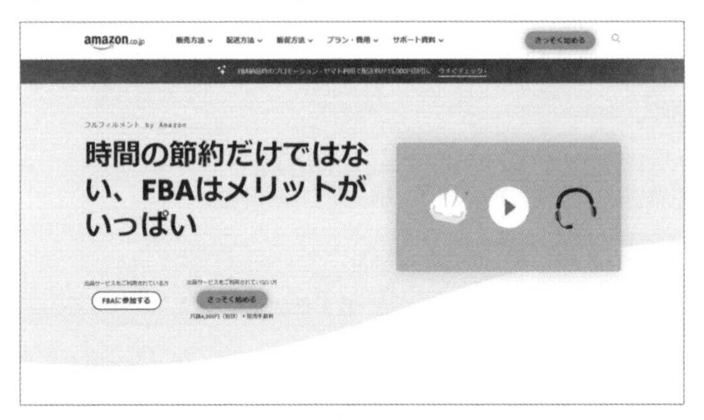

FBA(Fulfillment by Amazon)とは、一言でいえば、通常の物販で発生する「商品の保管」「注文処理」「梱包」「出荷」、そして「返品対応」「配送に関するお問い合わせ」など、物流に関する流れをすべて、Amazonが代行してくれるサービスのことをいいます。

私たち販売者は、商品を仕入れ、まずAmazonのFBA倉庫に納品します。そして商品をお客さんが注文すれば、入金確認をAmazonが行ってくれて、Amazonの倉庫から自動的にお客さんの手元に商品を発送してくれます。

これらを全部自分でやるとなると、商品が数百個、数千個と売れれば、お客様1人ずつに対して入金確認して、梱包して発送しないといけないのです。何かあった場合の返品対応もすべて自分で行います。

私もこれらの作業を実際に経験したことがありますが、相当な時間を取られますし、肉体的にも精神的にもとても疲れます。まして副業でやっている人にとっては、時間の確保が容易ではありません。

しかしFBAを使えば、それをすべてAmazonが代行してくれるのです。ですから、商品が仮に数百個、数千個売れようが、いくつ売れたとしても出品者の手間は増えません。

そういう仕組みがAmazonではできあがっているのです。だから時間がない副業の方でも、効率よく十二分に利益を伸ばすことが可能なのです。

また、言うまでもなく、Amazonの日本最大の集客力も魅力です。

以上のことを考えると、FBAをビジネスとして使わない手はない、ということになります。

その他、「全国配送無料」「即日配送」「24時間365日受注・出荷対応」など、今では当たり前になっているAmazonの対応ですが、他の店舗ではあり得ないことでしょう。また、出品者がこれを全部自分でやろうとしても到底無理です。

Amazonに出品することで、お客様は信頼できるAmazonから購入しているという感覚になります。初心者の方が出品する際も、そのお客様は安心して購入することができるのです。

つまり、Amazonを活用することで、作業の効率化だけでなく、お客様への販売促進にも抜群の効果が生まれるのです。

魅力③
販売ページ作成は書式に書き込むだけでOK！

他にもAmazonにはたくさんの魅力が詰まっています。

その１つが、Amazonの商品ページの出品体制にあります。

用意されたフォーマットに沿って入力するだけで、簡単に商品の紹介・販売ページを作成できるのです。

Amazonの商品登録ページ

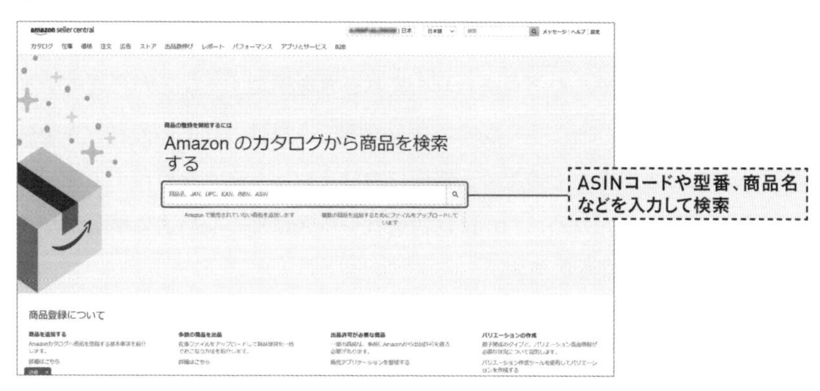

前ページの画面にもあるように、Amazonは自分で商品ページを作成することなく、ASIN(エーシン)という商品コードや型番、商品名などを検索窓に入れるだけで、一発で商品を販売できるようになります。これなら出品ページ作成が面倒だと思う方でも、安心して出品作業を進められますよね。

魅力④
商品の売れ行きを簡単に確認できる

Amazonでは商品の売れ行きを、無料ツールを使って簡単に確認することができます。

Keepa、キーゾン(p168参照)のデータ

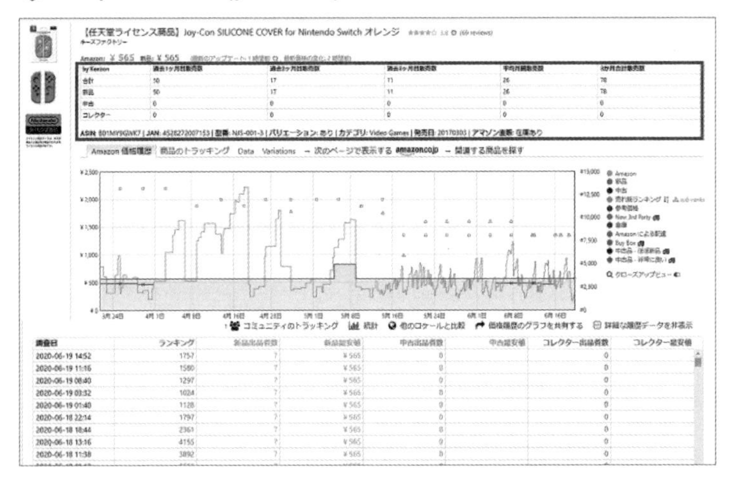

上記のような形で、ひと月あたりの売れ行きを確認することが可能です。

このようにひと月あたりの販売個数を把握できれば、商品の売れ行きを見て仕入れを行えます。そのため、物販における在庫リスクを極限まで減らすことが可能です。だから、Amazon物販ビジネスは怖くない上に極端にリスクの少ないビジネスなのです。

かつては、モノレートやモノゾンという無料ツールで売れ行きを簡単に確認することができたのですが、2020年に閉鎖されています。しかし、代替

ツールとしてKeepa、キーゾンという代替ツールがあるので問題ありません(p168参照)。

魅力⑤ 利益の計算も一発で表示される

商品を販売する際に重要なのが利益の計算です。これが意外にも面倒な作業です。ですが、Amazonには、これもクリアする便利な無料ツールがあります。

FBA料金シミュレーター(p156)のデータ

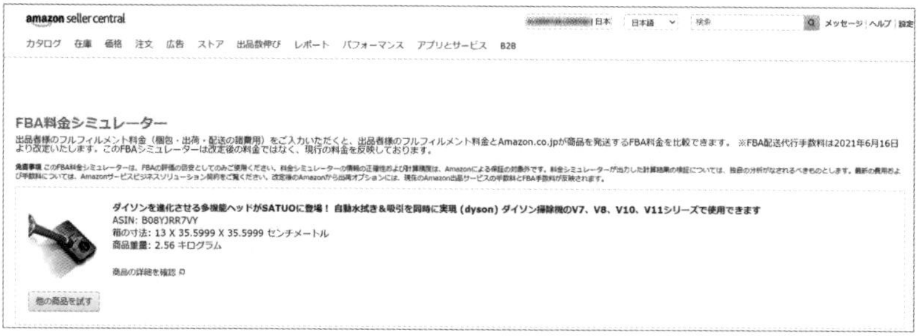

amazon seller central
カタログ 在庫 価格 注文 広告 ストア 出品数伸び レポート パフォーマンス アプリとサービス B2B

FBA料金シミュレーター

出品者様のフルフィルメント料金（梱包・出荷・配送の諸費用）をご入力いただくと、出品者様のフルフィルメント料金とAmazon.co.jpが商品を発送するFBA料金を比較できます。 ※FBA配送代行手数料は2021年6月16日より改定いたします。このFBAシミュレーターは改定後の料金ではなく、現行の料金を反映しております。

ダイソンを進化させる多機能ヘッドがSATUOに登場！ 自動水拭き＆吸引を同時に実現 (dyson) ダイソン掃除機のV7、V8、V10、V11シリーズで使用できます
ASIN: B08YJRR7VY
箱の寸法: 13 X 35.5999 X 35.5999 センチメートル
商品重量: 2.56 キログラム
商品の詳細を確認
他の商品を試す

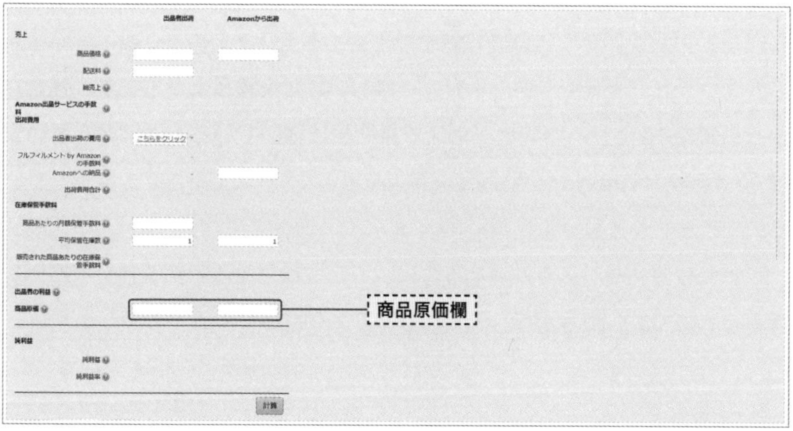

出品者出荷 Amazonから出荷
売上
商品価格
配送料
総売上
Amazon出品サービスの手数料
出荷費用
出品者出荷の費用 こちらをクリック
フルフィルメント by Amazon の手数料
Amazonへの納品
出荷費用合計
在庫保管手数料
商品あたりの月額保管手数料
平均保管在庫数 1 1
販売された商品あたりの在庫保管手数料
出品者の利益
商品原価
純利益
純利益
純利益率
計算

商品原価欄

上記の商品原価欄(※)に仕入値を入れれば、Amazon販売の手数料が自動的に算出されているので、一発で利益の計算ができます。

ちなみに、Amazonは自社発送とFBA(Amazonの倉庫)からの発送の2つの方法があります。しかし、自社発送ではすべての面倒な作業を自分で行わなければならないし、お客様への送料もAmazonより高い料金がかかるので、手間が省けて送料も安いFBA発送を私はおすすめしています。

(※仕入れ値だけでなく、仕入れに伴う送料などを含んだ額を入力する。)

それでも失敗が9割超、なぜなのか……

●FBAを使えば、物販における面倒な作業をすべてAmazonに委託できる。

●売れている商品のデータを見て仕入れをすれば、在庫のリスクも減らせる。

●利益の計算も誰でも簡単にできる。

●世界一強いAmazonの集客力を利用し、一個人でも商品を販売できる。

こういったメリットがあるAmazon物販ビジネスは、他のビジネスに比べても圧倒的に効率よく稼いでいる人が多いです。Amazonを活用したビジネスは物販の中でも今や主流の方法になっています。

しかし、「Amazon物販ビジネスは副業には最適です！ すぐに稼げるようになりますよ！」と、巷の情報商材でよくある謳い文句のようなことが言えるかというと、そうでもありません。**厳しいことを言うようですが、残念ながら単純なAmazon物販ビジネスで長期的に稼いでいる人はほとんどいません。**おそらくAmazonで物販ビジネスを始めた9割以上の方々は挫折しているのではないかと思います。

これだけ便利なシステムがあるのに、みんな続けることができずに挫折してしまうのです。どうして、そのようなことが起きてしまうのでしょうか。

02

なぜ、「転売ヤー」や「せどらー」が消えていくのか?

物販ビジネスというと「転売」もしくは「せどり」といった言葉を思い浮かべる方が多いと思います。これは量販店や国内のネットショップなどで安く売られている商品を仕入れて、Amazonなどで高く売ることにより、利益を得る方法です。商品を安く仕入れて高く売るだけの、非常にシンプルな方法です。

私も物販を始めた当初は転売をしていました。しかし、転売には大きな問題点があります。**この先、「転売ヤー」とか「せどらー」と呼ばれる人は、どんどん消えていくのではないかと思っているのですが、**転売に具体的にどのような問題があるのか、具体的に説明しましょう。

利益が長期的に安定しない

転売は、仕組みそのものがシンプルなこともあり、比較的誰でも取り組みやすいビジネスです。ですが、逆に言うとライバルが群がりやすいビジネスということでもあります。

ということは、常に価格の値下げ競争に巻き込まれることになります。最初は利益率が高くて売れていた商品であっても、ライバルの増加ですぐに値下げを強いられ、利益を得られなくなることも多いです。わかりやすく言うと、ブルー・オーシャン(競争のない未開拓市場)から、レッド・オーシャン(競争の激しい既存市場)に変わってしまうということです。

ですから、一時的には大きな利益を得ても、作業を止めてしまえば、すぐに利益が下がってしまいます。「転売」「せどり」は非常に収入が安定しにく

いビジネスなのです。

やっと見つけた利益の出る商品もしばらく経つとライバルが増え、利益の出る価格では売れなくなってしまいます。しまいには、赤字で売らないといけなくなったりもするのです。ですから、常に価格差のある商品をリサーチしなくてはいけなくなります。

延々とパソコンに向かい利益の出る商品を探すというリサーチ地獄に陥り、大切な人との時間も取れないまま、無駄な日々を費やすことになります。

そのため、金銭的にも時間的にも自由を得たくてAmazon物販ビジネスを始めたのに、膨大な作業時間に疲弊し、挫折してしまう方が多いのです。コロナ禍をきっかけに転売をする人が増えたということは、ますますその傾向が強くなると思っています。

Amazonアカウント停止や閉鎖のリスク

Amazonがせどらーや転売ヤーを排除する方向に動いているのをご存知でしょうか?　2021年現在、以下のような規約が設けられているのです。

「新品」として出品禁止の商品
以下のいずれかに該当する商品は、新品としてAmazonに出品できません。
● 個人(個人事業主を除く)から仕入れられた商品
●メーカーが提供する保証がある場合、保証期間その他の条件において、メーカーの正規販売店と同等のメーカー保証を購入者が受けられない商品
●Amazon.co.jp上(Amazonマーケットプレイスを含む)で仕入れられた商品

「メーカーの正規販売代理店から販売された商品と同等の保証(保証期間など)を得られない商品」とあるので、**厳密に言うと転売している人はほぼ、規約に抵触すると考えられます。**

転売目的で仕入れた商品については、Amazonでは出品規制を強めています。出品規制を強めているということは、Amazonのアカウントが停止や閉鎖するリスクが高くなっていると言うことです。

具体的にアカウント閉鎖で何が起こるかというと、「売上金が3ヶ月入金されない」「Amazonの倉庫に預けていた数千点の商品が一気に返送される」「同じアカウントでの商品の販売が永久にできなくなる」という事態に陥ります。**簡単に言うと、Amazonでビジネスができなくなるということです。**

3ヶ月入金が止まりますから、当然資金繰りも悪くなります。これが転売ヤーやせどらーが最も恐れていることかもしれません。私も一度Amazonのアカウントが閉鎖されたことがあるので、この恐ろしさは身に染みています。

このような転売商品の出品規制は、何もAmazonだけの話ではありません。楽天やヤフーショッピングなど、他のプラットフォームでも、そのような傾向は強くなっています。

メーカーから直接買ったものではなく、国内外の量販店やネットショップからただ単に価格差だけを求めて仕入れている商品は、基本的に出所がしっかりしているという証拠がありません。なかには偽物や不良品が平然と出品されているようなこともあります。**これが消費者にとって不利益な話なのは言うまでもありません。**

そして、良くない商品が出回ることで、メーカー側にとってもブランドイメージや実際の売上が落ちることにも繋がります。

基本的に取引者同士がwin-winの関係でないビジネスはいずれ淘汰されます。

自分だけ利益が出ればいい、メーカー側の立場を考えずに商品を叩き売りしているだけのせどらーや転売ヤーという人達は、Amazonの出品規制の強化の流れを考えると、いずれ消えていなくなるのではないかと思っています。

03

人生逆転、最後の砦「国内メーカー直取引」とは？

せどりや転売ビジネスが、少なくとも一生食べていくような長期的なビジネスではないのはお分かりいただけたかと思います。

それでも、「価格競争に巻き込まれず、安定した利益を得られる」「毎日の作業時間が短い」「アカウントが閉鎖されることもない」方法があります。それが「国内メーカー取引」です。

せどりや転売ビジネスでは、量販店やネットショップから商品を仕入れて、それを出品しています。

メーカー（一次）→卸問屋・代理店（二次）→小売店（三次）→消費者

上記の図でいうと、この二次か三次で商品を購入している場合が多いです。**この仕入先を、一次の最上流のメーカーにすれば良いのです。そうすることで、上記の問題点はすべて解決します。**これが国内メーカー直取引です。

国内メーカー直取引というと、法人でないとできない、中上級者向きだと思っている方もいますが、決してそんなことはありません。一般的なサラリーマンやOL、主婦、大学生など一個人としても始めることができます。

私のコンサル生も、一個人から始めて多くのメーカーと取引を成立させ、利益を継続的に得ています。**つまり、Amazon物販ビジネス初心者の方でも気軽に始めやすい手法だと言えるのです。**

国内メーカー直取引の流れ ～メールを送るだけで利益が出る秘密は？～

まず、次の国内メーカー直取引の流れについてご覧ください。

国内メーカー直取引の流れ

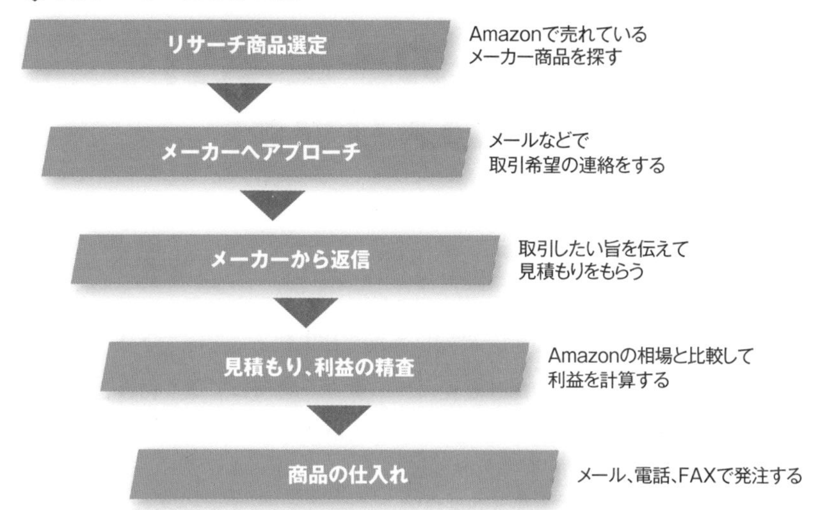
リサーチ商品選定
Amazonで売れている
メーカー商品を探す
メーカーへアプローチ
メールなどで
取引希望の連絡をする
メーカーから返信
取引したい旨を伝えて
見積もりをもらう
見積もり、利益の精査
Amazonの相場と比較して
利益を計算する
商品の仕入れ
メール、電話、FAXで発注する

国内メーカー直取引は、メーカーにコンタクトを取ることから始まります。どのようなメーカーにメールを送ったほうがいいかは、また詳しくお話しますが、**まずメーカーにメールを送ることからスタートし、メールを送るだけで利益が出ます。**

主なアプローチ方法はメールです（時には電話対応が必要なこともあります）。そして、メーカーから何かしらの前向きな返信があって見積もりをもらい、利益が得られると思ったら取引成立です。

とてもシンプルな流れですよね？　転売のリサーチよりもよっぽど簡単です。

今までの物販とは違うイメージを持った方もいるかもしれませんが、**私はこの国内メーカー直取引こそが、Amazonビジネス成功の最後の砦であると思っています。**

では、次は国内メーカー直取引のメリットについてお話します。

04

国内メーカー直取引 8つのメリット

【メリット①】最安値で仕入れることができる

最上流から仕入れるので、一番安い価格で仕入れることができます。

メーカーは取引先によって卸値を変えています。**継続して深く付き合えば、交渉して卸値を下げて利益率を高めることも可能です。**

【メリット②】リピート性が高く、長期的に商品の仕入れが可能

転売ビジネスの場合、量販店やネットショップが常に在庫を抱えているとは限らず、一定の仕入数を確保することは不可能です。

しかし国内メーカー直取引では、メール一通でリピート仕入れが可能になり、長期的な利益を得ることが可能になります。

また、一度にまとめて仕入れて、その都度仕入れる手間や、倉庫へ納品する手間を省くことができます。

【メリット③】直取引ならではの抜群の品質と信頼性

どうしても転売商品には不良品のリスクが伴います。ですから商品をAmazonに発送する前に、不良品がないかどうか逐一チェックする人もいるかと思います。

しかし、国内メーカー直取引では、このような不安はなくなります。

当たり前の話ですが、供給元の販売メーカーから直接商品を仕入れるので

商品の品質・信頼性があります。

商品の問題が発生しても、迅速にお客様対応してくれるので、本当に助かります。

【メリット④】Amazonアカウント閉鎖のリスクが低い

Amazonビジネスをしていると、たまに真贋調査が入ることがあります。真贋調査とは「適切な商品を出品していますか？」「偽物の商品を出品していませんか?」というAmazonからの緊急調査のことで、拒否はできません。

真贋調査はお客様の返品理由をもとにAmazonが判断して行います。真贋調査で不適切な商品を売っていると判断されれば、Amazonのアカウント閉鎖される可能性があります。商品の品質が保証されていない転売商品はリスクが高いです。

しかし販売メーカーから直接新品を仕入れることで、品質や信頼性が担保できますから、真贋調査が入る確率は低くなります。

また万が一、真贋調査などが入った際にもメーカーの請求書を提出できるので、アカウント閉鎖リスクは限りなく低く抑えられるでしょう。

国内メーカー直取引は、Amazonの規約にビクビクする必要がなく、正々堂々と胸を張ってできるビジネスなのです。

【メリット⑤】販売価格が崩れにくい

物販の最大の弱点とも言える価格崩壊ですが、国内メーカー直取引では、このリスクも最小限に抑えることができます。

というのも、メーカー側が販売者に対して価格固定の指示をしている商品もあり、価格が崩れにくい商品があります。

そういった商品を仕入れして出品することで、価格破壊のリスクを抑えることができます。

【メリット⑥】メーカーと信頼関係を築いて利益率アップができる

国内メーカー直取引は、メーカーと直接信頼関係を築いて取引を継続するのが基本です。

信頼関係を築いていくと、最安値よりさらに安い卸値で、しかも長期的に仕入れることができるようになります。

その場合、相手から多くの仕入れを約束されることもありますが、独自の安い卸値を得ることで安定した利益を得ることができます。

従来の転売ビジネスでは、このようにメーカーとの取引で卸値をコントロールすることはできません。

国内メーカー直取引独自の魅力であり、信頼関係構築が、このビジネス成功の重要なポイントになります。

【メリット⑦】Amazonの販売者を限定化してもらえたり独占販売を獲得できる

国内メーカー直取引は、メーカーと信頼を構築していくほど、ライバルが参入できない、自分だけのビジネスに発展していきます。

メーカーと深く付き合い、メーカー側のブランドイメージを守るためにAmazon販売の現状を話して交渉することで、Amazonの販売者を限定してもらうことができたり、Amazonでの独占販売を獲得できるようになります。

転売ビジネスが安定した利益を得られないのは、こういった発展性がないのも原因です。

要は転売では利益が毎月守られないので、ライバルが増加する途端にダメになってしまいます。ですが、メーカー取引だと、こういったメーカー側に対する働きかけで、利益を長期的に守ってライバルから差別化することができます。

こういった状態になると、さらに安定した利益を拡大させることができます。しかも作業時間を増やさずに。

これが国内メーカー直取引が、1日2時間程度の作業で利益が安定する理由です。

【メリット⑧】OEMで自社商品を販売していくこともできる

OEMとは「original equipment manufacturer」の略で、他社ブランドの製品を製造することを言います。

やや上級者向きの内容にはなりますが、国内メーカーと組んでOEMで自社商品を作り、自分だけの商品を販売していくことも可能です。

メーカーにOEMの提案をしてもらえるには、それなりにメーカーとの深い付き合いが必要になります。

しかし、OEM商品を販売するレベルまで到達すれば、もはや一生食べていくスキルが身についたビジネスオーナーと言っていいでしょう。

このように、国内メーカー直取引は独自のビジネスを構築できる可能性に満ちたビジネスです。

05

国内メーカー直取引と海外メーカー直取引

メーカー直取引には、国内メーカー直取引と海外メーカー直取引の両方が存在します。私は両方やっていますが、この本では国内メーカー直取引に絞って解説します(海外メーカー直取引については拙著『Amazon海外メーカー直取引完全ガイド』をご覧ください)。

国内メーカー直取引と海外メーカー直取引には、主に次のような違いがあります。

国内メーカー直取引と海外メーカー直取引の違い

国内メーカー直取引	海外メーカー直取引
メーカーと電話したり直接会ったりする機会がある(密なコミュニケーションを取りやすい)	メーカーと電話したり直接会ったりする機会がほとんどない(メールだけで完結するので、ある意味コミュニケーションが楽)
海外送料、関税、消費税などがかからず利益計算がシンプル	海外送料、関税、消費税などがかかり、利益計算がやや複雑
利益率が海外メーカー品より低い印象 その一方で海外メーカー品より回転する商品は多い	利益率が国内メーカー品より高い印象 その一方で国内メーカー品よりは回転する商品が少ない
最初の取引は現金前払いが多いが、取引を重ねると掛け払いによって資金繰りを良くできる	クレジットカードのPayPal払いにすることによって資金繰りを良くできる しかしPayPal手数料を上乗せされる場合あり
海外メーカーより納期が早い	国内メーカーよりは納期が遅い

このような特徴があるため、人によって国内メーカー直取引に向いている方もいれば、海外メーカー直取引に向いている方もいます。ここでは、海外メーカー直取引に比べた場合の、国内メーカー直取引のメリットを詳しくお

伝えします。

【国内メーカーのメリット①】言葉の壁がない

最近は翻訳ツールも充実して言葉の壁はどんどんなくなっていますが、海外メーカー相手だと電話で話すことは難しく、直接会うこともできません。言葉の壁がないだけでも、大きなメリットなのです。言葉の壁がないからこそ、メーカーの悩みを解決できるような密なコミュニケーションを図り、有利な条件を引き出すことができます。

【国内メーカーのメリット②】輸入に関わる面倒な手続きや利益計算がない

海外では輸入に必要な許可申請や、関税・消費税・海外送料の面倒な計算が必要になるケースもあり、為替にも左右されます。

国内メーカーであれば、当然このような面倒な問題は出てきません。

また、海外では輸入した商品の問題は輸入者の責任になりますが、「国内メーカー」の商品の問題は「国内メーカー」の責任になります。

【国内メーカーのメリット③】納期が早く、資金繰りが良い

国内メーカーは現金決済が多いと思っている方もいるようですが、月末締の翌月末払いの「掛払い」にすれば資金繰りもうまく回ります。

最初の取引時点では現金前入金を指定されることが多いですが、取引実績次第で「掛払い」に対応してくれるメーカーも多いです。

また、国内メーカーは海外メーカーに比べて納期が圧倒的に早いのです。例えば、

「2/1に注文⇒2/2発送⇒2/3倉庫到着⇒2/4販売開始」

と、注文してから3日後には販売を開始することができるのですから、海

外に比べたらこれはすごいことです。海外メーカーはこんなに早く納品できません。2週間くらいかかることもざらです。しかも基本海外送金の先払いを要求されます(一部PayPal対応可)。しかも海外メーカーは国内よりもルーズな対応するところが多いので、注意が必要だったりします。

【国内メーカーのメリット④】少量仕入れから利益を出せる

「海外メーカー」では初回の少量テスト仕入れでは海外送料が高くなり、利益を取るのが難しいものがあります。しかし、最初から大量に仕入れるには資金が必要ですし、不安が大きいもの。国内メーカーであれば、比較的少量仕入れから利益を出すことが可能です。もちろん、「○○円以上の購入で送料無料」など、多く仕入れれば有利になります。

【国内メーカーのメリット⑤】メールの返信が早く、電話もできる

海外メーカーとやり取りすると、メールの返信の遅さにイライラすることがあります。言葉の壁もあり、簡単に電話するわけにもいきません。

国内メーカーであれば、メールの返信も早いですし、遅れれば電話一本で解決可能です。

【国内メーカーのメリット⑥】簡単に会いに行ける

海外メーカーとの取引では、「ぜひ直接お会いしましょう」というのは難しいものがあります。

メーカーとのコミュニケーションが多くなれば、メーカーや電話だけでなく、直接会いに行って深い話をすることもあります。

直接会いに行くことで成約率も高くなりますし、独占契約やOEM開発など独自のビジネス構築に繋がっていきます。

06

国内メーカー直取引の
デメリットと打開策

ここまでで、国内メーカー直取引の魅力についておわかりいただけたと思いますが、メリットがあれば、もちろんその一方で、デメリットもあります。

メリットだけではなくデメリットも把握して打開策を考えることで、より国内メーカー直取引は成功に近づきます。

【デメリット①】資金がある程度は必要

最初の取引時点では、現金前払いを指定されることが多く、ある程度は資金が必要になります。

必要な資金は得たい利益によって違ってきますが、**現金で30〜50万円程度は用意できると問題ないでしょう。**

取引を継続することで「掛払い」にしてもらうことが可能になり、そうなれば資金繰りは改善してきます。

資金がゼロの状態だとどうしてもリスクがついて回ります、メーカーに支払いができる資金はある程度確保しておきたいものです。

また、どんなビジネスを始めるにしても、本当の意味で資金ゼロでできるビジネスは少ないかと思います。

【デメリット②】副業だと電話や訪問が難しい

例えばメーカーに電話したり、担当者の方に会いに行くのは、どうしても平日の日中になります。深い信頼関係を築くには、できれば電話をしたり会いに行きたいところですが、副業ではなかなかそれができない方も多いかと思います。

しかし私は副業でも、メーカーに丁寧にメールを送ってアプローチして利益を上げていった人を多く見てきました。

自分なりの提案や思いのこもったメールでやり取りすれば、メーカーとの信頼構築は十分可能ですので、ご安心ください。

07

国内メーカー直取引は win-win-winのビジネス

ここまでお読みになって、国内メーカー直取引に対してどのような印象を受けましたか？　国内メーカー直取引は、リスクを抑えながら長期安定的な利益が見込めるAmazon物販ビジネスであることが理解できたと思います。

そして、メーカーと深い信頼関係を築いて、自分だけの安い卸値で取引させてもらったり、Amazonの販売者を限定化してもらえたり、独占に近い状態を獲得できたりします。**国内メーカー直取引は、転売ビジネスのように「リサーチ⇒仕入れ⇒出品」の繰り返しに巻き込まれなくても、自動的に利益を積上げることが可能なのです。**

今月5万円の利益を得たら、その利益はほぼほぼ次月にも残ります、5万、10万、15万、20万円……とあなたの努力が階段状に積み上がるわけです。大切なことは、1つでも多くのメーカーと信頼関係を構築していくこと。だから国内メーカー直取引はライバルとの差別化ができます。

そしてその結果として、価格競争に巻き込まれることなければ、膨大な作業時間に追われることもなくなります、信頼関係の構築と言ってもそれほど難しいものではありません。

メールを送るメーカーの選定作業などのリサーチなどはどうしても必要になってきますが、徐々にその作業量を減らすことも可能です。

また、Amazonでの販売はメーカーにとって販路拡大に繋がり、メリットの大きい話になります。販路拡大に悩んでいるメーカーも少なくありません。自分の利益だけでなく、メーカーの悩みに対して真摯に対応することで、メーカーも喜ぶビジネスになります。

消費者にとっても、品質の担保された商品を届けることができますから、消費者も喜びます。もう転売ビジネスのように偽物や不良品に泣かされることはなくなります。

国内メーカー直取引は、このように自分だけでなく、メーカーや消費者も喜ぶwin-win-winのビジネスなのです。

転売ビジネスというと、先に書いたAmazonアカウント閉鎖リスクに怯える人、転売目的で出品することに後ろめたさを感じる人も少なくありません。消費者にとっても、メーカーにとっても不利益になることがありますから、イメージも年々悪化しています。後ろめたさを感じるのも仕方ありません。

しかし、国内メーカー直取引はwin-win-winを目指すビジネスなので、正々堂々と自分の子どもにも胸を張れるビジネスです。

私も、今のビジネスにとても誇りを持っています。

どのビジネスを見ても、どちらかが不幸になるような類のものは生き残ったことがありません。

国内メーカー直取引でwin-win-winを目指し、ビジネスオーナーとして一生食べていくだけのスキルをぜひ身につけてほしいのです。

08

国内メーカー直取引は個人でもできる！

最後に、「国内メーカー直取引は法人でないとできないのではないか？」というよくある質問にお答えしたいと思います。

法人化してなければ、そもそもメーカーに相手にされないのでは？　ということなのですが、決してそんなことはありません。

一個人（個人事業主）として開始することは可能ですし、副業でやっている方も多いのです。

大事なのは、メーカーと深く付き合い、悩みを解決する提案をしていくことで、そこに個人と法人の違いはありません。

一個人として始めた人も、真摯にメール対応していけば、間違いなくメーカーから何らかの反応があります。

もちろん、断られることもありますが、そこに個人と法人の違いを感じたことはありません。

また、国内メーカー直取引は奥が深いビジネスですが、その取り掛かりはシンプルでなおかつ簡単で分かり易いものです。

あなたもぜひチャレンジしてみてくださいね！

独学で全然成果が出なかったのが3ヶ月で月利120万円達成！

参考までに、私のコンサル生のMさんをご紹介します。Mさんは物販の経歴が長く、私と初めてお会いした時点で十分実績もある方でした。

しかし、メーカー直取引も独学で取り組んだものの、全く成果が出せずに終わったため、私のコンサルを受けていただくことになりました。

物販の経験が長いことと、資金を用意していたのも大きいですが、Mさんはコンサル開始3ヶ月で月利120万円を達成しました。逆算すると、2ヶ月目の時点で、月利120万円を達成できる仕入れをしないといけないので、Mさんがいかに短期で成果を上げたかがわかります。そんなMさんにアンケートにご協力頂きました。

①コンサルを受ける前は、どんなことで悩んでいましたか？

メーカー直取引を独学で取り組んだものの、全然成果が出ないので、仕方なく転売ビジネスを続けていました。しかし、コロナ禍で転売参入者が激増し、単純転売が厳しくなってきていることをひしひしと感じ、毎日が不安でした。

今思えば、実は正しかったやり方を間違ったほうに修正したり、間違った方法を改善しなかったりしていました。

②受講後に、どんな成果がありましたか？

受講3ヶ月で月利120万円を達成することができました。

中村さんのコンサルの効果を実感したのは、コンサル開始3週間くらいです。自己流を捨て、中村さんのアドバイスを守ってやってみたところ、次々とメーカーとの取引が成立してびっくりしました。

一度独学でメーカー直取引に失敗したので、今回うまくいって嬉しかったです。

③中村のコンサルの良かった点は何ですか?

コンサル中、メールの書き方、交渉の仕方、便利なサービス等など、必要なことをしっかり手厚く教えていただけました。売上や利益だけでなく、メーカーのメールの返信率など数字で見るなど、管理面が強化されたのも大きいです。

④中村のコンサルはどんな人にお勧めですか？

・主体的に継続して取り組める方

メーカー直取引はいきなり1ヶ月目から利益が伸びるようなビジネスではありません。むしろ僕の場合は、1ヶ月目はいろいろ試行錯誤で、交通費やら検証コストやら赤字になっていたくらいです。ただ、勉強代と思って赤字でも頑張って続けてちゃんと利益が出せるようになりました。短期で結果が出なくても継続して取り組める方が向いています。

・資金余力のある方(50万円以上の余剰現金)

メーカー直取引は最低ロットが定められていることが多いので、ある程度の余剰資金が必要です。また、最初資金がないと生活が苦しくなり、安心してビジネスに取り組めませんので、その意味でも資金があった方がいいでしょう。

Mさん、アンケートに回答いただきありがとうございました！

Chapter 2

「出品アカウント」の取得と「商品登録」簡単ガイド

～やってみればすぐにできる！Amazon物販ビジネススタート～

Amazon 物販ビジネスを始めるにあたり用意するものをご説明します。パソコンの準備からAmazon の出品アカウントの開設、商品登録の方法まで、具体的に解説していきます。本書の手順に従って登録していけば、諸々の登録作業はすぐに終わります。簡単なのでやってみましょう！

01

おすすめの作業環境とAmazon出品アカウント

作業環境とAmazon出品アカウントが必要

それではここからはAmazonビジネスを始めるために、何を準備すればいいかについてお伝えします。

とは言っても、何も難しいものではありません。結論からいくと、下の図に載っているものが用意されていればOKです。

それでは、詳しく解説していきます。

最初に用意するもの

作業環境

パソコン環境

パソコン・プリンター　ネット回線

Googleアカウント

Google Chrome　Gmail

Amazon出品アカウント

Amazon出品アカウント開設に必要な情報

- ●メールアドレス（フリーメールでも可。ただしメーカーとやりとりする際は独自ドメイン推奨）
- ●電話番号　（固定電話か携帯電話）
- ●クレジットカード　●銀行口座　●店舗情報（店舗名・住所用電話番号・事業者名・運営責任者名イン推奨）

パソコン環境はデスクトップで

Amazon物販ビジネスはインターネットビジネスですから、パソコンは欠かせません。

スマートフォンやタブレットでも作業はできなくはないのですが、作業効率を考えればパソコンは必須です。WindowsでもMacでも構わないので、ご用意ください。

ノートパソコンかデスクトップかでいうと、処理速度の違いでデスクトップをおすすめします。**特に家での使用頻度が高い人は、間違いなくデスクトップがおすすめです。**

モニターについては、**デュアルディスプレイ(1台のパソコンに複数のディスプレイを使うこと)をおすすめします。**ディスプレイが2台あれば、左右に作業を分けることができます。例えば左でメーカーからの見積書を開いて、右でAmazonページを開くなど、効率的に作業を行うことができます。

おすすめのスペック例を次に挙げておきます（ベストな形という設定なので、スペックがたとえ下回っていても何も問題ありません）。

- CPU：core i5 以上
- メモリ：8GB 以上 (余裕をもって複数のソフトを立ち上げられます)
- 記録媒体：SSD(ファイル読込みなどの体感速度が非常に上がります)
- モニター：21.5 型× 2 台

もちろん安く買いたい気持ちもわかりますが、ここは投資です。処理速度や作業効率が違うだけで、案外稼ぐスピードも変わってきます。何と言っても作業中のストレスがなくなります。

ただ、パソコン1台でも十分作業は可能なので、上記は将来的に必要になってくることを見越した上での、理想的なスペックです。**個人的には、マウスコンピューター製のパソコンが、比較的安く、しかもスペックが良くておすすめです。**24時間365日対応のサポートが充実していますし、修理に出すときも基本的に4日以内という早いスピードで対応してくれます。

おすすめはマウスコンピューターのデスクトップパソコン

ネット環境は光回線で

ポケットWi-Fiなどのモバイル回線も良いですが、速度制限などの制約を受ける場合がああるし、通信速度や安定性を考えてもおすすめはしません。

やはり、**ネット回線は光回線が一番おすすめです。**

実際にAmazonビジネスではWebページを多く開いていきます。そうなると、回線品質により作業時間に膨大な差が出ます。

また光回線をパソコンに直接繋ぐ有線接続にすることで、さらに通信速度や安定性に違いが出ます。

Googleアカウントを取得しよう

WebブラウザはGoogle Chromeを使用しましょう。あとで詳しく解説しますが、リサーチのときにおすすめの拡張機能を使えるようになります。

Google Chromeのホームページ(https://www.google.co.jp/chrome/)から、アプリをダウンロードしてインストール、あとは画面の手順に従ってGmailのアカウントも作成しましょう。

Google Chromeとアカウントの準備

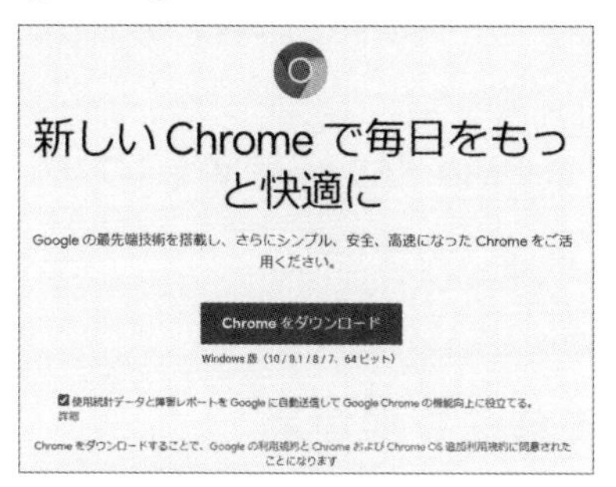

Google Chromeのホームページ

(https://www.google.com/chrome/)で「Chromeをダウンロード」をクリック、そのままインストール

Googleアカウントの作成ページ

(https://accounts.google.com/signup/)で、「氏名」「アカウント名」「パスワード」を入力して、アドレスを作る。

Amazonアカウント開設はフリーメールアドレス、メーカー直取引は独自ドメインのメールアドレスを

メールアドレスは、Amazonの出品アカウント開設の際、必要になります。出品アカウント開設する際は、フリーメールアドレスで十分です。

しかし、**メーカー直取引でメーカーと交渉メールなどのやりとりをする際は、独自ドメインのほうをおすすめします。**これは国内メーカー、海外メーカー両方に言えることなので、今のうちに独自ドメインも取得してしまいましょう。

クレジットカードを活用しよう

Amazonアカウント開設の際に必要な情報でもありますが、メーカー仕入れの際にクレジット決済ができることもあります。

もちろん最初は少量仕入れから試すことをおすすめしますが、利益を得たい場合は、どうしても仕入れの金額を上げていく必要があります。

そこで、なるべく限度額が大きいものを作成するようにすると良いでしょ

う。また、海外メーカー直取引では、国内メーカー直取引よりもクレジットカードの使用頻度が高くなります。海外メーカー直取引にも興味のある方は必須となります。

新しく作成する場合は、自己アフィリエイトの「A8.net」のセルフバックなどを活用すると報酬額がもらえるので、少しお得です。

銀行口座は専用にすれば管理が楽

Amazonからの売上金を受け取るために、銀行口座が必要となります。どの銀行口座でも大丈夫ですが、何も使っていない口座を持っていれば、それをAmazon物販ビジネス専用にすることによって管理がしやすくなります。

おすすめは、いちいち銀行に行かなくてもネット上で取引を完結できるネット銀行です。楽天銀行、住信SBIネット銀行、PayPay銀行など様々ありますが、手数料も安くて便利です。

02

すぐできる！Amazon出品アカウントを開設しよう！

大口出品と小口出品どちらを選ぶか？

それでは、早速Amazon出品アカウントの開設をしていきます。その前に、大口出品と小口出品どちらを選べばいいの？　というお話をします。

結論からいくと、必ず大口出品で登録しましょう！ その理由を次に解説していきます。

大口出品と小口出品の違い

大口出品
月額登録料
4,900円
(税抜)
+
販売手数料
(注文成約時にのみ課金)
※本･ミュージック･ビデオ･DVDカテゴリには
別途カテゴリー成約料がかかります。

小口出品
基本成約料
100円
(注文成約時に商品1点ごとにかかる費用)
+
販売手数料
(注文成約時にのみ課金)
※本･ミュージック･ビデオ･DVDカテゴリには
別途カテゴリー成約料がかかります。

【理由①】 月に50点以上売ったら大口出品の方がお得

まず、上の図のように大口出品は販売手数料の他に月額4,900円(税抜)の月額手数料がかかります。一方小口商品は、基本成約料100円です。

これだけ見ると、大口出品より小口出品のほうが安くて良いかなと考えてしまいがちです。しかし小口商品の基本成約料は商品1点あたりの価格です。月に50点商品を売ったら5,000円かかります。つまり月に50点商品を売ったら大口出品のほうがお得ということになります。

国内メーカー直取引に関わらず、Amazonビジネス全般に言えることですが、月に50点くらいは全然売れます。それどころか、月に500点くらい売れるようなこともざらにあります。月に500点売れたら50,000円ですから、とてももったいないですよね。

【理由②】Amazonビジネスで必須の機能が使える

大口出品の場合、「一括出品登録」「データ分析レポート」「新規カタログ登録」「広告サービス」など多くの機能を使うことができます。これは後述する「カートボックス獲得」の条件として必須のサービスで、売れ行きに大きな差が出てきます。この時点で、大口出品以外の選択肢はあり得ないと言って良いでしょう。

【理由③】購入者が多くの支払い方法を選択できる

大口出品の場合、購入者が多くの支払い方法を選択することができます。

具体的には小口出品の場合は、購入者はクレジットカード、携帯決済、Amazonギフト券しか選択できません。しかし大口出品になると、加えてコンビニ決済、代金引換が可能になります。

【理由④】出品できるカテゴリが多い

出品許可は必要になりますが、大口出品のほうが出品できるカテゴリが多くなります。

以上の理由から、必ず大口出品で登録するようにしてください。

Amazon出品アカウントの開設手順

では、早速Amazonの出品アカウントを開設してみましょう。以下に手順を追って説明していきます。

Amazon出品アカウントの作成（1）登録開始

まず、https://sell.amazon.co.jp/から登録を開始します。

上の画面のように、「さっそく始める」をクリックします。

すると、Amazonの通常のログイン画面が表示されます。

Amazon出品アカウントの作成（2）アカウントを作成し、ログインする

ログイン画面では、以下の2パターンに沿って説明します。

A Amazon購入用アカウントをすでに持っていて、同じメールアドレスや名前で登録したい場合。

B Amazon購入用アカウントを持っていない場合や、購入用アカウントとは別の情報で登録したい場合。

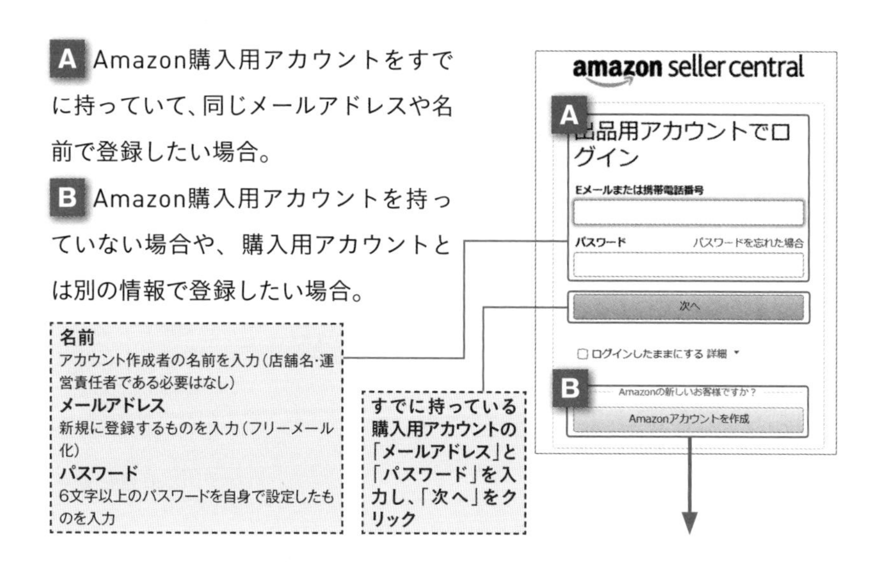

amazon seller central
A
出品用アカウントでログイン
Eメールまたは携帯電話番号
パスワード
パスワードを忘れた場合
次へ
ログインしたままにする 詳細
B
Amazonの新しいお客様ですか？
Amazonアカウントを作成
名前
アカウント作成者の名前を入力（店舗名・運営責任者である必要はなし）
メールアドレス
新規に登録するものを入力（フリーメール化）
パスワード
6文字以上のパスワードを自身で設定したものを入力
すでに持っている購入用アカウントの「メールアドレス」と「パスワード」を入力し、「次へ」をクリック

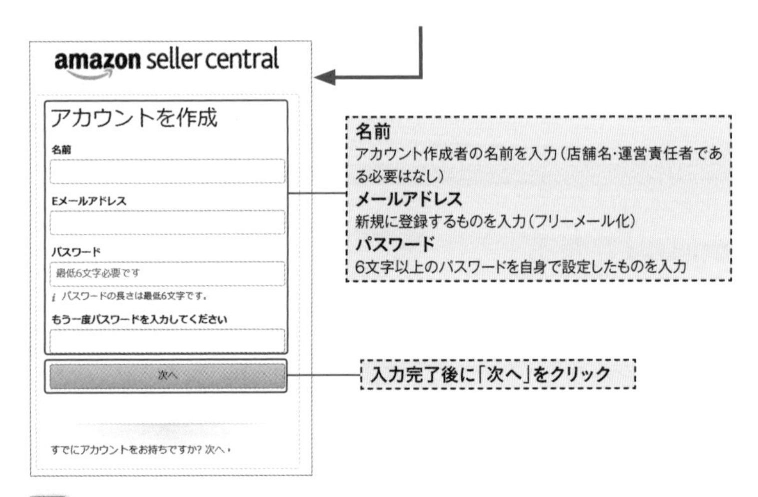

A Amazon購入者用アカウントをすでに持っていて、同じメールアドレスや名前で登録したい場合は、そのままログインしてください。

※2段階認証の設定をすでにされている場合は、「ログイン」をクリック後、2段階認証のコード入力を求められます。

B Amazon購入者用アカウントを持っていない場合や、持っていても購入者アカウントとは別の情報で登録したい場合は新規作成になります。そして上図の画面が出てきますから、必要情報を入力していきます。

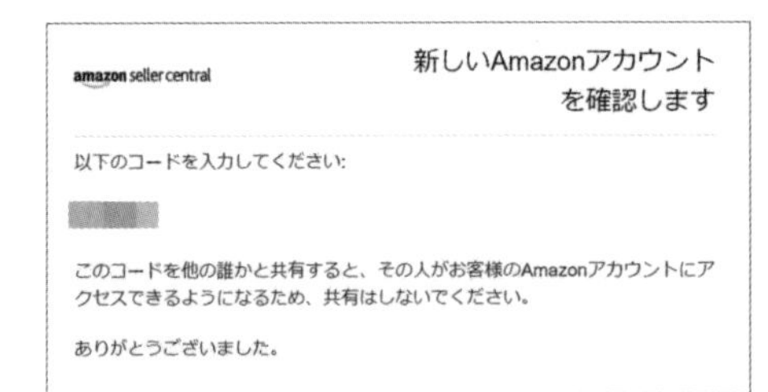

必要情報を入力したあと、メールアドレスに、コードが送られますので、そちらを入力してください。

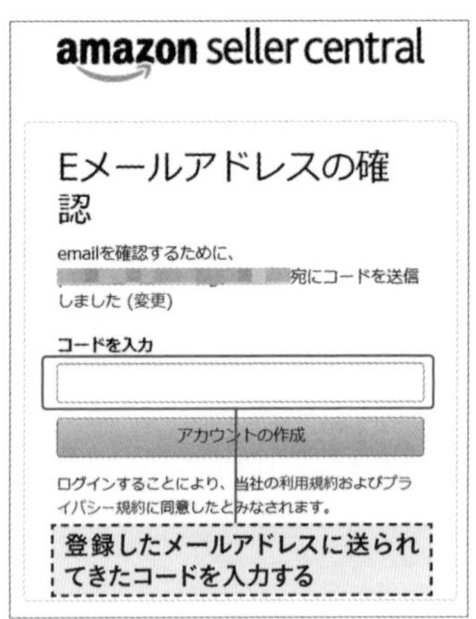

Amazon出品アカウントの作成（3）事業情報を入力する

事業所の所在地(日本に住んでいるなら日本)、業種、氏名(ローマ字入力)を入力します。

業種については、個人事業主や副業でAmazon物販ビジネスを始める方は「個人・個人事業主」を選択します。

すでに合同会社や株式会社を設立していれば、上場していない限りは「非上場企業」を選択します。

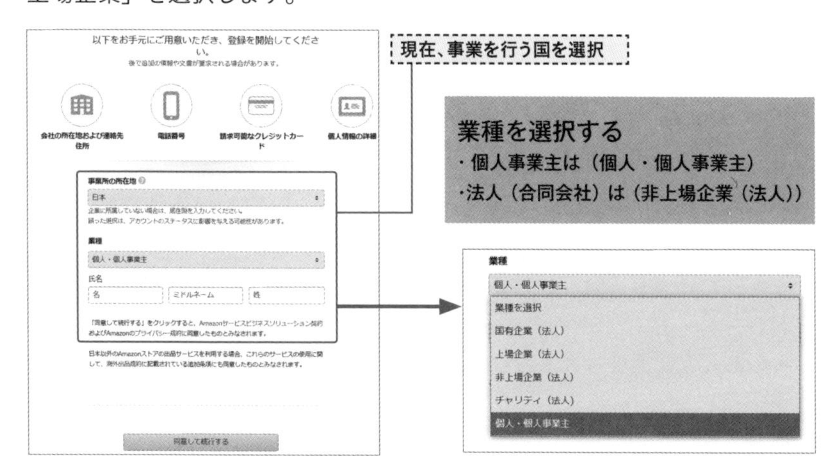

入力が終わったら「同意して続行する」を選択して次にいきます。

Amazon出品アカウントの作成（4）身元情報の入力、必要書類も

引き続き、国籍や出生国、生年月日、身元の証明など、必要な情報を入力していきます。身分の証明は、パスポートか運転免許証、戸籍証明書のいずれかを選択して番号を入力します。このあと、必要書類の送付が求められるので、用意できるものを選択してください。

以前は、この入力項目はなかったのですが、名前や住所を偽造して複数アカウントを作成する人が増えてきたために、新しく追加したものと思われます。**必要書類の送付も必須となっていますので、ごまかしが効きません。**正しい情報を入力するようにしましょう。

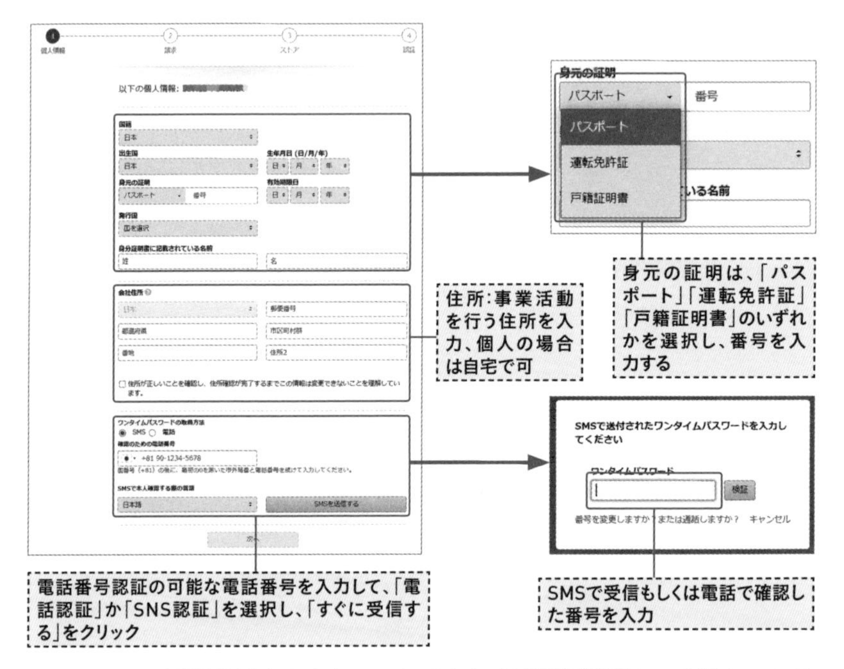
身元の証明
パスポート
番号
パスポート
運転免許証
戸籍証明書
いる名前
身元の証明は、「パスポート」「運転免許証」「戸籍証明書」のいずれかを選択し、番号を入力する
住所:事業活動を行う住所を入力、個人の場合は自宅で可
SMSで送付されたワンタイムパスワードを入力してください
ワンタイムパスワード
検証
番号を変更しますか？または通話しますか？ キャンセル
電話番号認証の可能な電話番号を入力して、「電話認証」か「SNS認証」を選択し、「すぐに受信する」をクリック
SMSで受信もしくは電話で確認した番号を入力

そのあと、電話番号を入力して、SMSもしくは電話認証という流れになります。

電話番号については、ふだん使っている携帯電話番号ではなく、Amazon用の電話番号を使いたい場合は、そちらを入力してください。

その方が、Amazonからの電話ということがすぐにわかるので、使い分けるととても便利です。

SMARTalkというアプリを使えば、月額利用料無料(通話料のみ)で050番号を取得できるので、店舗用の電話番号としておすすめです。

また、家の固定電話を持っている方であれば、2回線引いてしまうのも良いでしょう。オプションでだいたいプラス数百円くらいで回線持つことができます。

Amazon出品アカウントの作成（5）クレジットカード情報の入力

クレジットカードの情報を入力します。

月額の売上金額が大口出品の月額登録料4,900円(税抜)に満たない場合は、その差額がクレジットカードに請求されます。**また、初回の月額登録料については、アカウント登録後にクレジットカードに請求されます。**

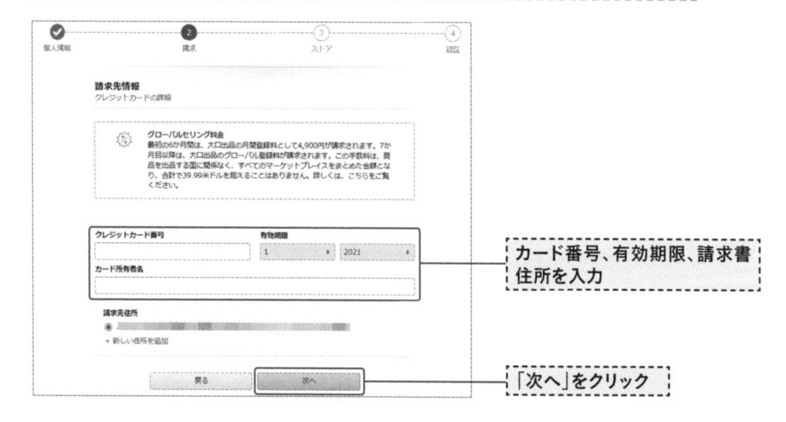

Amazon出品アカウントの作成（6）「ストアおよび商品情報」を入力

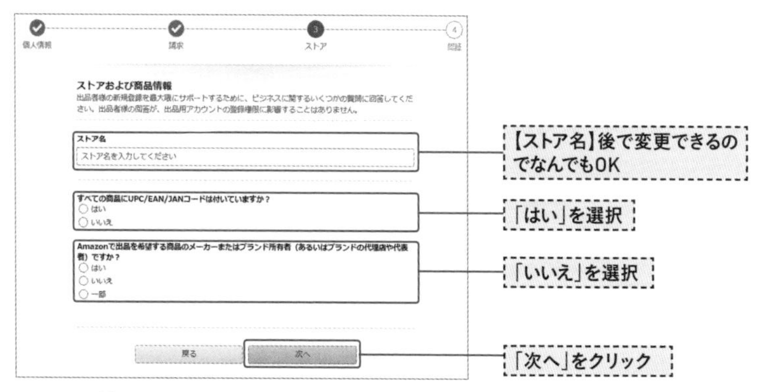

次に「ストアおよび商品情報」を入力します。

ストア名については、後で変更可能ですので、まだ決まっていない方は、仮のストア名でも大丈夫です。

Amazon出品アカウントの作成（7）本人確認書類の送付

次の本人確認書類を送付します。先にもお伝えした通り、今はAmazon出品アカウント開設にも身分証明書の提出が求められています。

【身分証明書】

以下の点に注意して、顔写真入りの身分証明書(パスポート、運転免許証、写真付き住民基本台帳カード、在留カードのいずれか)をアップロードします。

- 身分証に記載のある氏名はセラーセントラルに登録する情報と一致している
- 身分証には顔写真が入っている
- 身分証は有効期限内である
- スマートフォン等で撮影した画像、または原本のスキャンデータを提出すること
- スクリーンショット（画面キャプチャ）は審査対象外となります。
- 画像または PDF データはカラーである (白黒は審査対象外)
- ファイル形式は次のいずれかである : *.png, *.tiff, *.tif, *.jpg, *.jpeg, *.pdf.
- ファイル名に絵文字や特殊記号 (例 : $, &, #) を使用していない

※パスポートを提出する場合

- 顔写真の入ったページをスマートフォン、携帯電話、デジタルカメラ等で撮影した画像、または原本のスキャンデータを準備する
- パスポートには必ず署名を記載してあることを確認する

※運転免許証を使用する場合

- カードの両面をスマートフォン、携帯電話、デジタルカメラ等で撮影した画像またはカードのスキャンデータを準備する

【その他の書類】

以下のいずれか1つ、過去180日以内に発行された取引明細書を準備してください。クレジットカードについては、上記で登録したクレジットカード以外の明細でも構いません。

- ●クレジットカードの利用明細書
- ●インターネットバンキング取引明細 *
- ●預金通帳の取引明細書
- ●残高証明書

取引明細書の提出についても、必ず下記については注意してください。

- ●スクリーンショット（画面キャプチャ）及び画面を撮影した画像は無効
- ●氏名、銀行情報（クレジットカード会社の情報）が確認できること
- ●発行日または取引履歴のページが確認できること
- ●クレジットカードやキャッシュカード自体の画像やスキャンデータは無効
- ●提出書類はパスワードで保護しないこと
- ●ファイル形式は次のいずれかである：*.png, *.tiff, *.tif, *.jpg, *.jpeg, *.pdf.
- ●ファイル名に絵文字や特殊記号 (例：$, &, #) を使用していない

※Amazonセラーセントラルの記載では、「請求先住所が記載されていること」が条件としてありますが、上記の取引明細書の大半は住所の記載がないと思われます。その場合は、住所の記載がなくても提出して審査結果が出るまで様子見しましょう。私は住所がなくても大丈夫でした。

※クレジットカードの利用明細を提出する場合

- ●郵送で届いた利用明細がある場合：スマートフォン・携帯電話・デジタルカメラ等で撮影をした画像ファイル、またはスキャンデータを提出する。
- ● Web の利用明細を提出する場合：PDF 形式で提出すること。CSV 形式 /Excel の利用明細は無効。パソコンやスマホの画面上に表示された利用明細のスクリーンショット (画面キャプチャ) 及び画面を撮影した画像も無効。

※インターネットバンキング取引明細 を提出する場合

● PDF形式で提出すること。CSV形式/Excelの取引明細は無効

※預金通帳の取引明細書を提出する場合

●過去180日以内の最終取引履歴が確認できるページ+名前が記載されているページ(表紙か表紙をめくったページに通常名前が記載されています)をスマートフォン・携帯電話・デジタルカメラ等で撮影をした画像ファイル、またはスキャンデータを提出

※残高証明書を提出する場合

●過去180日以内に発行された残高証明書をスマートフォン・携帯電話・デジタルカメラ等で撮影をした画像またはスキャンデータを提出すること。
●残高証明書は取引履歴の確認はできないため、入出金取引ではなく、発行日が過去180日以内であれば審査の対象となる

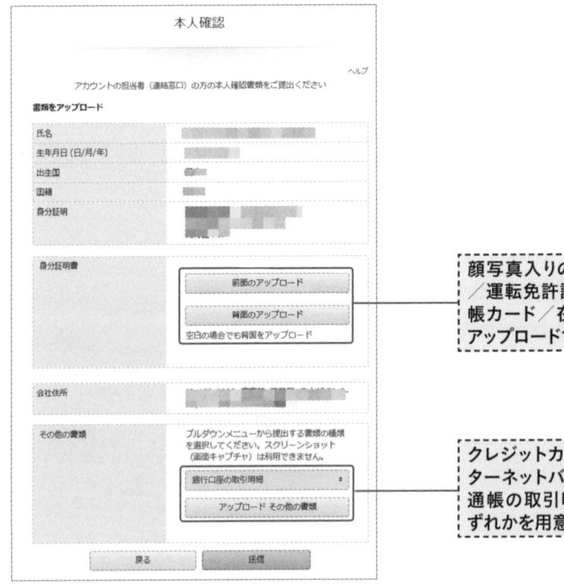

顔写真入りの身分証明書(パスポート/運転免許証/写真付き住民基本台帳カード/在留カードのいずれか)をアップロードする

クレジットカードの利用明細書、インターネットバンキング取引明細、預金通帳の取引明細書、残高証明書のいずれかを用意してアップロードする

Amazon出品アカウントの作成（8）「ライブビデオ電話を使う」

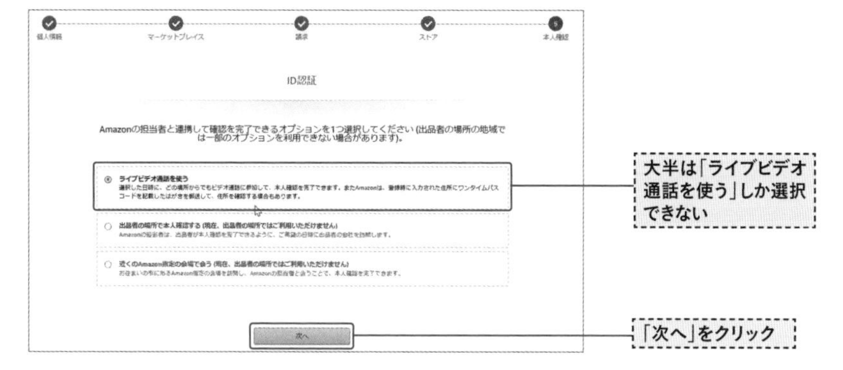

必要書類の提出が終わり、次の画面が進むと、上のような画面が出てきて、「ライブビデオ電話を使う」を選択することになります (この画面が出てこなくて、そのまま審査待ちになることもあります)。

最近、特に個人事業主のアカウント開設では、書類の本人確認だけでなく、ビデオ面談が求められることが増えています。

それだけ、Amazonは詐欺的商品や偽物ブランド品の出品を防ぐために、身元確認を重視しているのでしょう。

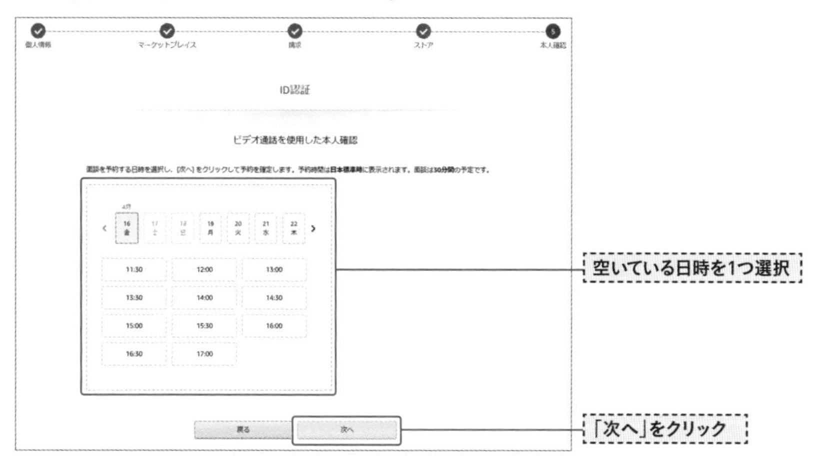

この画面が出てきたら、他に選択肢がないので次に進み、面談可能な日時を選択して、次に進みます。

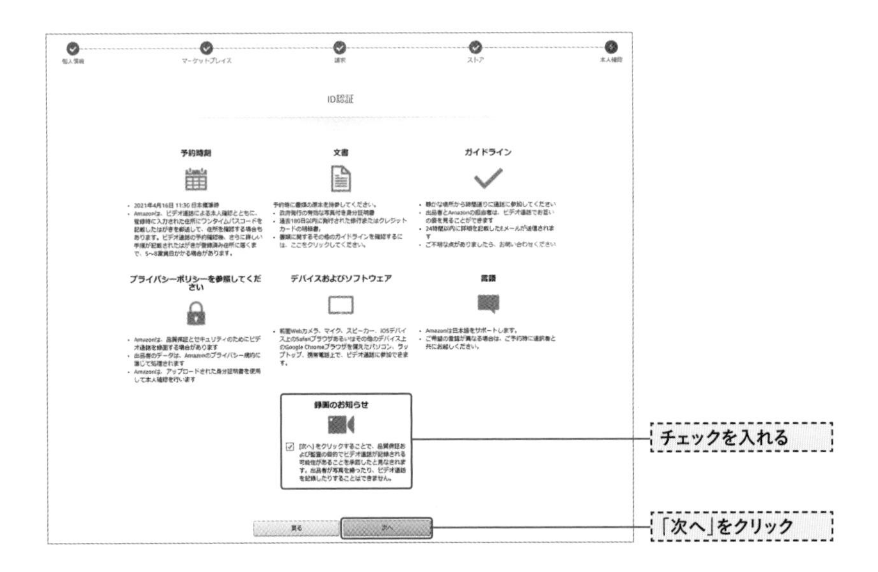

この画面が出てきたら、ビデオ通話の録音を許可する旨のチェックを入れて、次に進みます。

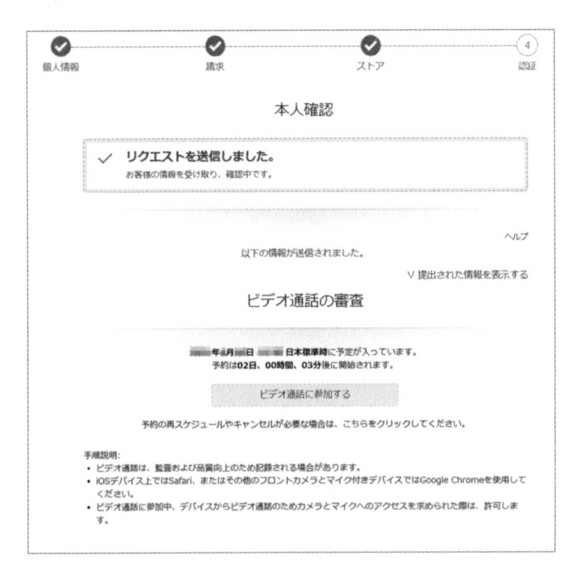

しばらく待って、この画面が出てきたら、ひとまず終了です。ビデオ通話の日まで待ちましょう。

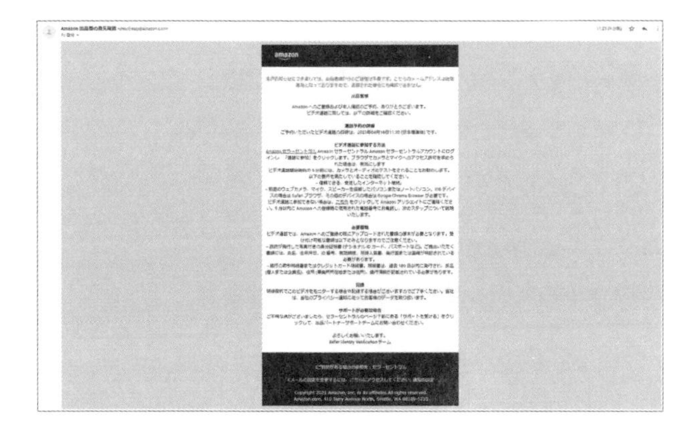

なお、Amazonから登録したメールアドレスに、上のようなメールが来ます。ビデオ通話当日は、このメールで記載のリンクからビデオ通話に参加することになるので、メールは通話当日までに保存しておいてください。(ただ、ビデオ通話の前日と当日にリマインダーのメールが届きます)

Amazon出品アカウントの作成（9）Webカメラその他を用意する

ビデオ通話当日になったら、上記のメール記載のリンクから入ります。

通知のメールでは、

> 「前面のウェブカメラ、マイク、スピーカーを搭載したパソコンまたはノートパソコン。iOS デバイスの場合は Safari ブラウザ、その他のデバイスの場合は Google Chrome Browser が必要です」

と書かれているので、ブラウザの対応ができるPCでビデオ通話をするようにしましょう。顔出しが必須になるので、カメラ機能付きノートPCや、そうでなければWebカメラを用意しなければなりません。

なお、ビデオ通話はZoomなどではなく、Amazon ChimeというAmazon特有のサービスを使用します。そのため、「ちゃんと通話できるか」不安になる方もいるかもしれませんが、カメラ機能付きノートPCであれば問題なく通話できます。

ビデオ通話の画面で待機していると、指定時刻ほぼぴったりの時間に、女性の担当者と通話を開始します。ただ、ビデオ通話の内容は、以下のようにとても簡単なものなので、まったく身構える必要はありません。

1．名前確認
2．書類確認のため、1～2分ほど待機
3．身分証明書の提示を求められ、掲載の写真と自分の顔を並べて照合

なお、私は身分証明書として運転免許証を提示しましたが、光が入っていて文字が見えづらいらしく、再提出を求められました。提出書類をスマホやカメラなどで撮影する際は、光が入ってきて、文字が隠れないように撮影しましょう。

これがなければ、運転免許証の裏表、側面、少し折って見せる、写真と顔の照合で終了です。再提出が求められなければ、担当者の審査結果の通知などの説明時間を入れても、だいたい5分くらいで終わると思われます。

Amazon出品アカウントの作成（10）出品アカウント作成完了

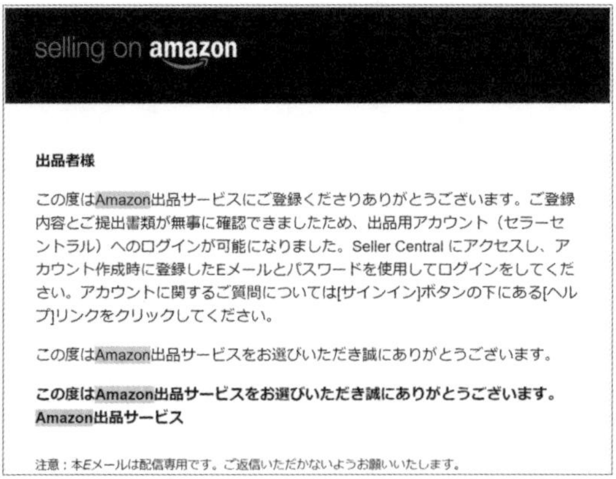

selling on amazon

出品者様

この度はAmazon出品サービスにご登録くださりありがとうございます。ご登録内容とご提出書類が無事に確認できましたため、出品用アカウント（セラーセントラル）へのログインが可能になりました。Seller Central にアクセスし、アカウント作成時に登録したEメールとパスワードを使用してログインをしてください。アカウントに関するご質問については[サインイン]ボタンの下にある[ヘルプ]リンクをクリックしてください。

この度はAmazon出品サービスをお選びいただき誠にありがとうございます。

この度はAmazon出品サービスをお選びいただき誠にありがとうございます。
Amazon出品サービス

注意：本Eメールは配信専用です。ご返信いただかないようお願いいたします。

ビデオ通話のとき、担当者からは「ビデオ通話から72時間以内に審査結果についてメールでお知らせします」という説明があります。

審査に通ると、上記のように「Amazon出品用アカウントの利用が可能に

なりました」というメールが来ます(私はほぼ24時間後にメールが来ました)。

このメールの通知をもって、Amazon出品アカウントが利用可能となり、初期設定が可能となります。

こちらもすぐに終えることができるので、そのままやってしまいましょう。

Amazon出品アカウント開設後の初期設定

Amazon出品アカウント開設が終了したら「セラーセントラル」という出品管理システムが利用できるようになります。

出品アカウントを開設しただけで、すぐにビジネスが始められるわけではありません。セラーセントラルで取引用の銀行口座を指定したり、出品者プロフィールを書いたりなどの「初期設定」が必要になります。これらはセラーセントラルの画面上で簡単に実行することができます。では、セラーセントラルでの「初期設定」を解説していきます。

Amazon出品アカウント開設後の初期設定（1）「設定」をクリック

初期設定に進むには、セラーセントラルの画面右上の「設定」をクリニックします。

セラーセントラルのトップ画面

Amazon出品アカウント開設後の初期設定（2）銀行口座情報の入力

まず最初に銀行口座を入力しましょう。基本的にはどの銀行口座でも大丈夫ですが、**できれば何も使っていない銀行口座を登録しておくと管理がしやすいです。**特に売上が大きくなって税理士さんに報告するときなどは、専用の口座を持っておいた方が便利でしょう。

「セラーセントラル」の「設定」から、出品者用アカウント情報をクリックし、「支払い情報」の「銀行口座情報」をクリック、各種銀行口座情報を入力してから、「銀行口座情報を設定」をクリックすれば作業は完了です。下記の口座情報更新のメールが届きます。

銀行口座情報を入力

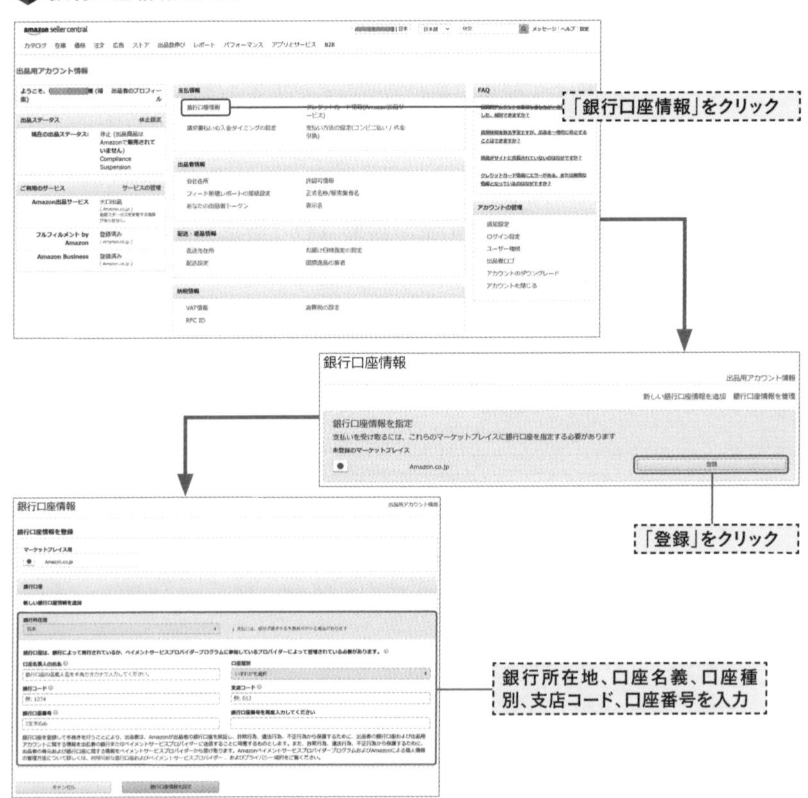

口座情報更新のメール

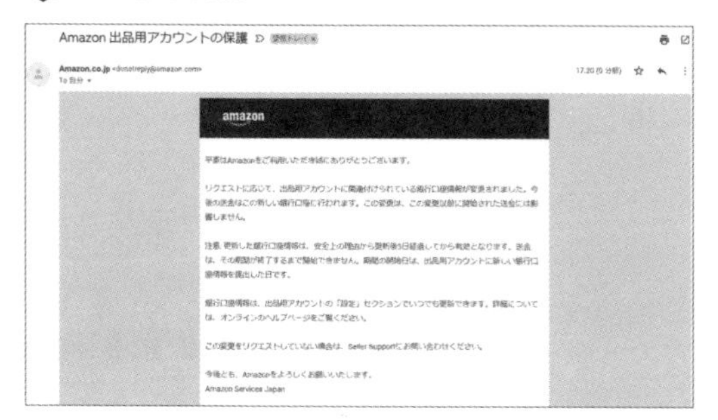
Amazon 出品用アカウントの保護

Amazon.co.jp <donotreply@amazon.com>

To 自分

平素はAmazonをご利用いただき誠にありがとうございます。

リクエストに応じて、出品用アカウントに関連付けられている銀行口座情報が変更されました。今後の送金はこの新しい銀行口座に行われます。この変更は、この変更以前に開始された送金には影響しません。

注意: 更新した銀行口座情報は、安全上の理由から更新後3日経過してから有効となります。送金は、その期間が終了するまで開始できません。期間の開始日は、出品用アカウントに新しい銀行口座情報を提出した日です。

銀行口座情報は、出品用アカウントの「設定」セクションでいつでも更新できます。詳細については、オンラインのヘルプページをご覧ください。

この変更をリクエストしていない場合は、Seller Supportにお問い合わせください。

今後とも、Amazonをよろしくお願いいたします。

Amazon Services Japan

Amazon出品アカウント開設後の初期設定 (3) 出品者プロフィールを設定

次に出品者プロフィールを設定していきます。店舗用の電話番号とメールアドレスを設定しておきましょう。

先ほどもお伝えしたとおり、店舗用電話番号については、Amazonからの連絡専用に050番号を取得することをおすすめします。

メールアドレスについてはGmailなど、自分で管理しやすいものを設定しましょう。できれば、ごちゃごちゃにならないように新しいGmailなどを作って管理していくと良いでしょう。

セラーセントラルの「設定」→出品者用アカウント情報の「出品者のプロフィール」をクリックし、電話番号とメールアドレスを入力して「送信」をクリックすれば完了です。

出品者プロフィールの編集

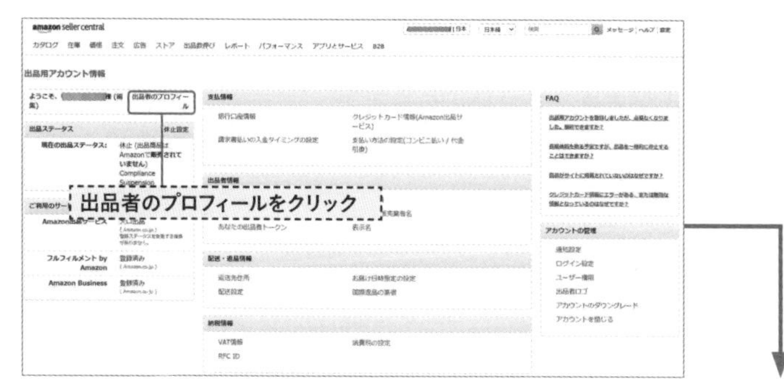

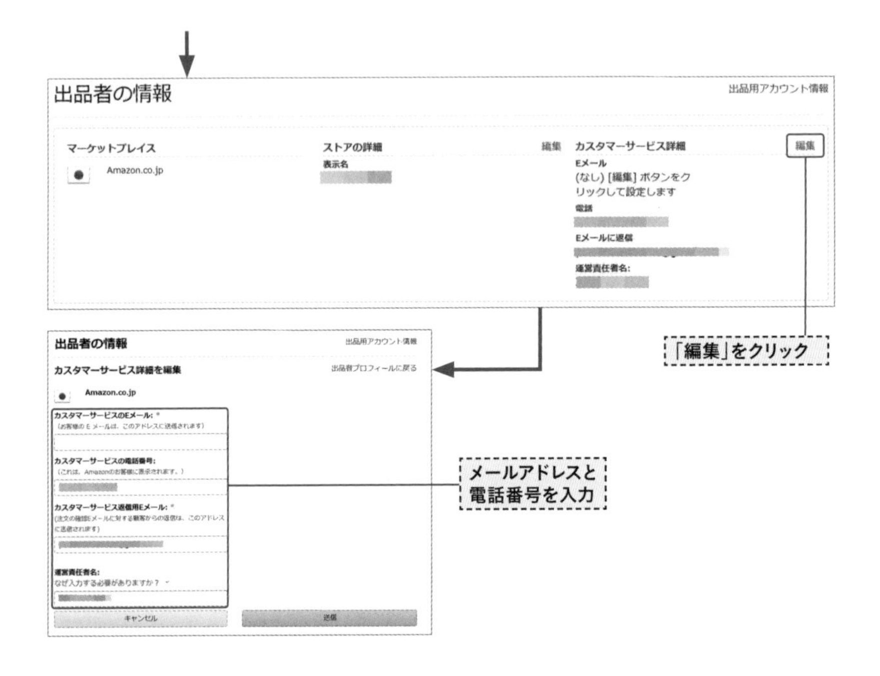

Amazon出品アカウント開設後の初期設定（4）ギフトオプションの設定

次にギフトオプションです。購入者がギフトラッピングとメッセージを添付できるようになっています。

これを設定することで、クリスマスシーズンなどのプレゼント需要に対応ができます。

セラーセントラルの「設定」メニューから「ギフトオプション」を選んで、出てきた「ギフトの設定」画面で必ず「ギフトメッセージ」と「ギフトラップ」、両方とも「使用可能」に設定するようにしましょう。

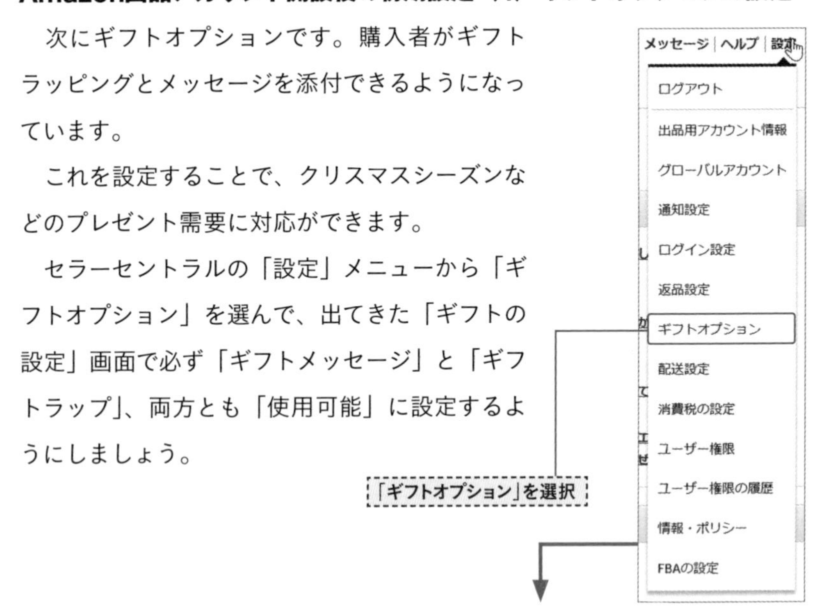

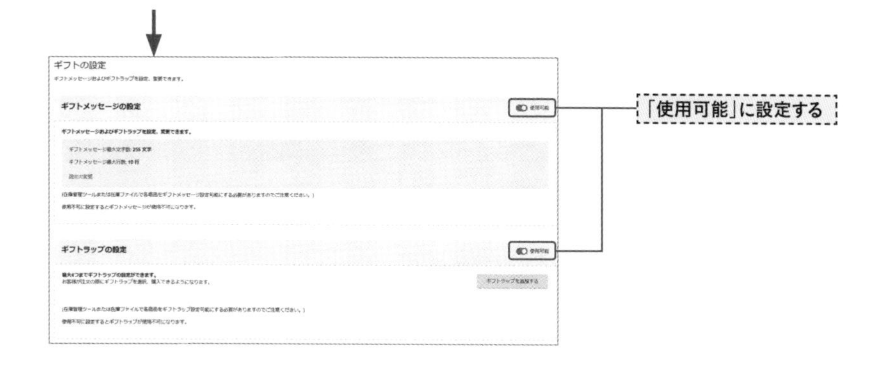

Amazon出品アカウント開設後の初期設定（5）支払い方法の設定

次に、購入者の支払い方法の設定です。

通常購入者が選択できる支払い方法はクレジットカード、携帯決済、Amazonギフト券ですが、さらに代金引換、コンビニ決済を有効にすることができます。

セラーセントラルトップの「設定」→「出品者アカウント情報」→「支払い方法の設定(コンビニ払い/代金引換)」をクリックして、「支払い方法の設定」から、「コンビニ決済を有効にする」をオンにして、完了です。

メッセージ | ヘルプ | 設定
ログアウト
出品用アカウント情報
グローバルアカウント
通知設定
ログイン設定
返品設定
ギフトオプション
配送設定
消費税の設定
ユーザー権限
ユーザー権限の履歴
情報・ポリシー
FBAの設定

「出品者アカウント情報」を選択

「支払い方法の設定（コンビニ払い／代金引換）」を選ぶ

支払い方法の設定
以下に表示されている支払い方法で注文を受け付けるかどうか、このページで選択します。オプションの支払い方法については、それぞれ利用規約がありますので、事前にご確認ください。詳細はこちら
コンビニ決済
コンビニ決済を有効にする
コンビニ決済を有効にすると、出品レポートに反映されます。詳細はこちら
キャンセル　送信

「オン」にする

Amazon出品アカウント開設後の初期設定（6）割賦販売の情報提供

次に、Amazon割賦販売法に基づく情報提供が求められているので、情報を入力していきます。入力が完了するまで、販売を開始することができませんので、今のうちにやっておきましょう。

Amazon割賦販売法に基づく情報提供

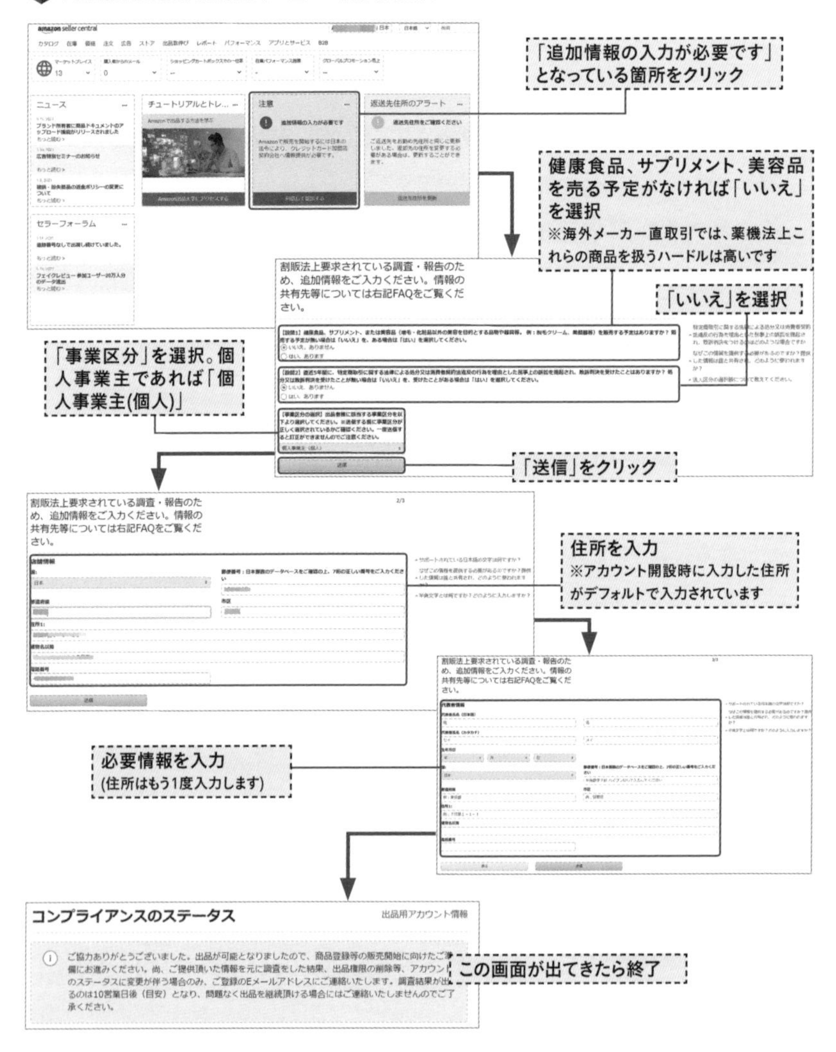

Amazon出品アカウント開設後の初期設定（7）混合在庫の設定を解除

最後に、混合在庫の設定を解除します。Amazonアカウント開設時は、混合在庫を取り扱うという設定になっています。

混合在庫とは、自分の在庫と同じ商品を出品している他の出品者の在庫を混ぜて管理をすることです。商品ラベルを貼る手間はなくなりますが、他の出品者の在庫に不良があった場合でも自身の在庫として販売されてしまうリスクがでてきます。

そういった理由から、私は混合在庫は基本的におすすめしません。そのため、混合在庫の設定は解除しておきましょう。

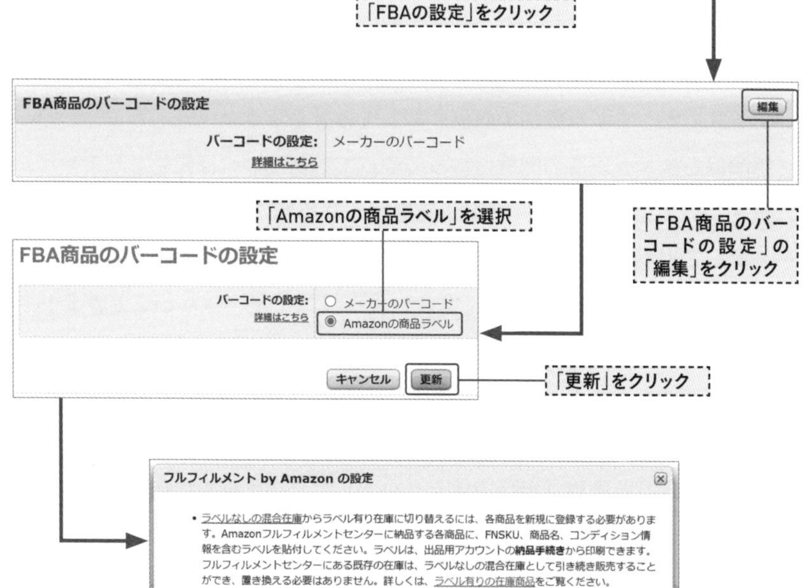

03

商品を登録してみよう

出品アカウントを作成し、初期設定も済んだところで、試しにAmazonに商品を登録してみましょう。

ここでは、他の出品者などからAmazonへの出品が済まされている商品を登録してみます。

Amazonで売られている商品を登録する場合、Amazonにすでに商品ページが作られているので、あとは商品登録をして出品するだけです。

商品登録は、出品する商品を1点ずつ登録する方法と、複数の商品を一括で登録する方法があります。

本書では両方紹介しますが、一括で登録する場合は、商品数が増えてきたら便利なものの、操作が複雑になるうえに、初心者の方はあまり関わりのないケースです。まずは個別で商品登録してみましょう。

手順は右ページ以降の図解に従ってやっていただければ問題ありません。

気をつけてほしいのは、必ず商品を仕入れる前に商品登録を済ませること。そして出品制限がかかっているかどうかをまず確認することです。

出品制限がかかっていると、場合によっては出品できないことがあります。次ページの画面で「出品制限が適用されます」をクリックすると、出品許可申請ができるボタンが出てきます。出品できる商品であればすぐに承認されるのですが、そうでなければ出品できません。

商品を仕入れた後に「出品できませんでした」では損失になるので、必ず商品登録は商品を仕入れる前に行うようにしましょう。

商品を個別で登録する手順

セラーセントラルのトップ画面から「在庫」タブを開いて、メニューの中から「商品登録」を選択すれば、商品登録画面が出てくるので、必要事項を入力します。

最後に出荷元の住所の入力画面が出てきますが、当然ですが出荷元の住所は、正しい住所を書きましょう。例えば間違った商品ラベルを貼ってしまった場合など、商品が出荷元に戻ってくることがあります。こういったときのために、出荷元の住所を入力します。

商品を個別に登録する手順

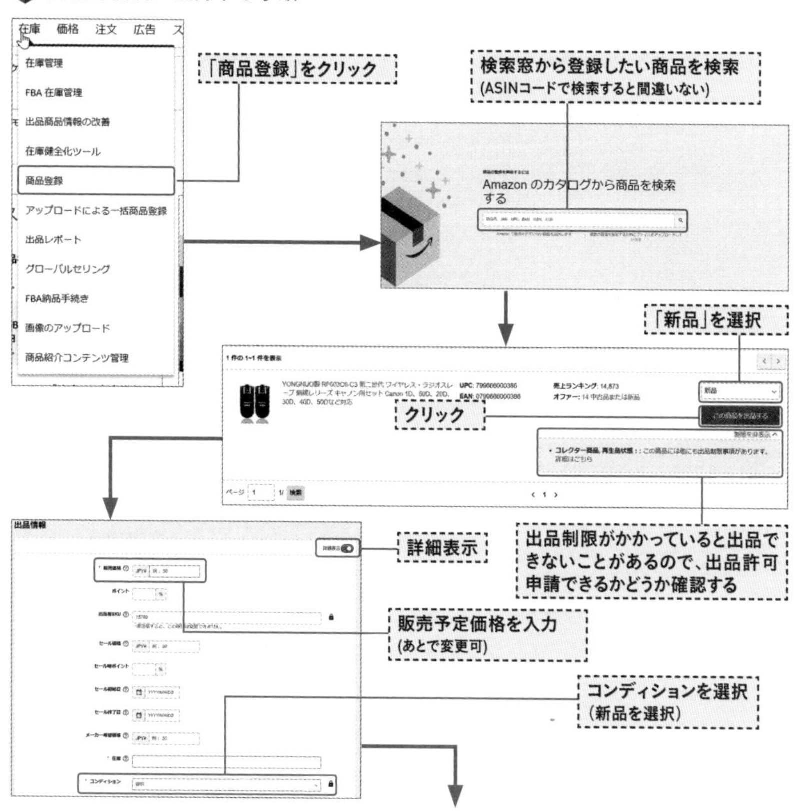

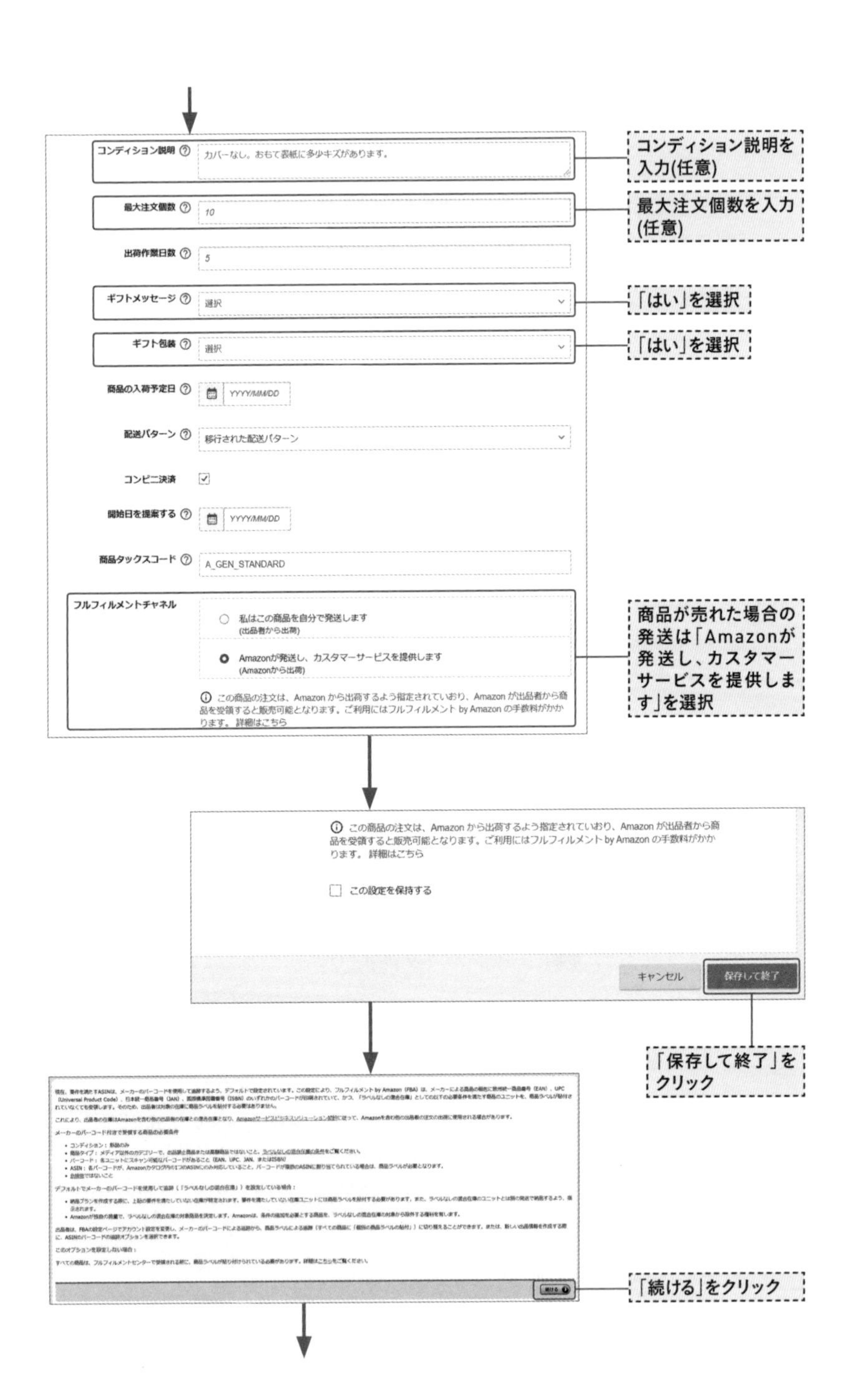

コンディション説明
カバーなし。おもて表紙に多少キズがあります。
コンディション説明を入力(任意)
最大注文個数
10
最大注文個数を入力(任意)
出荷作業日数
5
ギフトメッセージ
選択
「はい」を選択
ギフト包装
選択
「はい」を選択
商品の入荷予定日
YYYY/MM/DD
配送パターン
移行された配送パターン
コンビニ決済
開始日を提案する
YYYY/MM/DD
商品タックスコード
A_GEN_STANDARD
フルフィルメントチャネル
私はこの商品を自分で発送します
(出品者から出荷)
Amazonが発送し、カスタマーサービスを提供します
(Amazonから出荷)
この商品の注文は、Amazon から出荷するよう指定されており、Amazon が出品者から商品を受領すると販売可能となります。ご利用にはフルフィルメント by Amazon の手数料がかかります。 詳細はこちら
商品が売れた場合の発送は「Amazonが発送し、カスタマーサービスを提供します」を選択
この商品の注文は、Amazon から出荷するよう指定されており、Amazon が出品者から商品を受領すると販売可能となります。ご利用にはフルフィルメント by Amazon の手数料がかかります。 詳細はこちら
この設定を保持する
キャンセル
保存して終了
「保存して終了」をクリック
「続ける」をクリック

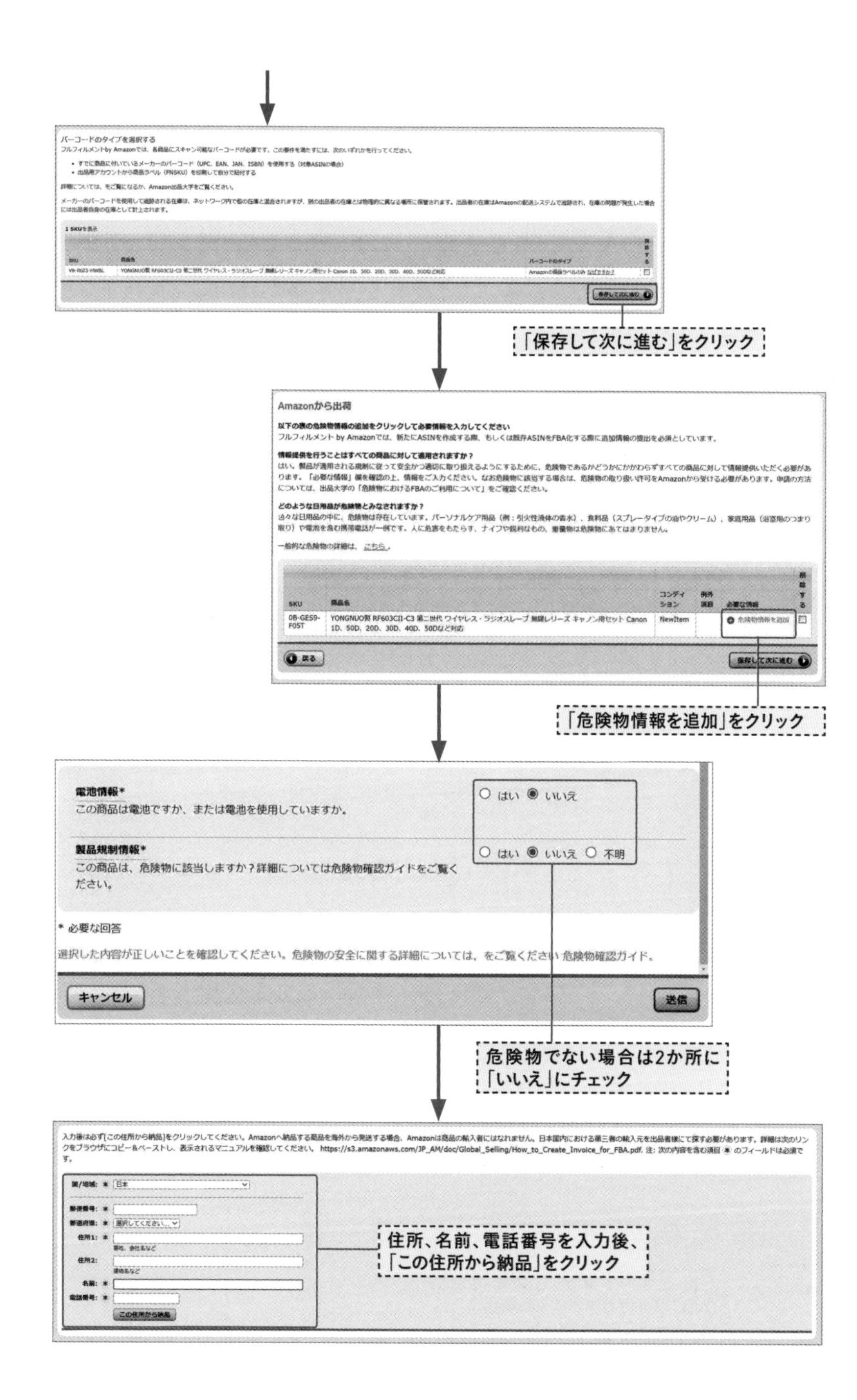
「保存して次に進む」をクリック
Amazonから出荷
「危険物情報を追加」をクリック
電池情報*
この商品は電池ですか、または電池を使用していますか。
はい いいえ
製品規制情報*
この商品は、危険物に該当しますか？詳細については危険物確認ガイドをご覧ください。
はい いいえ 不明
* 必要な回答
選択した内容が正しいことを確認してください。危険物の安全に関する詳細については、をご覧ください 危険物確認ガイド。
キャンセル
送信
危険物でない場合は2か所に「いいえ」にチェック
住所、名前、電話番号を入力後、「この住所から納品」をクリック

商品を一括で登録する手順

商品登録の一括登録は複雑なところがあるものの、商品数が多くなったときは作業を効率化できるようになります。以下、簡単に手順をお伝えしますが、Excelの入力など、わからないことが出てきたらAmazonに直接聞きながらやってみるといいでしょう。

商品を一括で登録する手順

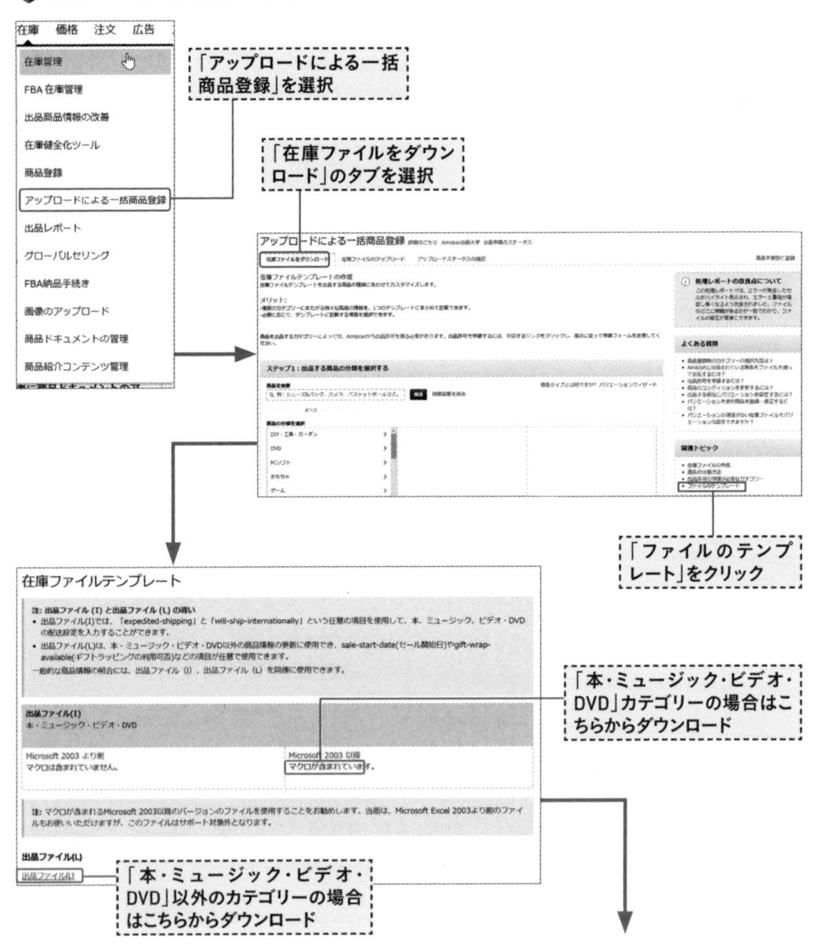

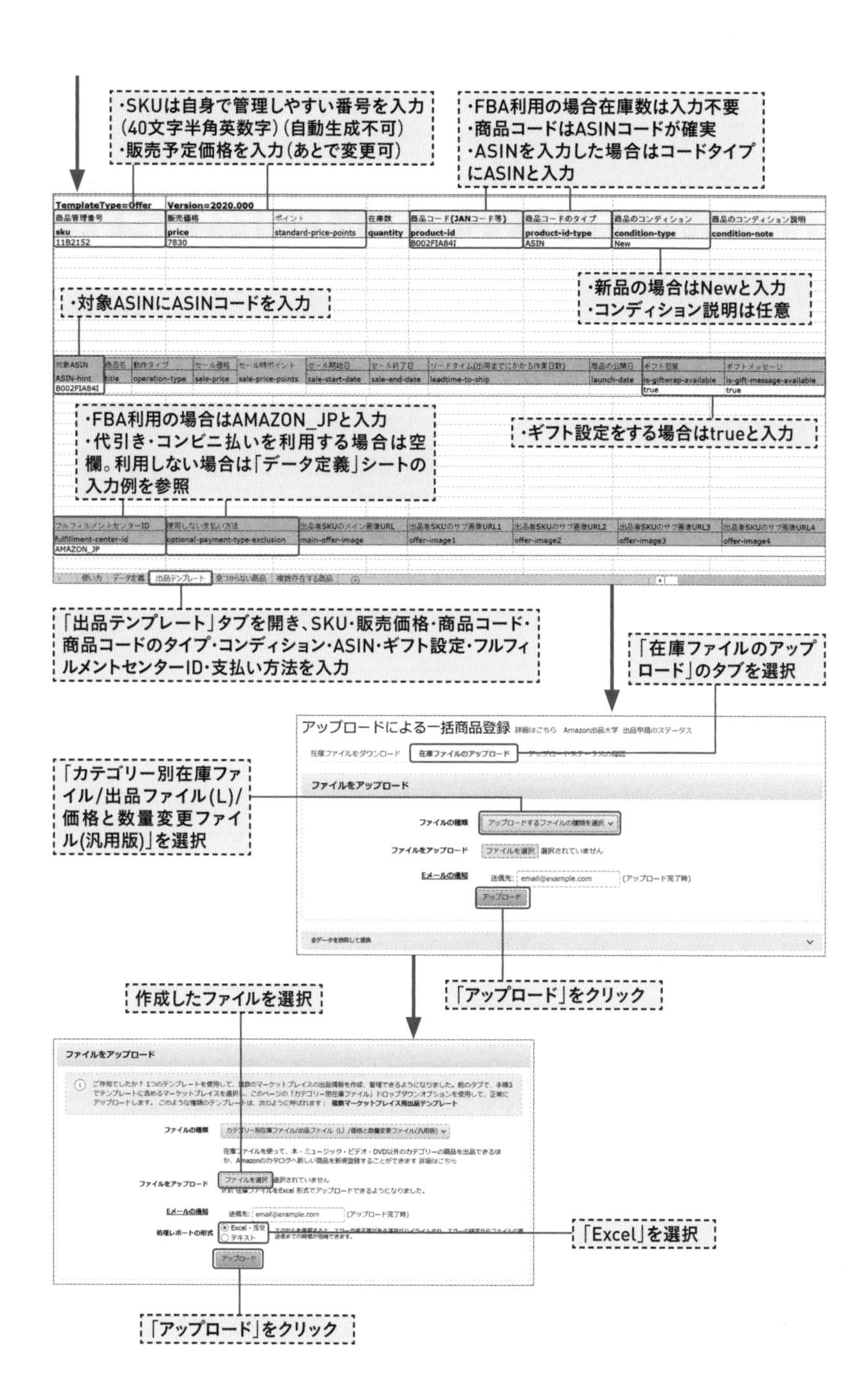
・SKUは自身で管理しやすい番号を入力(40文字半角英数字)(自動生成不可)
・販売予定価格を入力(あとで変更可)
・FBA利用の場合在庫数は入力不要
・商品コードはASINコードが確実
・ASINを入力した場合はコードタイプにASINと入力
・新品の場合はNewと入力
・コンディション説明は任意
・対象ASINにASINコードを入力
・FBA利用の場合はAMAZON_JPと入力
・代引き・コンビニ払いを利用する場合は空欄。利用しない場合は「データ定義」シートの入力例を参照
・ギフト設定をする場合はtrueと入力
「出品テンプレート」タブを開き、SKU・販売価格・商品コード・商品コードのタイプ・コンディション・ASIN・ギフト設定・フルフィルメントセンターID・支払い方法を入力
「在庫ファイルのアップロード」のタブを選択
「カテゴリー別在庫ファイル/出品ファイル(L)/価格と数量変更ファイル(汎用版)」を選択
「アップロード」をクリック
作成したファイルを選択
「Excel」を選択
「アップロード」をクリック
TemplateType=Offer
Version=2020.000
商品管理番号
sku
11B2152
販売価格
price
7830
ポイント
standard-price-points
在庫数
quantity
商品コード(JANコード等)
product-id
B002FIA84I
商品コードのタイプ
product-id-type
ASIN
商品のコンディション
condition-type
New
商品のコンディション説明
condition-note
対象ASIN
ASIN-hint
B002FIA84I
商品名
title
動作タイプ
operation-type
セール価格
sale-price
セール時ポイント
sale-price-points
セール開始日
sale-start-date
セール終了日
sale-end-date
リードタイム(出荷までにかかる作業日数)
leadtime-to-ship
商品の公開日
launch-date
ギフト包装
is-giftwrap-available
true
ギフトメッセージ
is-gift-message-available
true
フルフィルメントセンターID
fulfillment-center-id
AMAZON_JP
使用しない支払い方法
optional-payment-type-exclusion
出品者SKUのメイン画像URL
main-offer-image
出品者SKUのサブ画像URL1
offer-image1
出品者SKUのサブ画像URL2
offer-image2
出品者SKUのサブ画像URL3
offer-image3
出品者SKUのサブ画像URL4
offer-image4
使い方
データ定義
出品テンプレート
見つからない商品
複数存在する商品
アップロードによる一括商品登録
詳細はこちら
Amazon出品大学
出品申請のステータス
在庫ファイルをダウンロード
在庫ファイルのアップロード
ファイルをアップロード
ファイルの種類
アップロードするファイルの種類を選択
ファイルを選択
選択されていません
Eメールの通知
送信先:
email@example.com
(アップロード完了時)
アップロード
ファイルの種類
カテゴリー別在庫ファイル/出品ファイル(L)/価格と数量変更ファイル(汎用版)
Excel - 推奨
テキスト
処理レポートの形式

04

登録した商品を確認しよう

商品登録状況の確認

商品登録を終えたら、今度は正しく商品が登録されているかどうか、確認してみましょう。

在庫を納品/補充

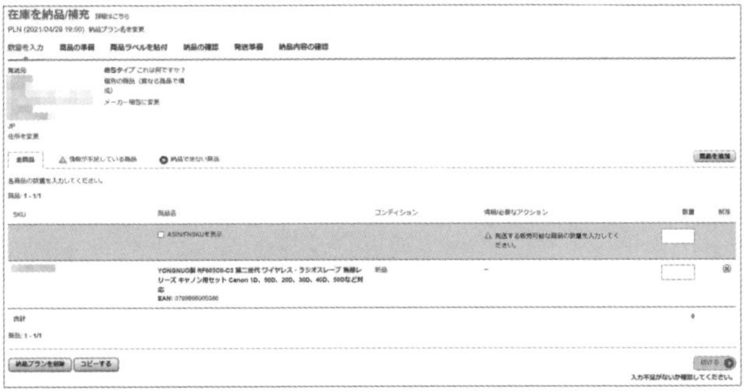

商品登録を終えたら、「在庫を納品/補充」という画面にすぐ切り替わります。このため、1個ずつしか商品を納品できないと思う人もいるかもしれませんが、それは間違いです。

1つだけの商品をFBA納品するのであれば、このまま進めてもらって構いませんが、ゆくゆく複数の商品を同時に納品する対応が必要になってくるかと思います。

例えば仕入れた型番違い商品をまとめて20個納品することもできますし、複数のメーカーから仕入れた複数の商品をまとめて納品することも可能です。

そのため、商品登録が1つ済んだら、在庫管理画面のタブをクリックしてください。商品がしっかり登録されているかと思います。

一つずつ商品登録して一つずつ納品すると、まとめて発送ができないので、送料が非常に高くついてしまいます。ですから、複数の商品をまとめて仕入れる際は、一緒に納品するようにしましょう。

商品登録を終えたら、次の図のようにいったん在庫管理画面を開きます。そうすると、商品登録された商品の一覧が出てきます。

2つなら2つにチェックを入れて納品すれば、まとめてFBA納品することが可能です（リピート仕入れする際は、新たに商品登録する必要はなく、在庫管理画面を開いてその商品にチェックを入れれば、そのままFBA納品が可能です）。

商品登録情報を確認

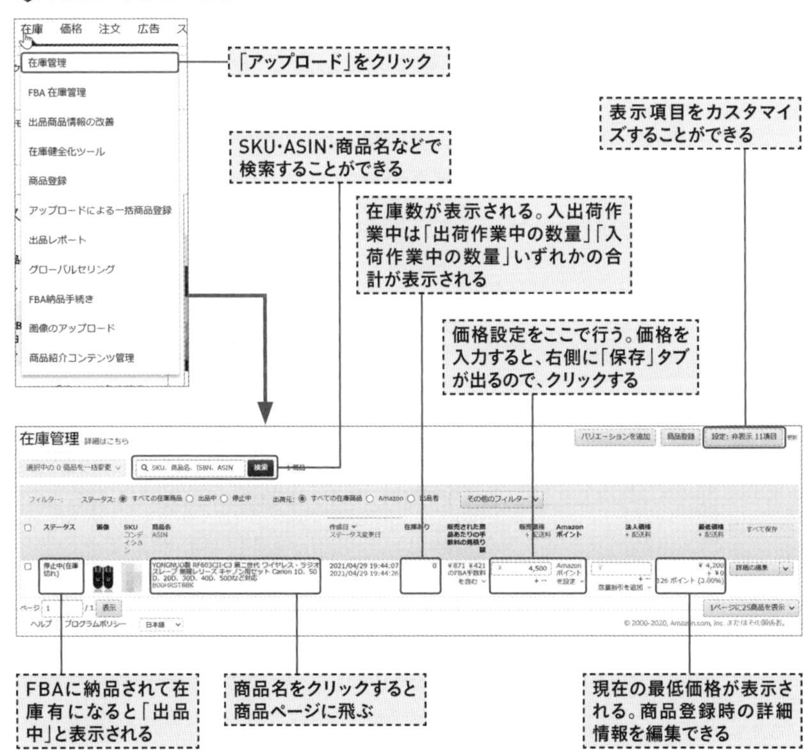

「アップロード」をクリック
SKU･ASIN･商品名などで検索することができる
表示項目をカスタマイズすることができる
在庫数が表示される。入出荷作業中は「出荷作業中の数量」「入荷作業中の数量」いずれかの合計が表示される
価格設定をここで行う。価格を入力すると、右側に「保存」タブが出るので、クリックする
FBAに納品されて在庫有になると「出品中」と表示される
商品名をクリックすると商品ページに飛ぶ
現在の最低価格が表示される。商品登録時の詳細情報を編集できる

FBAに納品前だと一番左のステータスは「停止中(在庫切れ)」と表示されますが、納品されれば「出品中」と表示され、在庫数が表示されます。

在庫数の欄で「入出荷作業中」となっている場合は、次の状態で数値がカウントされます。要は、商品が最近売れたということを示します。

●出荷待ち→購入者から注文があったばかりで出荷準備中。

●フルフィルメントセンター移管中→在庫を購入者が住んでいる地域に近いフルフィルメントセンターに移管中。

●フルフィルメントセンター処理中→商品の寸法や重量確認、調査待ちなどの追加処理のために、フルフィルメントセンターで一時的に保留の状態。

なお、価格設定は商品登録の際にも行いますが、Amazonポイントも含めて、この在庫管理画面でも設定を変更することができます。

登録した商品を削除したい場合

登録した商品を削除するときは、下の図の方法で行えば問題ありません。間違って登録してしまうこともありますし、メーカー直取引を長くやっていれば扱わなくなる商品も出てきます。そういうときは、この方法で削除してもらえれば大丈夫です。

登録した商品を削除

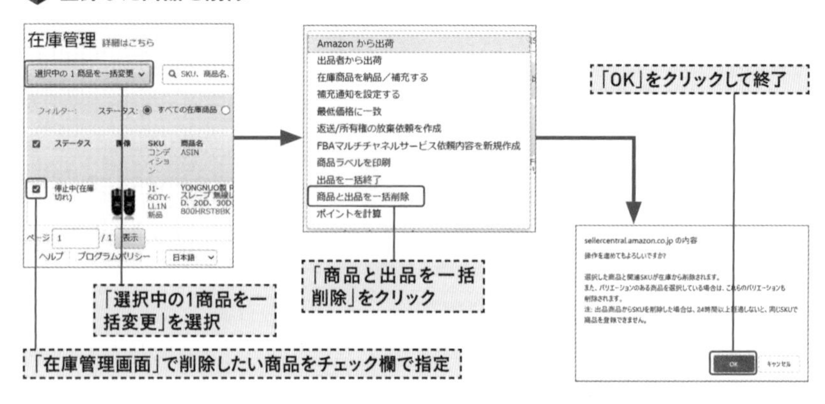

出品中商品の一時停止と再出品したいとき

商品登録の削除だけでなく、出品中商品の一時停止や再出品も可能です。型番違いの商品を間違ってFBAに納品してしまった場合、Amazonはその商品についてチェックしてくれるわけではありません。

そういうときは自分で出品を一時停止して売れないようにしておくと良いでしょう。また、価格を高く設定して売れないようにするのも選択の一つです。

また、間違えて安すぎる価格設定にしてしまった場合は、Amazon側で出品停止してくれることがあります。そのような場合は価格修正して再出品を利用するようにしましょう。

出品中商品の一時停止

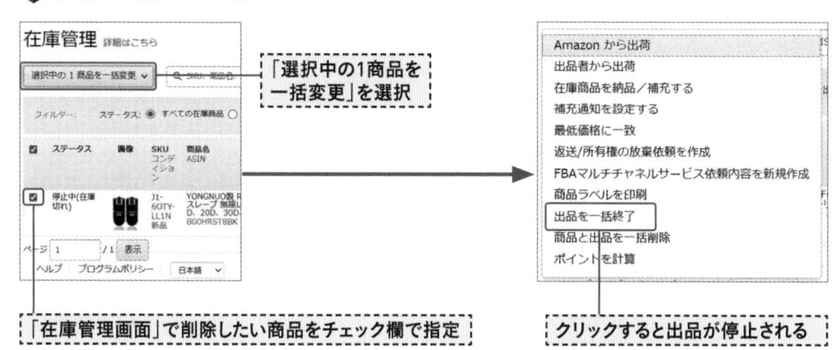

出品中商品の一時停止

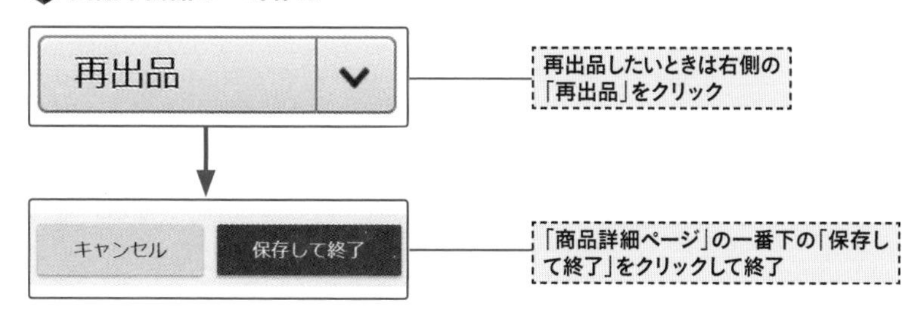

ヤフオク転売からAmazon物販ビジネスへ

Amazon物販ビジネスに取り組む以前、2011年頃のことですが、私はヤフオク（Yahoo!オークション）転売を実践していました。その当時、Amazonで販売するという方法が浸透しておらず、まだまだヤフオクでの販売が主流だったからです。

しかし、本業が忙しい状態で、副業でヤフオク転売をすることは、かなりのストレスでした。

当時は商品の写真を撮るのも、商品ページを作るのも、お客様とのやり取りや入金確認をするのも、お客様へ発送するのも、全部自分でしたから、時間が少ない中でこのヤフオクビジネスを大きくすることは、不可能に近い状態でした。

会社から帰宅し、そのあと夜遅くまでお客様への梱包作業を行い、コンビニに走って商品を発送していたのを今でも覚えています

で、そんな苦しい毎日を送っていた時、急に現れたのが、Amazonです。AmazonのFBAを使えば、今までやっていた作業を全部丸投げできる……心が躍りました!!

そこからAmazonの魅力に気付き、全ての作業を自動化することで、一番大事な「利益の出る商品を探す」というリサーチ作業に没頭でき、売上利益も加速的に伸びていったわけです。

またAmazonの出品者カスタマーセンターへ電話すれば、わからないことは何でも丁寧に教えてくれます。この辺もAmazonのプラットフォームを活用するメリットのひとつですね。

私の友人の多くも副業でAmazon物販ビジネスに取り組んでいましたが、今は独立して金銭的にも時間的にも余裕をもって暮らしています。

副業で時間が取れない方ほど、ぜひAmazonのFBAを利用した物販ビジネスを実践してほしいと思います。

Chapter 3

FBAを使って在庫管理・梱包・発送をAmazonに任せよう

～これだけ知っておけば大丈夫！誰でもわかるFBA納品の手順～

商品登録のやり方を学んだら、今度はAmazon独自のサービスであるFBA納品の方法について、手順を追って説明していきます。一度やり方をマスターしてしまえば、あとは在庫管理から商品の梱包、発送もまとめてやってくれる便利なシステムなので、ぜひ活用してください。

01

FBAとは何か

FBAとは?

Chapter1でもお話しましたが、FBA（Fulfillment By Amazon）とはAmazonが商品の保管から、注文管理、購入者への商品の配送などのカスタマー対応を行ってくれるサービスです。

物販で手間のかかる作業をAmazonが行ってくれるので、その分リサーチやメーカーとの交渉など、売上に直結する作業に時間を当てられます。

物販をやっていると、返品などが発生した場合、自分でお客さんとやり取りして、新しい商品に交換して再発送するようなこともあるかと思いますが、これが結構な手間なのです。

しかし、FBAは返品のサービスも一任できます。しかも返品の対応が非常にスムーズなので、購入者側にもストレスがありません。

注文が入ったら自動的に配送してくれるのもいいですが、Amazonはお客様対応もしっかりしているので安心です。

AmazonではFBA出荷の他に出品者が自分で出荷することもできますが、基本的に推奨しません。

ただ、危険物出品などFBAに納品できない商品を販売したい場合は、自分で出荷するケースもあります。

FBA利用の流れ

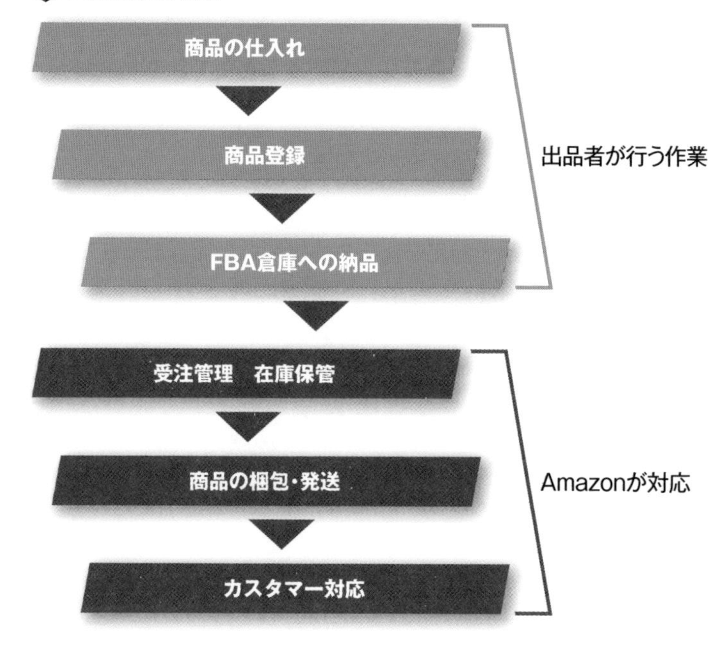

FBAの出品者から見たメリット

では、具体的なFBAを使うメリットについて、お話します。

①送料が安い

自身で配送業者を手配するよりも安い送料で利用できます（FBA配送料についてChapter4「03　利益計算」で詳しく解説します）。

②配送スピードが速い

購入者がプライム会員ならお急ぎ便の即日出荷や日時指定便が無料で提供できます。通常便でも翌日出荷。

③出品者の信頼性

FBA在庫の商品は、Amazonの画面上に「発送: Amazon.co.jp」「出荷元

Amazon」と表記されるので、購入者からの信頼性が増します。

④ギフト包装サービスを提供できる

一部の商品を除いて、プレゼント需要に対応することができます。

⑤多くの支払い方法を提供できる

クレジットカードを持たない客層にも対応できます。

⑥カートボックス獲得に有利

FBAを利用することで、FBAを利用しない自社出荷の販売者よりもカートボックスの獲得が有利になります。

FBAのお客様から見たメリット

FBAのメリットは出品者側だけではありません。お客さんから見たメリットも非常に大きくなります。

①送料無料で購入できる

プライム会員なら2,000円以下の商品でも送料無料で利用できる。

②配送スピードが速い

プライム会員ならお急ぎ便や日時指定便が無料で利用できる。通常便でも翌日出荷で利用できる。

③Amazonから購入しているという安心感がある

④ギフト包装サービスを利用できる

⑤支払い方法を多く選択できる

クレジットカード・携帯決済・Amazonギフト券に加えて代金引換・コンビニ払い・電子マネー、振込みなど。

以上のことは、Amazonで買い物をしたことがある人なら、実感したことがある人も多いでしょう。FBAは作業を大幅に効率化してくれるだけでなく、出品者もお客さんも安心できる優れたシステムなのです。

「出荷者」でAmazon商品ページの表示が異なる

Amazonでは、「FBA出荷」以外に、自分で商品を発送する「出品者出荷」(オススメはしません)、Amazon本体が販売・発送している商品の3パターンがあります。

Amazonの画面上では、下の図のような表示の違いがあります。

購入者から見たFBA出荷

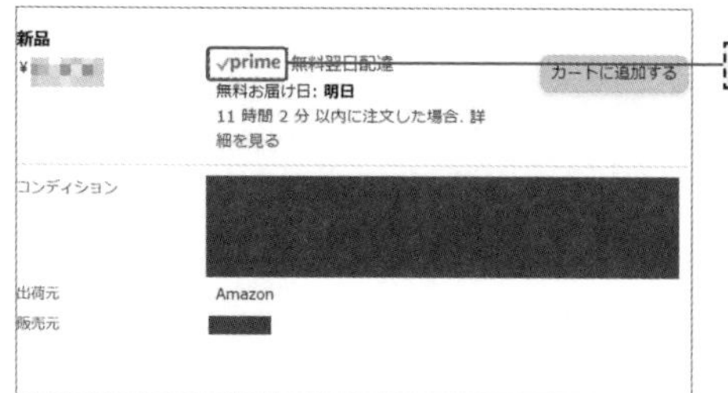

購入者から見た出身者出荷

購入者から見たAmazon本体

FBA出荷やAmazon本体が販売する場合、前ページの図のようなプライムマークが付きます。

購入者がプライム会員なら特典の配送サービスを無料で利用できるので、このマークがあると購買率UPが見込めます。ただし、出品者出荷でも条件を満たせばプライムマークをつけることができます。

ちなみに、検索結果の上位表示については、価格が安いものが上位に表示されやすくなります。

ですから、Amazon物販ビジネスをする場合は、一番安い価格に合わせて販売しないといけません。

もし、価格が同一の場合は、カート獲得の優先順位は1番目は「Amazon本体」、2番目は「FBA出荷」、3番目は「出品者出荷」ということになります。

ですから、商品リサーチをする場合、Amazon本体が販売している商品は避けたほうが無難です。こちらもあとで解説しますが、ポイントとして押さえておきましょう。

【中〜上級者向き】マケプレプライムについて

マケプレプライムとは、出品者出荷商品にプライムマークを付けるプログラムです（大口出品の登録必須）。

ある一定の条件を満たすことでプライムマークを付けることができますが、少し条件が厳しいので、中〜上級者向きですが、メリットは大きいです。

マケプレプライムの商品ページ

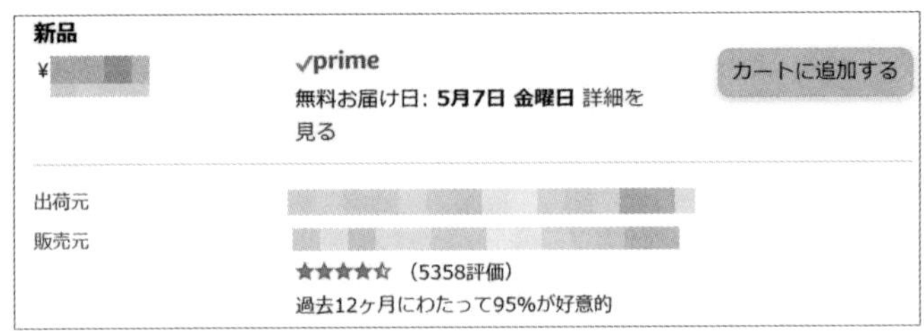

マケプレプライムを使うメリットとしては、

●カートボックス獲得に有利になり、検索上位に表示されやすくなり、売上向上が期待できる
●FBAと同等の配送サービスを提供でき、購買率UPが見込める
●カスタマー対応をAmazonに任せることができる

といったものがありますが、自分で配送周りを構築し、お客様対応や返品対応も自分でやらなければいけないので、FBAをそのまま利用したほうがいいでしょう。

また、マケプレプライムの参加資格は少し難しくなり、最近も少し厳格化されました。

具体的にはマケプレプライムを利用するにはまず「トライアル」を行ないます。直近10件の出品者出荷を以下の条件で行うことで資格を得られます。

①注文即日の出荷率：99%以上（14:00までの注文は当日中に出荷）
②追跡可能率：94%（ヤマト運輸か日本郵便の追跡番号を登録⇒宅急便、宅急便コンパクト、ネコポス、ゆうパック、レターパック）
③出荷前キャンセル率：1%未満（出品者都合のキャンセルを行なわないように）
④週末出荷（土日）対応
⑤配送時間指標の目標値設定
⑥標準サイズ商品の全国配送対応

初心者の方がいきなりこのような配送ルートを確立できるとは思えないので、FBAをしっかり活用したビジネスを実践していきましょう。

02

FBA納品をしてみよう

FBA納品の手順

さっそく、FBA納品のやり方について説明していきましょう。ここではChapter2で登録した商品をベースにして解説していきます。

セラーセントラルのトップ画面→「在庫」→「在庫管理」画面の各商品の左端にチェック欄がありますから、まとめて納品する場合は、納品する商品にすべてチェックをしてください。

納品する商品にチェックを入れる

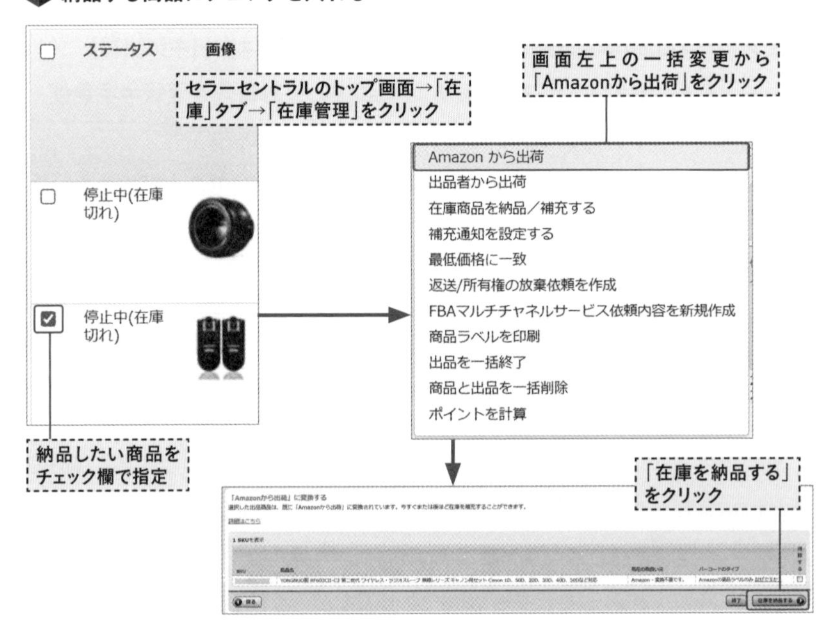

梱包タイプについては「個別の商品」と「メーカー梱包」が選べますが、必ず「個別の商品」を選択します。

例えばA、B、C社の3社の商品を納品する場合、「個別の商品」ですと、3社の商品を同じ箱に入れて納品することができます。しかし、「メーカー梱包」は、同じ商品しかまとめて納品できません。当然箱数が多くなりますから、送料が高くなってしまいます。

梱包タイプを選ぶ

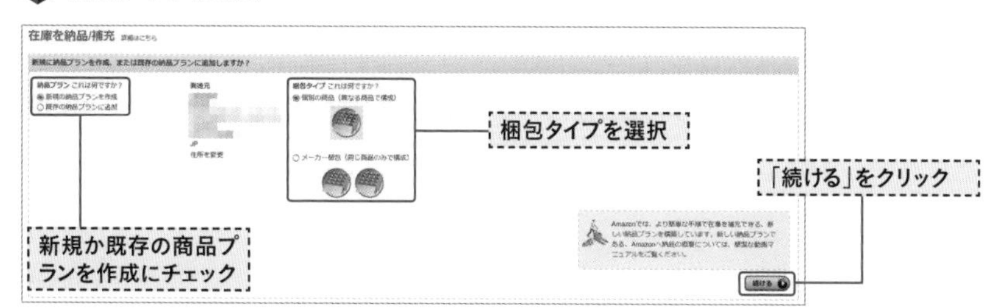

次の以下の画面で納品数量を入力します。納品する商品が抜けていた場合は、「商品を追加」ボタンをクリックして商品を追加していきます。

納品数量を入力

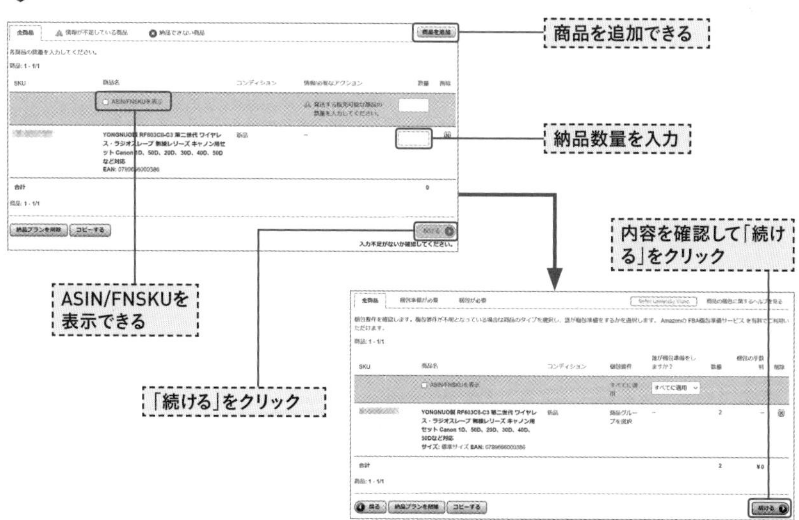

次に、商品ラベル貼りを自分で行うか、Amazonに依頼するかを選択できます。

ラベル貼りをAmazonに依頼する場合、小型/標準サイズの商品なら1枚20円、大型商品なら1枚51円です。この価格ならAmazonに依頼したいと思う方もいるかもしれませんが、下記の条件を満たさないと返送されてしまうので注意しましょう。

●特大型商品ではないこと
●高額商品ではないこと
●納品予定の商品ページにJANコードが登録されている必要があり、その商品にも同じJANコードとバーコードが表示されていること

Amazonにラベルを貼ってもらおうとして、条件を満たさず商品が返送されてきて、改めて再納品するとかえって面倒なことになります。そのため、基本的には自分で行うか、代行会社に依頼することになるかと思います。ですから、自宅にプリンタを置くのはほぼ必須です。ただし、場合によってはメーカーからFBAに直送してもらうことも可能で、その場合はAmazonラベル貼付サービスを利用することができます。

【Amazonラベル貼付サービス】
https://sellercentral.amazon.co.jp/gp/help/external/200483750?

商品ラベル貼りの選択

ラベルの貼付が必要　全商品　Seller University Video

すべての商品にバーコードが必要です。商品がメーカーのバーコード（混合在庫）の対象である場合、商品にAmazonラベルを印刷して貼付する必要はありません。商品が対象でない場合、商品ラベルを貼付する必要があります。商品ラベルを出品者側で印刷して貼付するには、「ラベル貼付」ドロップダウンメニューで「出品者」を選択し、「ラベルを印刷」をクリックしてください。または、「ラベル貼付」で「Amazon」を選択して、この操作をAmazonが有料で行うようにすることもできます。

商品: 1 - 1/1

SKU	商品名	コンディション	数量	ラベル貼付（出品者、またはAmazon）	印刷するラベル数	ラベルの手数料	削除
	ASIN/FNSKUを表示			すべてに適用			
	YONGNUO製 RF603CII-C3 第二世代 ワイヤレス・ラジオスレーブ 無線レリーズ キャノン用セット Canon 1D、50D、20D、30D、40D、50Dなど対応 サイズ: 標準サイズ EAN: 0799666000386	新品	2	出品者が行う	2	–	

A4版24面（66 x 33.9 mm）　ラベルを印刷　ラベル合計数: 2

商品: 1 - 1/1

戻る　納品プランを削除　コピーする　続ける

商品ラベル貼りを出品者自身かAmazonに依頼するか選択する

商品ラベル貼りを自身で行う場合は「ラベルを印刷」からファイルをダウンロード

「続ける」をクリック

下記「ラベルを印刷」からファイルをダウンロードすると、以下のような商品ラベルを数量分PDFでダウンロードできるので、プリンタしてラベル張りをしましょう。

YONGNUO製 RF603CII-...0D、30D、40D、50Dなど対応
新品

なお、ラベル貼りですが、Amazonで検索するとFBA納品対応のラベルシールがいくつも売られているので、そちらを購入すれば良いと思います。下の図に従って、正しくラベル貼りをしましょう。

ラベルの間違った貼り方と正しい貼り方

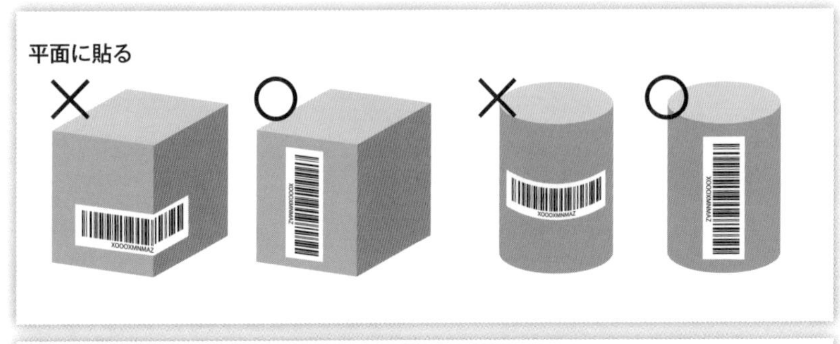

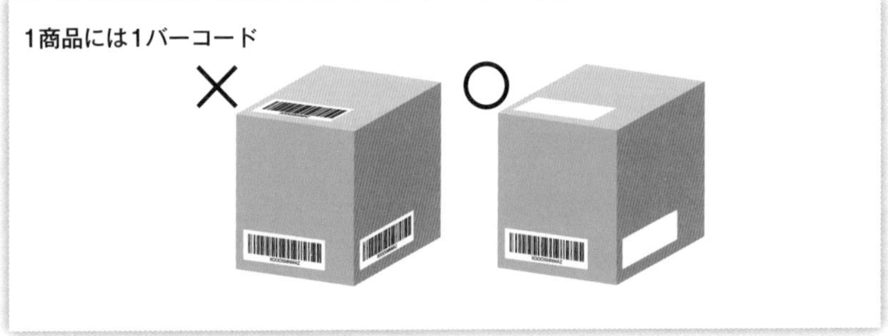

【バーコードを貼る際の注意点】

・バーコードをスキャンできるように、折り曲がることのないように平面に貼りましょう

・基本は商品のJANコードの上に隠すように貼るとベスト

・商品にJANや別のバーコードが複数ある場合は無地のラベルシールをその上に貼って隠すか、横線を入れて消しましょう

・商品が小さくラベルが貼れない場合は透明のOPP袋に入れて貼りましょう

・2個セットなどのセット商品もOPP袋に入れてラベルを貼付

ラベル貼りが終わればいよいよ納品するわけですが、納品先のFC（配送センターであるフルフィルメントセンター）を確認します。

納品先FCは自分で選択することができず、また、納品する商品タイプによって納品先FCが複数になる場合があります。

納品先の配送センターを確認

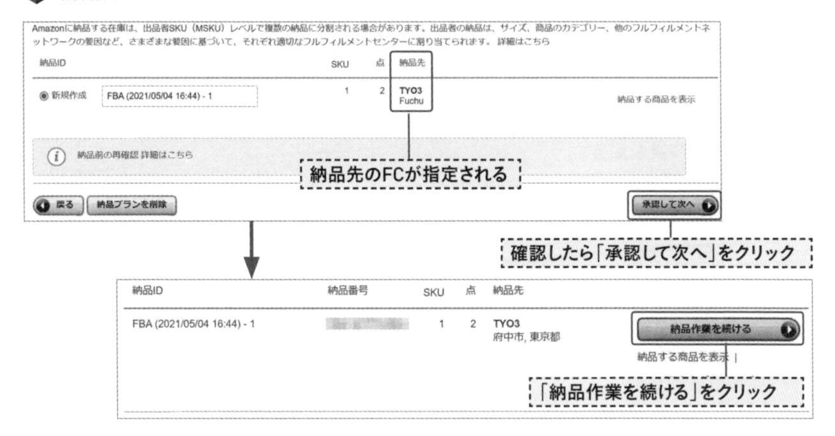

次に配送方法と、納品先FCへ発送する配送業者を指定します。

配送方法は「標準配送」と「パレット輸送」のどちらかを選びます。

ここで、パレット輸送とは、パレットという、すのこのような木の板の上にのせてトラックで配送することです。納品する商品がよほど大量でないと利用する機会はないと思うので、大半の方は「標準配送」を選択することになります。

「標準配送」を選ぶと、「FBAパートナーキャリア」か「他の配送業者」を選択し、配送業者を選択します。

配送方法と納品先FCへ発送する配送業者を指定

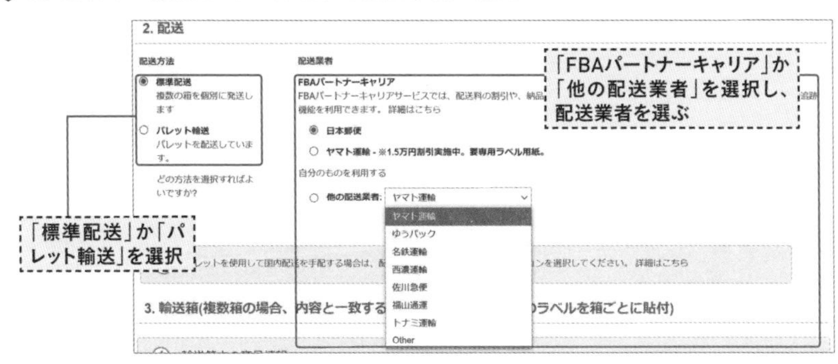

次に輸送箱の数量（1個なのか複数なのか）を設定し、梱包箱内の商品情報を入力するかしないかを選択します。もし、代行会社に配送するような場合など、箱数が現時点で判断できない場合は「複数」を選んでください。

輸送箱の数量を設定

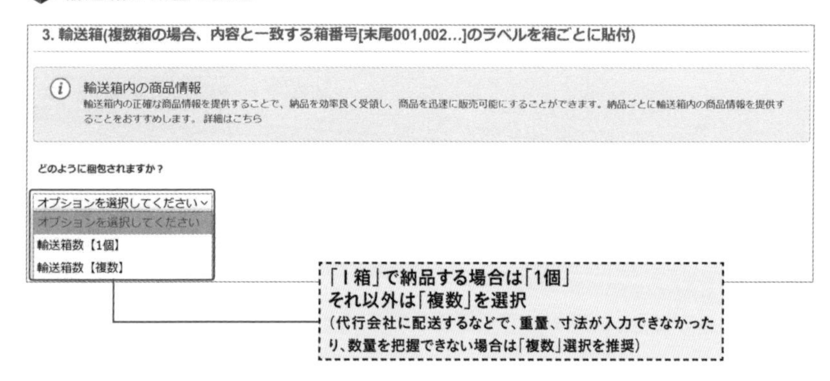

3. 輸送箱(複数箱の場合、内容と一致する箱番号[末尾001,002...]のラベルを箱ごとに貼付)
輸送箱内の商品情報
輸送箱内の正確な商品情報を提供することで、納品を効率良く受領し、商品を迅速に販売可能にすることができます。納品ごとに輸送箱内の商品情報を提供することをおすすめします。詳細はこちら
どのように梱包されますか？
オプションを選択してください
オプションを選択してください
輸送箱数【1個】
輸送箱数【複数】
「1箱」で納品する場合は「1個」
それ以外は「複数」を選択
（代行会社に配送するなどで、重量、寸法が入力できなかったり、数量を把握できない場合は「複数」選択を推奨）

もし、輸送箱を1個で選択した場合は、下記のように重量と寸法を記載します。

梱包箱の商品情報を入力（輸送箱が1個の場合）

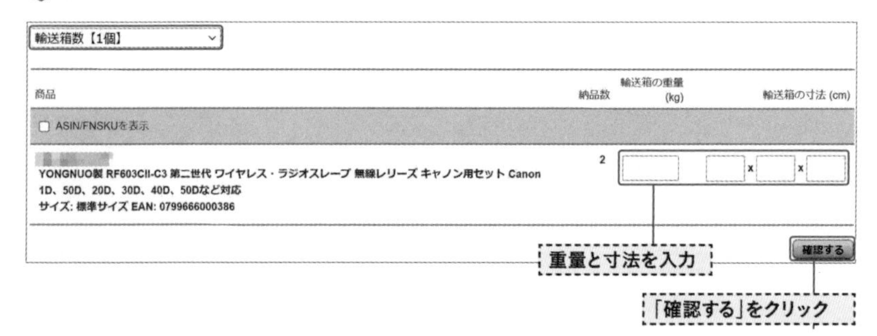

輸送箱が複数個ある場合は、入力の選択肢がいくつか出てきます。もし、箱数と重量、寸法といった商品情報が明確に把握できる場合は、「画面上で入力」を選択して、正確な情報を入力してください。

梱包箱の商品情報を入力（輸送箱が複数個の場合）

輸送箱数【複数】

輸送箱内の商品情報の入力方法について　詳細はこちら

画面上で入力　このページの入力フォームに輸送箱内の商品情報を入力する
ファイルアップロード　輸送箱内の商品情報をファイルに入力してアップロードする
入力しない　輸送箱内の商品情報を提供できない場合

「保存する」をクリックし、後から続けて輸送箱の情報を入力することができます。

商品	納品数	輸送箱ごとの商品数	輸送箱の数	合計	輸送箱の重量 (kg)	輸送箱の寸法 (cm)
ASIN/FNSKUを表示						
YONGNUO製 RF603CII-C3 第二世代 ワイヤレス・ラジオスレーブ 無線レリーズ キャノン用セット Canon 1D、5D、20D、30D、40D、50Dなど対応 サイズ: 標準サイズ EAN: 0799666000386	2		輸送箱を追加	-		x x

追加できる輸送箱の数:残り 199

保存する　確認する

重量と寸法を入力

重量と寸法が分かる場合は、「画面上で入力」を選択

このまま進むなら「確認する」を選択

　しかし、私は基本的に商品情報を入力していません。面倒なのもありますし、代行会社に配送するような場合、正確な箱数、重量、寸法が把握できないためです。受領完了まで少し遅くなるようなことはありますが、そこまでの影響はありません。

　そのため、商品情報を把握することが不可能であれば、「入力しない」を選択して、仮の数量、重量、寸法を入力するようにしてください。

　代行会社を利用する場合、FBA出荷と同時に正確な商品情報を送ってもらえるので、気になる方はその際に詳細情報を修正すれば大丈夫です。

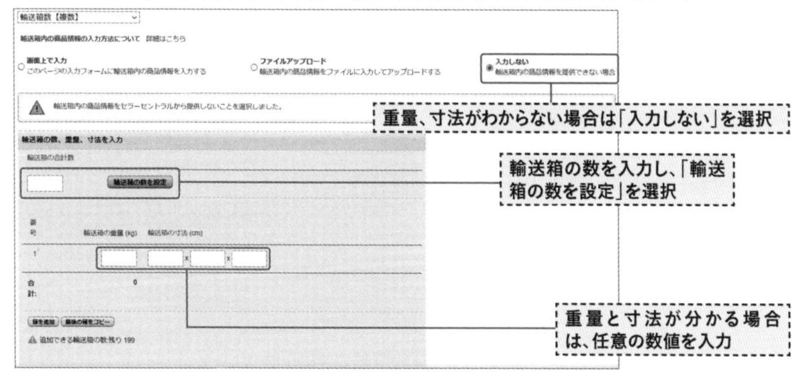

商品情報を入力したら、配送料の見積もりを確認します。なお、配送料の見積もりの画面は、FBAパートナーキャリアを選択した場合のみ出てきます。通常配送を選んだ方は、次にそのまま進んでください。

配送料の見積もりを確認（FBAパートナーキャリアを選択した場合のみ）

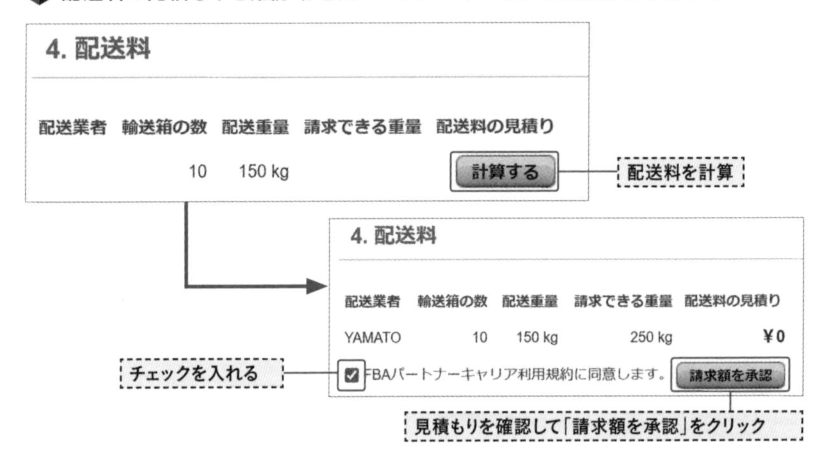

次に配送ラベルを印刷します。PDFファイルをダウンロードし、A4サイズの普通紙で印刷→カットした配送ラベルを梱包箱の天面に貼り付けましょう。剥がれないように、透明テープなどを上から貼るようにしてください。

配送ラベルを印刷

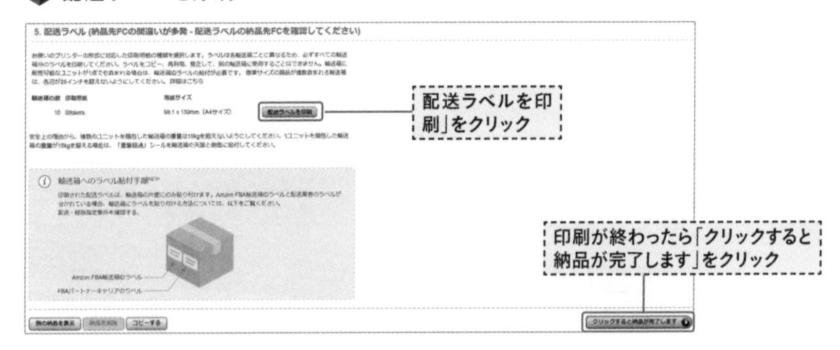

商品を梱包したら、配送業者の配送伝票を一緒に貼ります。

配送伝票を貼ったら、これでFBA納品作業は終了です。

出荷して終了

※梱包の注意点

梱包は適正サイズのダンボールを用意して、1箱にできるだけまとめて梱包することで配送コストを抑えることができます。

梱包時には緩衝材を利用して輸送時に商品の破損がないように梱包しましょう。緩衝材は紙・エアキャップ、エアクッションを利用できます。

商品の破損や、輸送箱の破損、輸送箱のつなぎ合わせなどの加工をすると受領拒否されてしまうので注意しましょう。

また、納品個数に間違いがないか、商品ラベルは貼ってあるか、最終確認をしてから発送しましょう。

以下に、ダンボールや梱包資材のおすすめを紹介しますので参考にしてください。

●大量にダンボールを購入するなら「ダンボールワン」

https://www.notosiki.co.jp/

●小口でダンボールや梱包資材を購入するなら「ロハコ」

https://lohaco.jp/

これだけでなく、イオンモールやスーパー、薬局などに行って無料でダンボールをもらうのも良いでしょう。

私は、名古屋市のダンボールを作っている卸問屋さんなどに連絡して、160サイズ100円くらいで安く購入しています。

FBA納品プランの一括登録で作業効率化

納品する商品数が増えてきたら、CSVファイルをダウンロードして、一括登録で作業を効率化することができます。

納品する商品数が100、200とあると、いちいちこれまでのことを手入力していくのは大変な作業になります。

これまで1～2時間はかかっていた納品プランの作成が、数分でできるようになることもあるので、商品数が膨大になってきた方は、ぜひ活用してください。

SKUと数量を入力するだけで、あとはコピペしながら使っていけるので、本当に簡単な作業になります。

ただ、これはなかなか複雑で最初はわかりづらいかと思うので、Amazonに直接聞きながら作業したほうが良いと思います（丁寧に教えてくれるので安心してください）。

以下の手順で、CSVファイルをダウンロードします。

出品ファイルのダウンロード

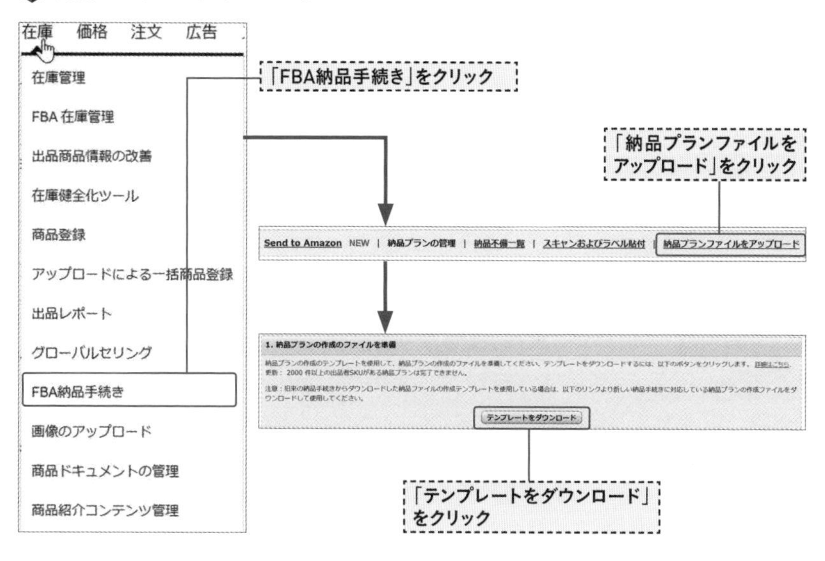

CSVファイルをダウンロードしたら、「FBA納品ファイルアップロード」タブを表示して、納品プラン名/住所/名前（初回だけ）と納品予定商品のSKUの数量を入力していきます。

出品ファイルのダウンロード

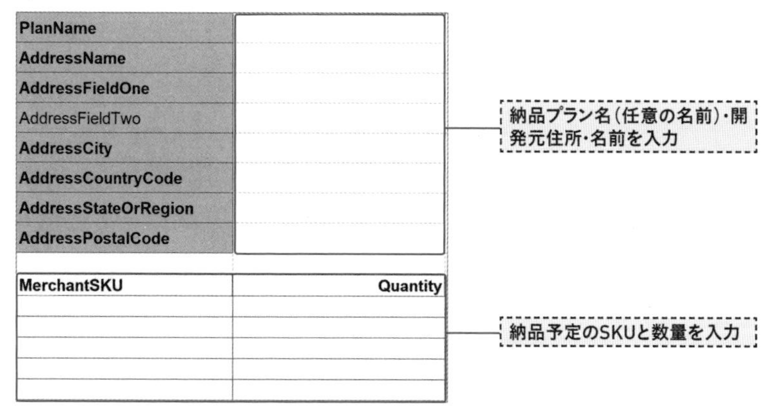

入力が完了したら、テキスト（タブ区切り）ファイルとして保存してください。

テキスト (タブ区切り)
Excel ブック
Excel マクロ有効ブック
Excel バイナリ ブック
Excel 97-2003 ブック
CSV UTF-8 (コンマ区切り)
XML データ
単一ファイル Web ページ
Web ページ
Excel テンプレート
Excel マクロ有効テンプレート
Excel 97-2003 テンプレート
テキスト (タブ区切り)
Unicode テキスト
XML スプレッドシート 2003
Microsoft Excel 5.0/95 ブック
CSV (コンマ区切り)
テキスト (スペース区切り)
DIF
SYLK
Excel アドイン
Excel 97-2003 アドイン
PDF
XPS ドキュメント
Strict Open XML スプレッドシート
OpenDocument スプレッドシート

その後、納品ファイルをアップロードします。

納品ファイルのアップロード

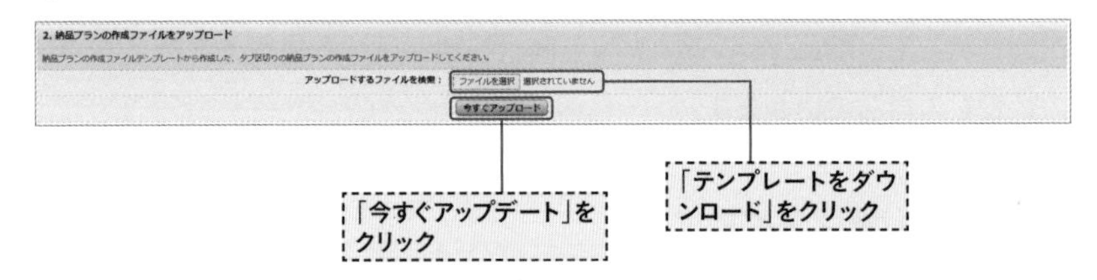

その後、しばらく待って、エラーなくステータス終了したら完了です。

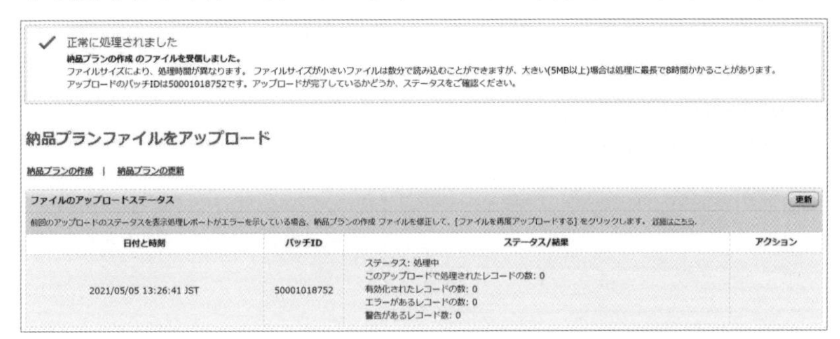

03

FBA納品で注意したいこと

輸送箱の規定サイズと重量

FBAに納品できる輸送箱は商品タイプにより大きさと重量が決められています。規定を守った輸送箱で発送しましょう。

輸送箱のサイズは、商品のサイズに基づき下記の基準を満たしている必要があります。このサイズや重量を超えた輸送箱での納品は受領拒否の対象になるので、ご注意ください。

	商品サイズ・重量	輸送箱サイズ・重要	注意
小型サイズ商品	・三辺が25×18×2cmより小さい ・重量が250g未満	・三辺が50×60× 50cmより小さい ・重量が30kg以下 ※コロナ禍に伴う重量制限あり	メーカー専用輸送箱の場合95×69.9× 50.9cmより小さいことと重量40kg未満 ※コロナ禍に伴う重量制限あり
標準サイズ商品	・三辺が45×35×20cmより小さい ・重量が9kg未満	・三辺が50× 60 × 50cmより小さい ・重量が30kg以下 ※コロナ禍に伴う重量制限あり	メーカー専用輸送箱の場合95×69.9× 50.9cmより小さいことと重量40kg未満 ※コロナ禍に伴う重量制限あり
大型サイズ商品	・三辺合計200cm未満 ・重量が40kg未満	・三辺合計216cmまで ・重量が40kg未満 ※コロナ禍に伴う重量制限あり	メーカー専用輸送箱の場合95×69.9× 50.9cmより小さいことと重量40kg未満 ※コロナ禍に伴う重量制限あり
特殊大型サイズ商品	・三辺合計260cm未満 ・重量が50kg未満	・三辺合計400cmまで ・重量80kg未満	

※コロナ禍に伴う一時的な重量15kg制限について

2020年4月27日以降、小型サイズ、標準サイズ、大型サイズ商品については、「15kgを超える梱包の受領に関する制限」が設定されています（特殊大型サイズはありません）。

これはどういうことかというと、商品1点の重量が15kg以下の場合は、1つのパッケージの総重量を15kg以下に抑えるというものです。メーカー専用輸送箱についても同様の制限がかかっています。

そのため、実態としては、1点15kg以上の商品を除けば、輸送箱の重量制限が15kg以下の運用となっています。

これは、15kg以上のダンボールを2人以上運ぶと「密」の状態になるというのが理由で、コロナ対策の一種です。

コロナ禍がおさまれば解除はされるかと思いますが、Amazonに聞いてみたところ、解除の目途は経っていないとのことなので、しばらくかかるかもしれません（2021年7月現在）。

小型/標準サイズは本来30kgまで、大型サイズなら40kgまでOKなので、小さくまとめることで、手間とコストがかかってしまいます。しかし、15kg以上で送ってしまうと返品されてしまうことになり、かえって余計な手間とコストがかかることになるので、制限は守るようにしましょう。

FBAに納品できない商品について（出品者出荷は可能）

FBAに納品ができない「FBA禁止商品」に注意しましょう。**他のFBAセラーがすでに販売している商品であれば基本は大丈夫ですが、Amazonの判断でFBA禁止商品となる場合があります。その場合は返送手続きをする必要があります。**

FBA禁止商品でもAmazonで出品を禁止されていない商品であれば、出品者出荷として販売することは可能です。

Amazon上でFBA禁止と認定されている商品であれば納品プランを作成す

るとFBA禁止商品と警告が出ます。

【FBA禁止商品】

〇日本の規格および法律を満たしていない商品（銃刀法など）

〇室温で保管できない商品

〇動植物

〇危険物および化学薬品

〇出品に必要な届出や許可取得などが行われていない商品(食品衛生法など)

〇医療機器(血圧計などが該当。ガーゼ・絆創膏等の一般医療機器は納品可)

〇医薬品

〇金券、商品券、プリペイドカード、ギフト券、テレホンカード、切手、収入印紙、イベント入場券など

〇ゴールド、プラチナ、銀などの貴金属バー・インゴッド・地金、金貨・銀貨・銅貨・記念コイン、古銭・古札

〇プログラムのポリシーによって出品が禁止されている商品（タバコなど）

〇リコール対象の商品、または日本で販売が禁止されている商品

〇ネオジウム磁石および、その他の商品に影響を及ぼす恐れのある磁性商品

FBA納品も出品者出荷もできない商品について

先ほどの商品はFBA納品はできないが出品者出荷はできる商品でした。一方、FBA納品も出品者出荷もできない商品もあります。たまに他のセラーが知らずに販売していることがありますが、真似するのはNGです。販売し続けると出品停止だけでなく、Amazonアカウントの停止や閉鎖リスクもあります。

【Amazon出品禁止商品】

〇非合法の製品および非合法の可能性がある製品

○許認可を受けていない出品者による販売や、許認可を受けていない商品
○リコール対象商品
○不快感を与える資料
○ヌード
○アダルト商品
○アダルトメディア商品
○18歳未満の児童の画像を含むメディア商品
○オンラインゲームのゲーム内通貨・アイテム類
○Amazon.co.jp限定 TVゲーム・PCソフト商品
○同人PCソフト
○同人CD
○一部ストリーミングメディアプレーヤー
○Amazon Kindle商品
○プロモーション用の媒体
○鯨肉、鯨肉加工品、イルカ肉、イルカ肉加工品、鮫肉、鮫肉加工品、およびその他類する食品
○輸入食品および飲料
○ペット
○動物用医薬品
○Amazonが販売を許可していないサプリメント・化粧品・成分例品
○医療機器、医薬品、化粧品の小分け商品
○海外製医療器具・医薬品
○海外直送によるヘルス&ビューティ商材
○ペダル付電動自転車
○ピッキングツール 盗品
○クレジットカード現金化
○広告
○無許可・非合法の野生生物である商品

〇銃器、弾薬および兵器
〇不快感を与える商品
〇制裁対象国、団体並びに個人

「そんなの売るわけないじゃん」と思うのが大半だと思いますが、なかには「これダメなんだ、気をつけよう」という商品もあるので注意しましょう。

要期限管理商品について

要期限管理商品とは、消費期限の印字がある商品です。食品・ドラッグストア・ペット用品に多く存在し、Amazonの規約に沿ってFBA納品をする必要があります。

ルールを守らずに納品してしまうと納品不備として扱われ返送しなくてはなりません。

すでに他のFBAセラーの販売実績がある商品は、先ほど説明したように納品プランで自動で入力項目が出ますので、必ず入力しましょう。

要期限管理商品に関する詳しいAmazonの規約は、「要期限管理商品FBA実践マニュアル」で確認してください。
⇒https://s3.amazonaws.com/JP_AM/doc/FBA/DatelotManual.pdf

【FBA納品できる商品】
●室温で保管できる商品（温度指定や要冷蔵・要冷凍の指定がある商品は不可）
●FC到着時に消費期限が60日以上残っていること（仕入れる際にメーカーに期限がどのくらいある商品なのか聞くと確実）
※納品後、消費期限の近い商品から購入者へ発送され、期限まで45日以下になった在庫は自動的に「廃棄」されます。廃棄手数料は出品者負担。
※ただし、申請すれば消費期限が30日以上、期限切れとなるタイミングが15

日前とできる場合がある。

●消費期限の印字が外から見える場所にあること（商品ラベルで隠れないように納品しましょう。外から見えない場所にある時は自身でラベルを作成して貼る）

　以下に、Amazonが注意喚起している、よくある納品不備の例を示しますので、注意してください。

よくある納品不備の例

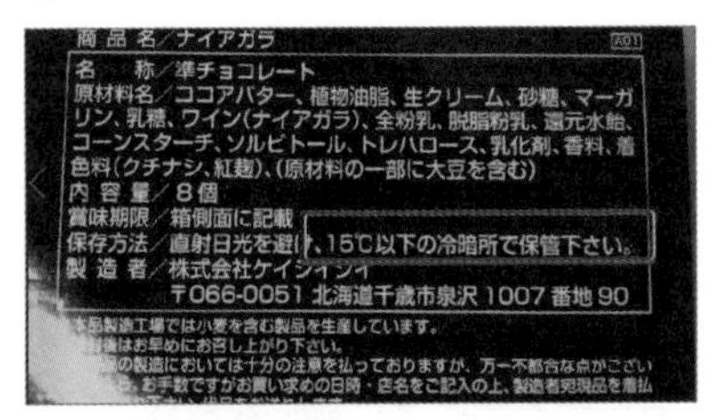

①商品に「〇〇度以下で保存」など、具体的な温度の指定がある。

②期限切れ（例：2018年4月ご納品分）

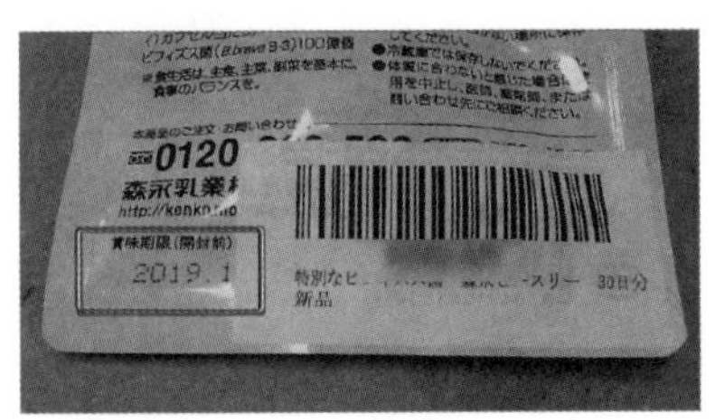

③期限がFBAラベルで隠れている

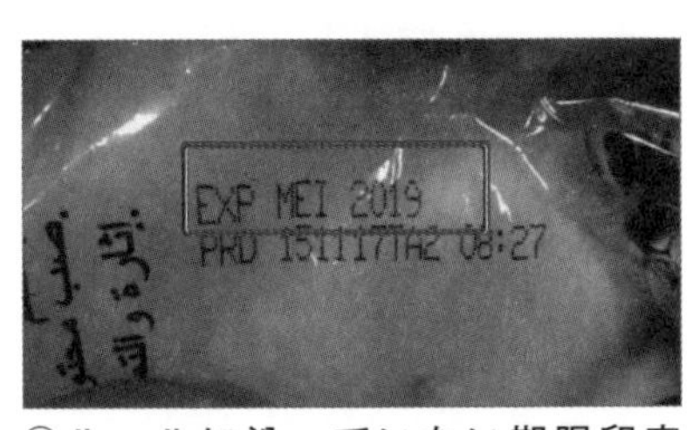

④ルールに沿っていない期限印字フォーマット

⑤印字不要で期限が不鮮明

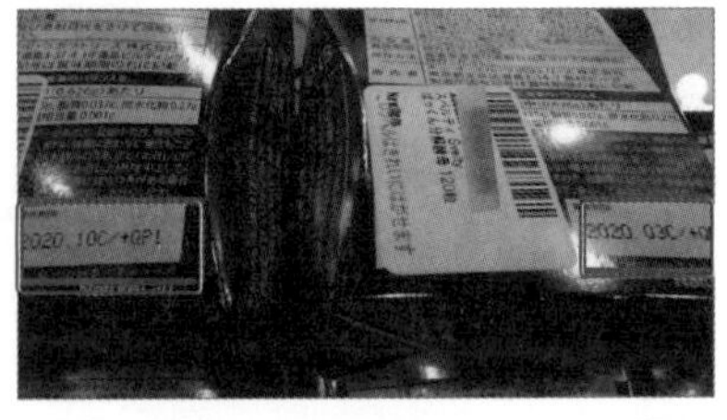

⑥同一納品設定かつ同一ASINで、期限の異なる商品がある
※期限ごとに納品プランを分けてもらえれば納品可能

⑦セット品で、外装から複数の期限が確認できる
※透明の袋にラッピングし、一番早く期限を迎える商品の期限を、外から見える場所

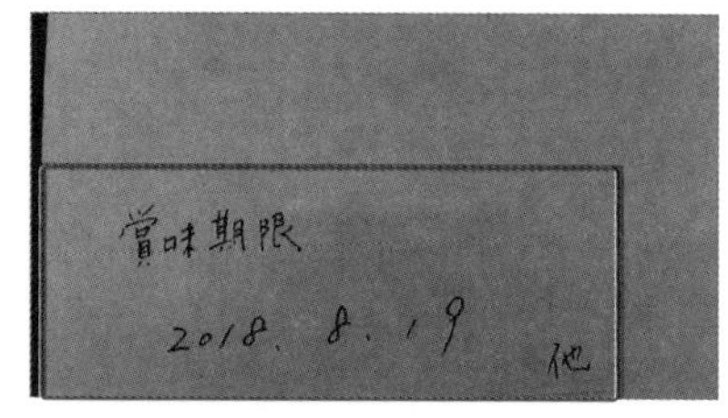

⑧期限印字が手書き

【消費期限の印字ルール】

❶「2021年12月31日」、「2021/12/31」、「21/12/31」 など【年・月・日】が表示されているもの

❷「2021年12月」、「2021/12」、「21/12」 など【年・月】が表示されているもの（納品プランに入力する日付は末日を入力しましょう）

❸「❶」「❷」に当てはまらない商品は期限の読み方が記載されているか、出品者が読み方のシールを商品に貼る必要があります（食品以外）。

【FBA納品時の注意事項】

●同一商品の消費期限は同じ期限のものを納品する必要があります（期限の違う商品がある場合は納品プランを分けて発送しましょう）。

●1つの輸送箱の中には要期限管理商品のみでなければありません（要期限管理商品であれば別商品でも同梱しても大丈夫です）。

●輸送箱に要期限管理商品のシートを貼る必要があります（公式マニュアル9ページにあるものをA5サイズ以上で印刷して貼る）

FBA
amazon.co.jp

要期限管理商品

このシートはA5サイズ以上で印刷してください。

発送前の最終チェックリスト

全商品でチェック

○「要期限管理商品」ではない商品と同梱していない

期限の印字がある商品ならチェック（食品は期限の印字が原則必須）

○ Amazon到着時に期限まで60日以上残っている

○ 期限の印字がはっきりと読み取れるか検品した
（印字のかすれ、商品ラベルで隠れている などの不備に注意！）

○ ASINごとに期限が同じだと確認した

【セット商品の納品をする場合】

1セット商品に対して1つの消費期限が見えるようにします。

❶2個セットなどの場合は同一の消費期限のものをセットする（どちらかが見えるようになっていればOK）
❷それぞれ違う商品で消費期限も違うものをセットする場合は、一番期限が近い商品の期限を見えるようにする
※違う消費期限が見えてしまう場合は包装するなどして隠して、その上から自身でラベルシールを作成して貼る。手書きは不可。

【納品した商品の消費期限を確認する】

以下の手順でレポートを作成して管理して、45日前間近の商品が販売不可として廃棄される前に返送するなどの対応をしていきましょう。

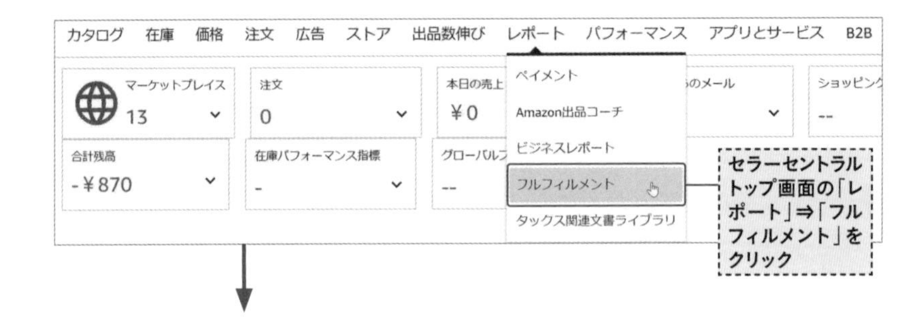

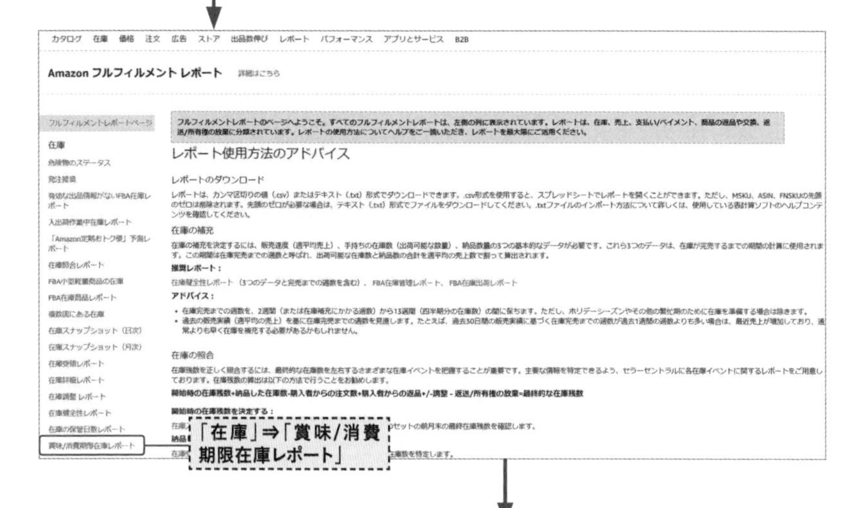
カタログ 在庫 価格 注文 広告 ストア 出品数伸び レポート パフォーマンス アプリとサービス B2B
Amazon フルフィルメント レポート
レポート使用方法のアドバイス
レポートのダウンロード
在庫の補充
在庫の照合
在庫
危険物のステータス
発注提案
入出荷作業中在庫レポート
在庫照合レポート
複数国にある在庫
在庫スナップショット（日次）
在庫スナップショット（月次）
在庫受領レポート
在庫詳細レポート
在庫調整 レポート
在庫健全性レポート
在庫の保管日数レポート
賞味/消費期限在庫レポート
「在庫」⇒「賞味/消費期限在庫レポート」

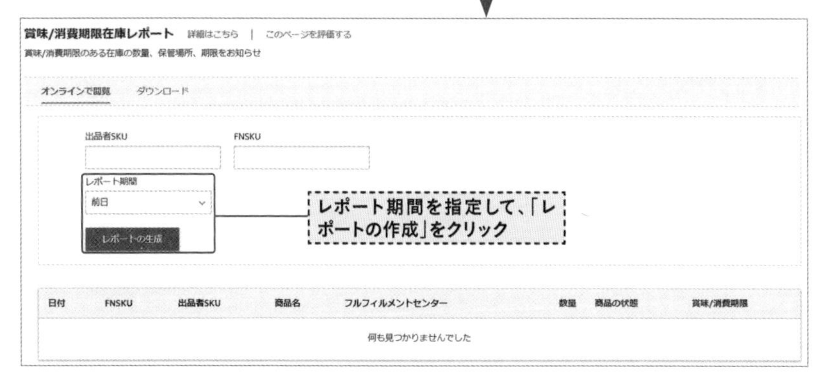
賞味/消費期限在庫レポート 詳細はこちら | このページを評価する
賞味/消費期限のある在庫の数量、保管場所、期限をお知らせ
オンラインで閲覧 ダウンロード
出品者SKU
FNSKU
レポート期間
前日
レポートの生成
レポート期間を指定して、「レポートの作成」をクリック
日付 FNSKU 出品者SKU 商品名 フルフィルメントセンター 数量 商品の状態 賞味/消費期限
何も見つかりませんでした

【要期限管理商品の出品許可申請】

要期限管理商品については、初回納品前に出品許可申請が必要となります。各カテゴリーにつき、出品許可申請は一度だけで結構です。

具体的には、以下のカテゴリーについて申請が必要となります。

商品カテゴリー	対応内容
①食品&飲料	下記の方法にて申請が必要
②食品&飲料）消費期限の印字がない商品）	「賞味期限の印字のない食品　事前申請リクエストフォーム」より申請 https://amazonjp.asia.qualtrics.com/jfe/form/SV_eL07PP08hvRYiVw
③食品&飲料）消費期限までの期間が短い商品）	「短賞味期限商品 事前申請リクエストフォーム」より申請 https://amazonjp.asia.qualtrics.com/jfe/form/SV_6h6unkWnG4EMvop
④ドラッグストア、ビューティー、ペット用品、ベビー&マタニティ、おもちゃ）食玩）	下記の方法にて申請が必要
⑤上記以外	テクニカルサポートにどのASINが要期限管理商品なのかを記載したうえで申請

上の表①④の場合は、以下の手順に従って申請し、請求書と商品写真を提出します。

【請求書の必須条件】

○申請日より 180 日以内の発行日が記載されている

○出品者様のお名前とご住所が記載されている。

○メーカーまたは卸業者様のお名前とご住所が記載されている

○商品名と、10 点以上の仕入点数が記載されている）商品名にパッケージ画像の商品が含まれる）

【画像の必須条件】

○コンピューターで作成された画像ではなく、実際の写真であること

○商品またはパッケージのすべての側面がはっきりと表示されていること

○型番、商品名、またはその両方を記載すること

○法人またはメーカーの名称と所在地を記載すること

○重要な情報は現地の言葉で表示していること

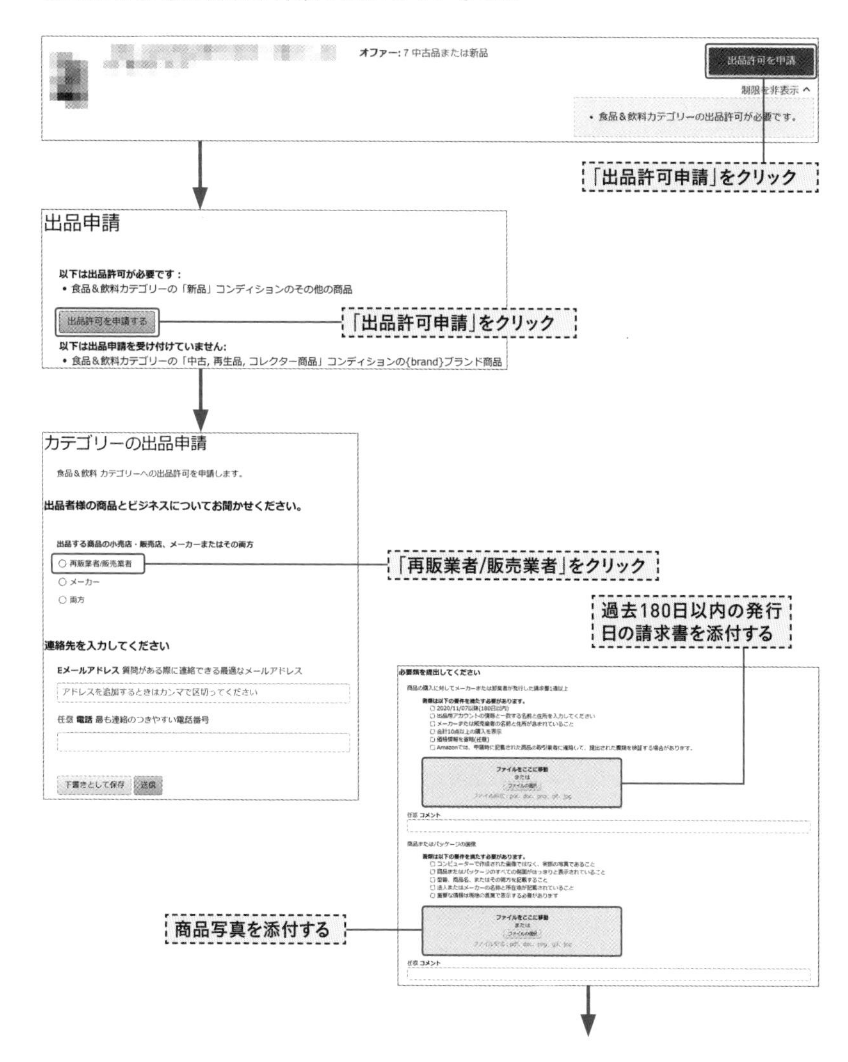

連絡先を入力してください

Eメールアドレス 質問がある際に連絡できる最適なメールアドレス

アドレスを追加するときはカンマで区切ってください

任意 電話 最も連絡のつきやすい電話番号

下書きとして保存 送信

メールアドレスと電話）任意）を入力して「送信」をクリック

メーカー直取引であれば請求書を送ってもらうことができるので、正しい方法で申請すれば、出品許可を得ることができます。

しかし、提出する請求書については、セラーセントラルで掲載している情報と完全一致していることが求められます。

請求書に関しては、次のようなミスで出品許可が得られないケースが多いので注意しましょう。

①請求書に記載の amazon ショップ名が、実際ストア情報のものと違う

②請求書が見づらい。

③請求書にはAmazonショップ名だけの記載で、自分の名前がない。

※責任者氏名と完全一致しているかどうかを amazon 側は見ます。

④請求書記載の住所・氏名がセラーセントラルの情報と完全一致していない。

※英語は不可、アパート名が抜けていると申請が通らない可能性があります。

※番地のハイフンまで、すべてをamazonの情報と完全一致させてください。

⑤請求書記載の電話番号がアカウント情報と違う。

直接メーカーとやり取りしない単純転売では、請求書をもらうことは実質不可能であるため、メーカー直取引の醍醐味と言えます。この時点でライバルとの差別化が図れるでしょう。

危険物の納品について

危険物の中にもFBAに納品できるものと納品できないものがあり、納品するには上記Amazon公式の危険物マニュアルを読む必要があります。

公式マニュアルを読み進めると、17ページ目に申請リンクが記載されていますのでこちらから申請を済ませておきましょう。

納品方法にはAmazonのルールがあり、ルールを守らずに納品してしまうと納品不備として扱われ返送しなくてはなりません。

危険物の申請は、基本的にはSDSデータシート（安全性データシート）か製品情報確認シートが必要です。これはメーカーに送ってもらわないと入手できないこともあり、単純転売では難しいでしょう。要期限管理商品もそうですが、メーカー直取引の場合は扱える商品の幅が広がるメリットがあります。

※危険物におけるFBAのご利用について
https://s3.amazonaws.com/JP_AM/su/376.pdf

【FBAに納品できる商品とは】

規約に沿った商品でAmazonが倉庫に保管しても問題ないと判断した商品は納品することができます。

化粧水やマニキュア、香水、インク、消毒液、殺虫剤、漂白剤などの商品が納品できる危険物として見られます。

基本的にFBAセラーがすでに販売している商品であれば納品可能と判断できますが、Amazonの判断で納品不可商品になる場合があります。

【危険物に該当する商品か調べる方法】

公式マニュアル6ページ目以降に記載されています。ASINを入力して危険物かどうかとFBAに納品できる危険物か調べることができます。

また危険物を含む納品プランを進めていくと「この納品プランには危険物が含まれています」という注意書きが表示されます。

【危険物の商品登録について】

要期限管理商品と違い、危険物は個々の商品での申請が必要で、申請する内容も個々の商品によって違いがあります。基本的にはメーカーからSDSデータシート（安全性データシート）か製品情報確認シートをもらい、それをもとに申請をしていく流れです。危険物に関しては商品を仕入れる前にメーカーからもらうようにしてください。

以下に危険物の商品登録の手順についてお伝えします。SDSデータシートを見てもわからないことがあれば、メーカーやAmazonに直接確認しながら申請を進めるようにしてください。

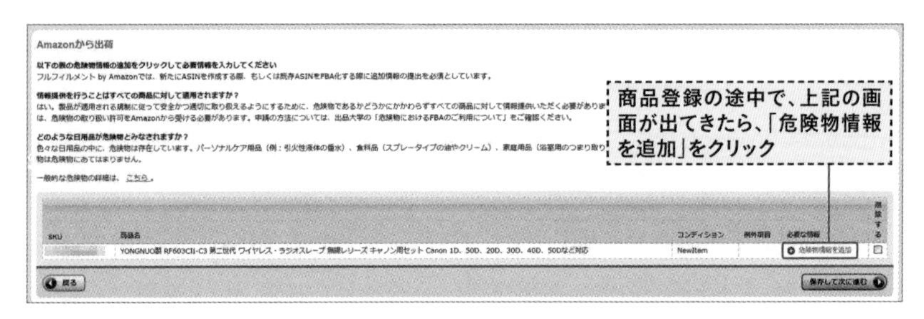

【電池情報】

電池自体が商品だったり、電池を使用していたりする商品であれば「はい」を選択し、製品情報を入力します。

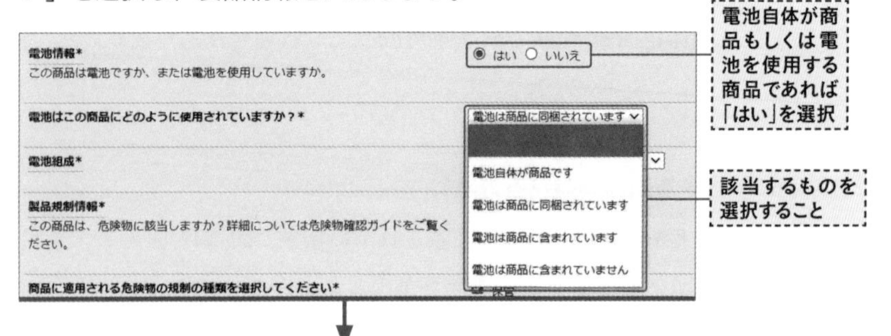

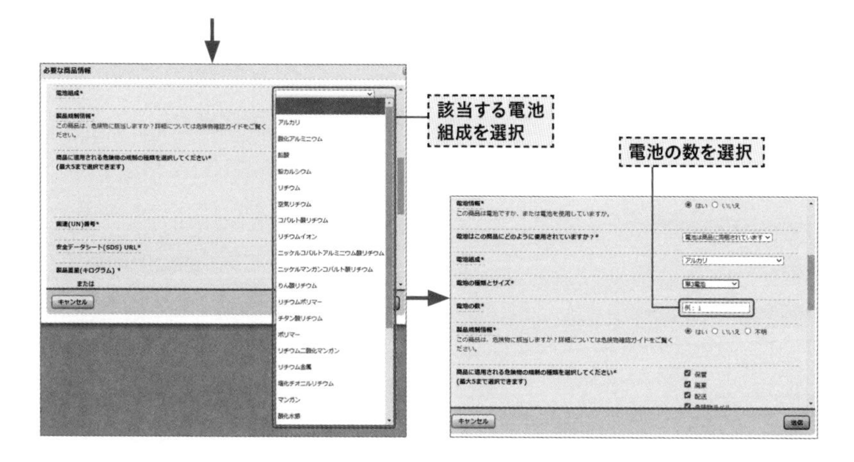

【製品規制情報】

危険物に該当していれば「はい」を選択します。

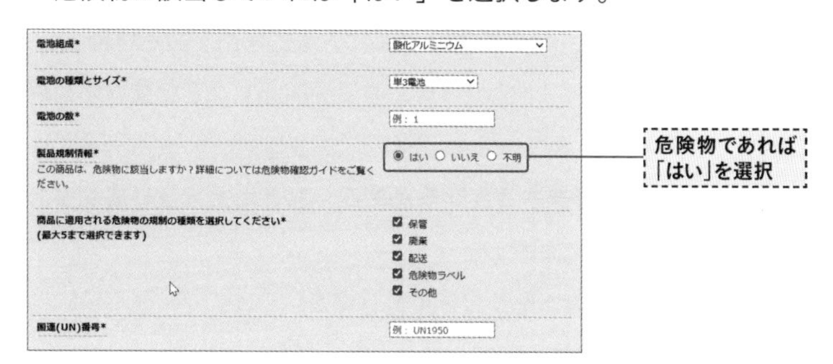

危険物に該当するかどうかは、公式マニュアルを見て確認するか、以下のセラーセントラルの「危険物判定作業」のASINチェックツールから確認するようにしてください（https://sellercentral.amazon.co.jp/gp/help/external/G201749580?）。

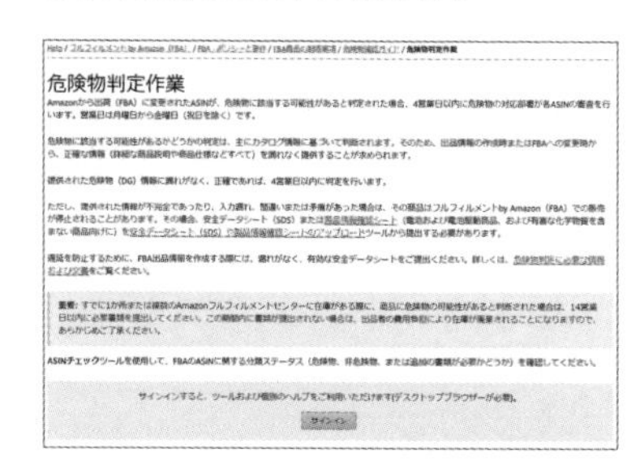

【商品に適用される危険物の規制の種類】

「保管」「廃棄」「配送」「危険物ラベル」「その他」で該当するところはすべてチェックしてください。

商品に適用される危険物の規制の種類を選択してください*
(最大5まで選択できます)

☑ 保管
☑ 廃棄
☑ 配送
☑ 危険物ラベル
☑ その他

該当する項目にチェック)複数選択可能)

国連(UN)番号* 例：UN1950

安全データシート(SDS) URL* 例：https://

製品重量(キログラム) * 例：5 kg
または
製品容量(ミリリットル) * 例：1000 ml

引火点(°C) 例：93 °C

分類／危険物ラベル(適用されるものをすべて選択)*

キャンセル 送信

保管：温度・湿度、室内外、保管容量など保管方法に規制がある場合

廃棄：「ガスを抜いて廃棄する」「他の物質との混触防止」など廃棄方法に規制がある場合

配送：「振動、落下などで爆発する危険性がある」など配送方法に規制がある場合

危険物ラベル：危険物ラベルが貼り付けてある場合

その他：上記4つ以外の危険物に関する規制がある場合

判断が難しいところがある場合は、メーカーやAmazonに問い合わせて確認するようにしましょう。

チェック内容によっては、以下の情報提供が求められることがあります。

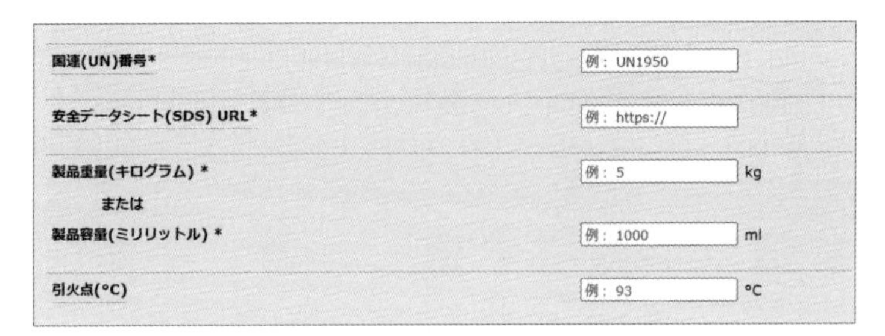

国連(UN)番号* 例：UN1950

安全データシート(SDS) URL* 例：https://

製品重量(キログラム) * 例：5 kg
または
製品容量(ミリリットル) * 例：1000 ml

引火点(°C) 例：93 °C

国連（UN）番号： SDSデータシートもしくはメーカーに直接確認する

安全データシート（SDS）URL： リンクがあれば、そのまま掲載。なければGoogleドライブなどに格納してリンクを掲載する）URLが長くなれば短縮URL推奨）

製品重量または製品容量： ポンドなど海外の単位が使われている場合は、kg、mlに換算して記入する。

引火点： SDSデータシートなどから確認して入力

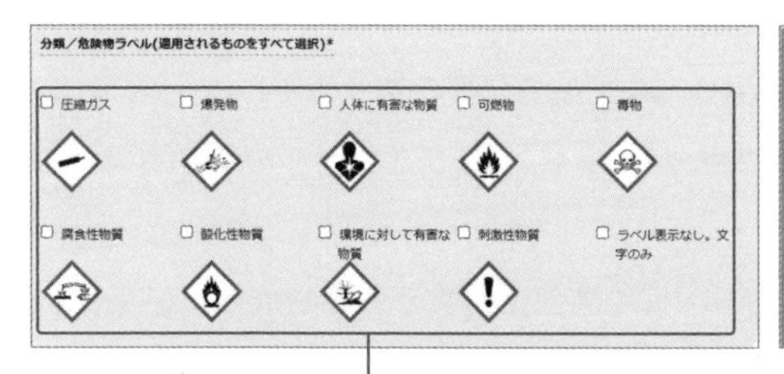

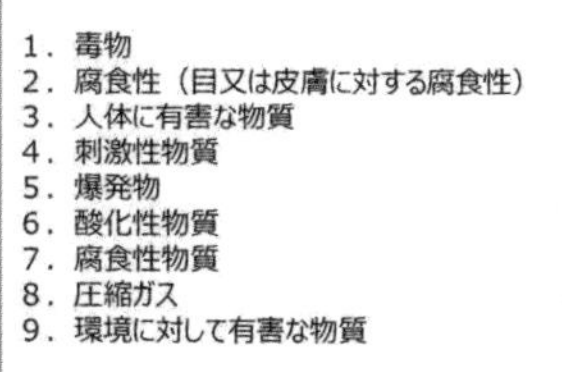

1. 毒物
2. 腐食性（目又は皮膚に対する腐食性）
3. 人体に有害な物質
4. 刺激性物質
5. 爆発物
6. 酸化性物質
7. 腐食性物質
8. 圧縮ガス
9. 環境に対して有害な物質

該当する項目にチェック。最大3つまでの選択なので、4つ以上該当する場合は、右記の優先順位で選択する

「分別/危険物ラベル」についても、SDSデータシートを見たり、メーカーに確認したりしながらチェックを入れてください。上記の画像を添付して、メーカーにメールで確認するのも良いでしょう。

ただ、最大で3つしか選択できないので、その場合は図に記載の優先順位でチェックを入れてください。

【FBA納品時の注意事項】

・1つの輸送箱の中に危険物商品のみ梱包しなければならない（納品できる商品サイズは小型と標準のみ）

・輸送箱側面に危険物商品のシートを貼る必要があります（公式マニュアル20ページ目にあるものをA5サイズ以上で印刷して貼る）

【FBA】

危険物 在中

※このシートはA6以上で印刷してください

○混合在庫で納品は不可（商品ラベルを貼る必要があります）
○FBAパートナーキャリアの利用、パレット、マルチチャネルの無地ダンボールの利用不可
○引火性液体にあたる商品はASIN毎に納品上限数が設定される。納品先は狭山FC、小田原FC、古河FC、神戸FC、加須C、中台FCのみ
○FBA梱包準備サービスの利用不可（古河FC、神戸FC、加須C、中台FCのみ）
○商品ラベル貼付サービスの利用不可（古河FC、神戸FC、加須C、中台FCのみ）

【引火性液体の事前申請】

FBA納品可能な引火性液体商品は納品前に事前申請が必要です。

液体商品で成分にアルコールやグリセリン、精油などを原料にしたものは一度確認したほうがいいでしょう。

引火性液体に当たるのか不明な場合はテクニカルサポートに確認することを推奨しています。

一度申請したら再度申請は不要です。申請数量よりも納品数量が増える場合は再申請が必要なので多めの数量を申請しておきましょう。

04

FBA納品の配送周りについて

配送周りのコストも意識しよう

FBA納品をする方法には大きく分けて「納品代行会社」を利用する方法と、「自分で納品」する方法があります。

納品代行会社を利用する場合は代行手数料と送料、「自分で納品」だと送料がかかります。始めたばかりで売上が低いうちは、あまり意識しても意味がありません。

しかし売上が上がってくると、配送周りのコスト削減の意識を持つことで何十万単位と利益が変わることがあります。ですから納品コストも意識して利益計算をするようにしていきましょう。

ここでは、FBA納品するときの配送方法についてお伝えします。

納品代行会社を利用する

メーカーに商品を自宅ではなく、納品代行会社に送ってもらう方法です。

商品の荷受、検品、ラベル貼り、梱包、発送業務を委託できます。それぞれに料金が設定され、月額利用料もかかります。

諸々の代行会社合計手数料を仕入れた商品個数で割ると、1商品あたり50～100円（小型・標準）、200円～（大型）のコストイメージです。

「FBA代行会社」で検索すると納品代行会社はたくさん出てくるので、ご自身の地域に近い業者を探すといいでしょう。

自分で作業して発送するよりも送料が安く済む傾向がありますし、なんといっても自分でやるよりは楽です。50箱以内の大量出品であれば、かなり安く済ませることができるので積極的に利用していきましょう。

ただ、代行手数料などの料金だけで決めてしまうと、納品が遅れるなど痛い目を見るので、丁寧に対応してくれる代行会社を選びましょう。

個人的には、ネット系の代行会社であれば「福富サポート」さんが、信頼できておすすめです。対応が丁寧で安心感がありますし、納品が遅れるようなことがあれば、事前に連絡をしてもらえます。

福富サポート　http://fukutomi-support.com/

メーカーからFBA直送してもらう

メーカーによってはFBA直送を受付けてくれる場合があります。送料0円で納品できるメリットは非常に大きいのでメーカーに頼んでみましょう。ラベル貼りはAmazonラベル貼付サービス（20〜50円/枚）を利用できます。

しかし、納品予定商品の商品ページにJANコードが登録されているか確認が必要です。もし違った番号であれば商品が返送されてしまいます。

自分で納品─運送会社と契約する

ヤマト運輸・佐川急便・日本郵便・西濃運輸・福山通運などと料金後納

契約をします。毎月の発送箱数や地域、運送会社により料金が変わります。発送先が法人なら西濃運輸や福山通運が強いと言われています（近くの拠点に一度見積依頼をしてみるといいでしょう）。

FBAパートナーキャリアを利用する

Amazonが日本郵便のゆうパック、ヤマト運輸と提携しているサービスです。ヤマト運輸との提携は2021年4月より開始されています。

ゆうパックについては基本的に基本運賃と同額なので、上記の方法よりは少し高くなり、ほとんどメリットはありません。料金の支払いをAmazonで行うことくらいです。

しかし、ヤマト運輸の配送料は、基本運賃の最大67％の割引率となる特別料金での提供です。以下の表を見ても、基本運賃との差は歴然です（価格は税込価格）。

FBAパートナーキャリアをヤマト運輸で使う際の配送料

宅急便正規料金

サイズ	距離	FBAパートナーキャリア ヤマトオプション	基本運賃
140サイズ	関東 - 関東	¥608	¥1,850
	関東 - 関西	¥857	¥1,960
160サイズ	関東 - 関東	¥762	¥2,070
	関東 - 関西	¥1,120	¥2,180

また、2021年10月15日まで、最大15,000円の割引プロモーションもあるので、期間内であれば利用してみると良いでしょう。

ただ、配送する箱数次第ではヤマト便を使って自分で配送した方が安くなることがあります。ヤマト便はヤマト運輸が提供しているサービスで、1箱あたりの容積で料金が設定されます。箱数が多いような場合（10〜20箱目安）

は、ヤマト便の方が安く発送できる可能性があります。大量出品の場合は比較してみると良いでしょう(ヤマト便は契約しなくても利用できますが、2021年10月3日にて廃止が決定されました、またヤマトのパートナーキャリアの料金もいつまで続くかは未定なので、物量が増えた段階でご自身の契約料金を各運送会社から見積りを取ることが必要だと考えます)。

障がい者の方の働く就労支援施設に依頼する

納品代行会社を利用せずに、誰かに納品作業の一部を依頼する方法もあります。最近増えているのが、障がい者の方の働く就労支援施設を利用することです。ラベル貼りの作業をお願いして、1個のラベル貼りの金額を10〜20円くらいでお願いする方が多いです(送料は別途自分で負担)。継続的に依頼する場合は時給制にしても良いでしょう。

納品代行会社よりも安く引き受けてくれますが、あまり安すぎると長続きしないので、ある程度メリットのある金額で依頼しましょう。具体的には、就労継続支援A型の施設を探して納品作業の一部を依頼するのがおすすめです（場合によっては就労継続支援Ｂ型の施設さんを探すのもありです）。

就労支援施設の探し方は、以下のWAM NETという福祉医療機構が運営するサイトで検索をします（https://www.wam.go.jp）。

障がい者の方が働く就労支援施設を探す

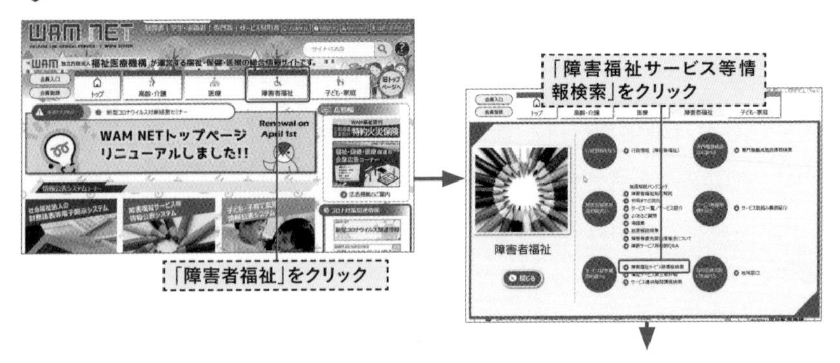

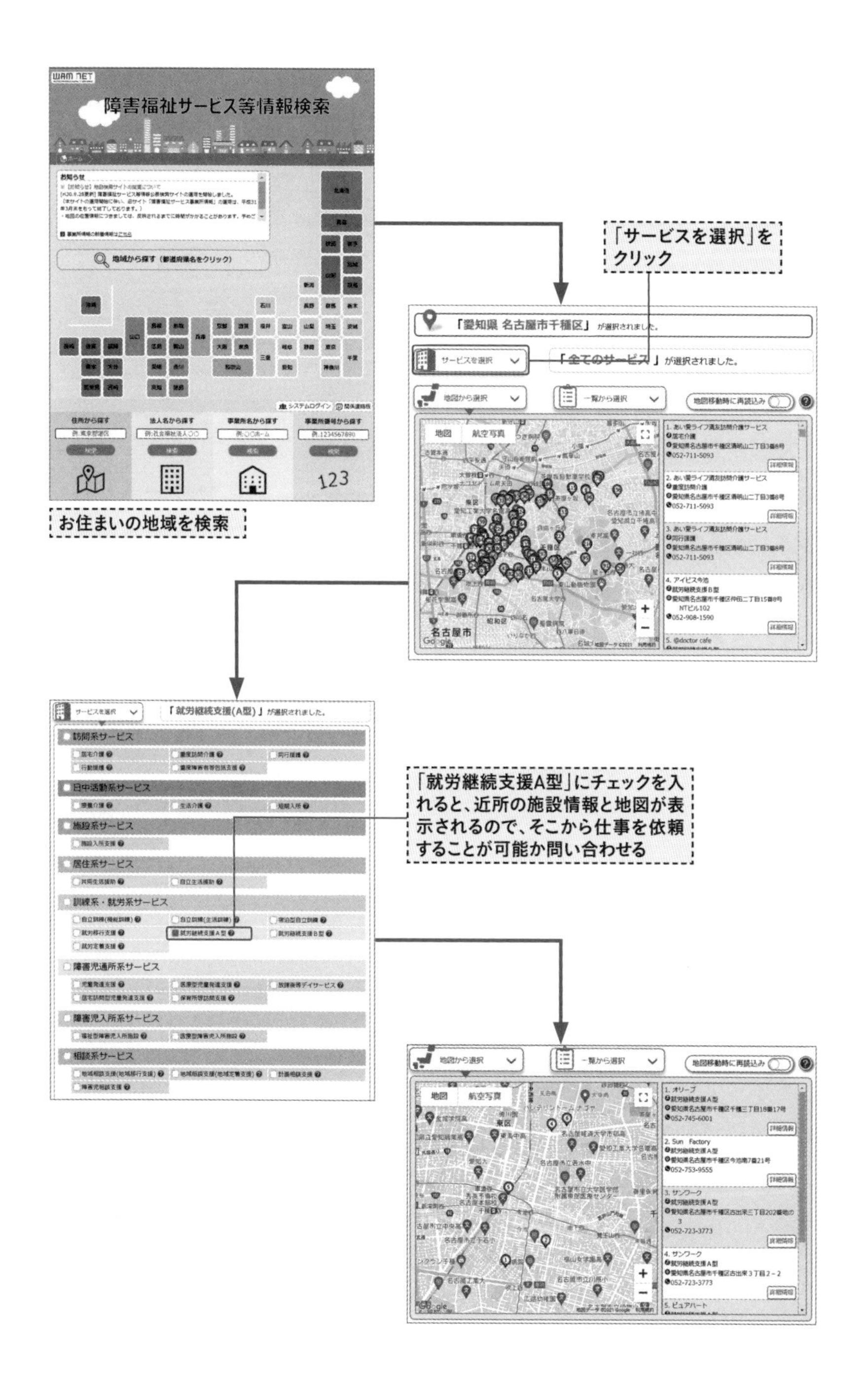
障害福祉サービス等情報検索
地域から探す（都道府県名をクリック）
住所から探す
法人名から探す
事業所名から探す
事業所番号から探す
お住まいの地域を検索
「サービスを選択」をクリック
「愛知県 名古屋市千種区」が選択されました。
サービスを選択
「全てのサービス」が選択されました。
地図から選択
一覧から選択
地図移動時に再読込み
「就労継続支援(A型)」が選択されました。
訪問系サービス
日中活動系サービス
施設系サービス
居住系サービス
訓練系・就労系サービス
就労継続支援A型
就労継続支援B型
障害児通所系サービス
障害児入所系サービス
相談系サービス
「就労継続支援A型」にチェックを入れると、近所の施設情報と地図が表示されるので、そこから仕事を依頼することが可能か問い合わせる

05 注文管理と売上管理

注文状況の確認

商品が売れると、初めての方は注文の状況などを確認したいのではないかと思います。ただ、FBAで商品が売れると出品者には出荷通知メールが届くので、そちらで確認することができます。

また、下図の方法で注文が入った商品や売上を「注文管理」で確認することができます。

注文管理画面で確認

購入者名:
配送経路: Amazon
販売経路: Amazon.co.jp
出品者注文 ID:
標準
ASIN:
SKU:
数量: 1
商品の小計: ¥2,390
注文を払い戻す
詳細情報

売上と入金額の確認

FBAから出荷されると売上が反映され、約2週間周期で登録口座へ入金されます(現在は毎日でも売上金の入金をAmazonに促すボタンがあります)。

入金額はAmazonの各種手数料を差し引いた金額となり、入金額よりも各種手数料が上回る場合は、登録したクレジットカードに請求されます。

確認方法は上の方法を参考にしてください。

トランザクションの詳細画面では、売上や入金額の内訳の詳細を確認できます。

売上管理は重要なことですが、最初は内訳の詳細を理解するのに時間がかかると思います。**Amazonのカスタマーサービスに電話すれば、丁寧に教えてもらえるので活用するようにしましょう。**

なお、トランザクションデータの詳細はExcelなどにダウンロードすることが可能です。

ペイメントで確認

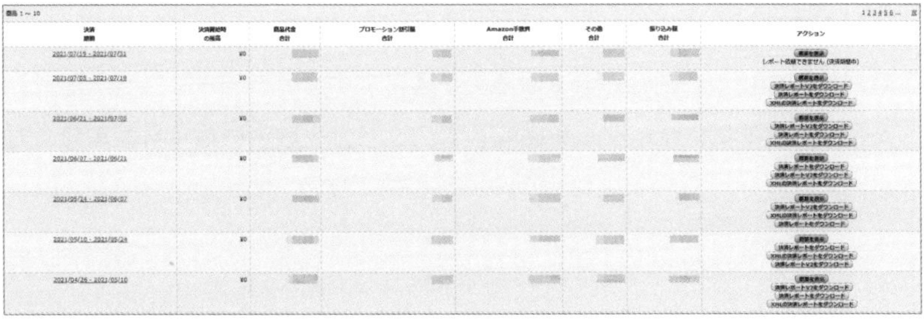

期間 1 ～ 10　　1 2 3 4 5 6 …

決済期間	決済開始時の残高	商品代金合計	プロモーション割引額合計	Amazon手数料合計	その他合計	振り込み額合計	アクション
2021/07/19 - 2021/07/31	¥0	[illegible]	[illegible]	[illegible]	[illegible]	[illegible]	概要を表示 レポート依頼できません (決済期間中)
2021/07/05 - 2021/07/19	¥0	[illegible]	[illegible]	[illegible]	[illegible]	[illegible]	概要を表示 決済レポートV2をダウンロード 決済レポートをダウンロード XMLの決済レポートをダウンロード
2021/06/21 - 2021/07/05	¥0	[illegible]	[illegible]	[illegible]	[illegible]	[illegible]	概要を表示 決済レポートV2をダウンロード 決済レポートをダウンロード XMLの決済レポートをダウンロード
2021/06/07 - 2021/06/21	¥0	[illegible]	[illegible]	[illegible]	[illegible]	[illegible]	概要を表示 決済レポートをダウンロード 決済レポートV2をダウンロード XMLの決済レポートをダウンロード
2021/05/24 - 2021/06/07	¥0	[illegible]	[illegible]	[illegible]	[illegible]	[illegible]	概要を表示 決済レポートV2をダウンロード XMLの決済レポートをダウンロード 決済レポートをダウンロード
2021/05/10 - 2021/05/24	¥0	[illegible]	[illegible]	[illegible]	[illegible]	[illegible]	概要を表示 決済レポートをダウンロード XMLの決済レポートをダウンロード 決済レポートV2をダウンロード
2021/04/26 - 2021/05/10	¥0	[illegible]	[illegible]	[illegible]	[illegible]	[illegible]	概要を表示 決済レポートV2をダウンロード 決済レポートをダウンロード XMLの決済レポートをダウンロード

Amazonの支払いサイクルについて

Amazonの支払いサイクル(周期)は、通常は2週間に1回という形になっています。

例えば、11/1〜11/14までの売上が締められて、11/14の3日後ぐらいに2週間分の売上がご自身の指定した銀行口座に振り込まれるということです。

支払いサイクルは決められているわけではなく、ご自身がAmazonのアカウントを作成した日によって異なります。

また、2021年現在の仕様で新しくAmazonのアカウントを作成すると、「振込をリクエスト」というボタンがペイメント画面に出現します。それをクリックすると、2週間に1回のサイクルでなく、毎回売上金を指定の銀行口座に振り込み手続きをすることが可能になります。

ただし、ひとつ注意点があります。それは新しいアカウントを作成すると、

Amazonから「引当金」といった項目をアカウントに留保されることです。

これは商品を購入したお客様への返金や払い戻しに対応するために作られた項目のことで、一時的に売上金がアカウントに残った状態になります。

引当金の割合は50％程度から始まると言われており、新しくアカウントを作った人の2週間の売上が100万円なら50万円分が留保され、次回の振込に回され支払われます。

しかし、徐々にこの引当金の割合は解消されるので、ご安心ください(どのくらいの期間で引当金が解消されるかは定かではありませんが、40％、30％と月日が経つにつれ割合が低くなるのが通常です)。

Amazonの支払いサイクルを理解して、メーカー取引のほうもご実践ください。

06

メール便で送料を抑える FBA小型軽量商品プログラム

FBA小型軽量商品プログラムとは?

FBA小型軽量商品プログラムとは、メール便で送れる小さなサイズで低単価商品に適用される送料を安くできるプログラムです。

通常のFBA料金では利益が出ない商品を、送料を抑えることで利益の出る商品にすることができます。

適用条件は次の通りになります。

①販売価格：1000円以下

②商品重量：1000g以下

③商品サイズ：35.0cm x 30.0cm x 3.3cm以下

④過去4週間に25個以上の販売実績であること（出品者出荷およびFBAセラーの総販売数）

※2021年9月現在

FBA小型軽量商品プログラムの配送代行手数料（2021年9月現在）

	FBA小型軽量商品プログラム		参考:通常FBA配送代行手数料		
			小型商品	標準1	標準2
配送パッケージサイズ	25.0cm×18.0cm×2.0cm以下	35.0cm×30.0cm×3.3cm以下	25cm×18cm×2.0cm未満	35cm × 30cm ×3.3cm未満	三辺合計60cm未満
重量	250g以下	1000g以下	250g未満	1000g未満	2000g未満
配送代行手数料	¥193	¥205	¥290	¥381	¥434

前ページの図を見てわかる通り、配送代行手数料については同じ商品サイズで小型・標準のFBA手数料と比較すると、最大85～241円の差額になります。

FBA小型軽量商品プログラムの最大のメリットは、FBA配送手数料の削減ができて利益額と利益率を向上させることができることです。

例えば、条件が近い標準1サイズの商品で見てみると、販売価格1000円、仕入500円、販売手数料10%、配送代行手数料381円で発送をした場合の利益は19円です。利益率は1.9%で、物販では非常に悪い利益率です。しかし小型軽量商品プログラムを利用すると381円→205円の発送代行手数料となるため、利益が195円となり、利益率が1.9%から19.5%に跳ね上がります。

大型の商品だけでなく、このような小型軽量商品で利益を得る方法もあります。やっている人は少ないので、試してみてもおもしろいと思います。

対応FC(2021年7月現在)

FBA商品の小型・標準サイズを取り扱う全FC対応

対象外の商品(2021年7月現在)

○中古商品

○アダルト商品

○混合在庫管理対象商品

○FBA禁止商品

○危険物

○お酒類

○温度管理商品

※これまで対象外とされていたFBA定期おトク便利用中の商品については、現在は使用可能となっています。

注意事項

①FBA梱包準備サービスは利用できない

②購入者がお急ぎ便を利用した場合、代引き、コンビニ払いやコンビニ受け取りができない

③FBA料金シミュレーターの計算には反映されないので別途利益計算をする必要がある。

④1回の納品で、1商品あたりの納品数量が24個以上必要（ある程度の販売数量が見込める商品選定が必要）

⑤対応FCが専用FCになる（標準サイズなどをよく納品するFCとは別に納品をする必要がある）

すでに実績のある商品の申請方法

その商品をすでに販売しているセラーがプログラムを利用している場合、事前申請を行なわなくてもすぐにプログラムの開始が可能です。

対象商品の条件をFBA料金シミュレーターで確認して、条件が合致していれば商品登録できます。

新規の商品のプログラム申請方法

すでに自身で販売している商品などで、プログラム条件に合致する場合、事前申請をすることでプログラムを利用することができます。

申請をしても却下されることはありますが、一度却下になっても何度かトライすることで申請が通ることがあります。

プログラムの申請方法は、次の2パターンがあります。

100〜5000点登録する場合

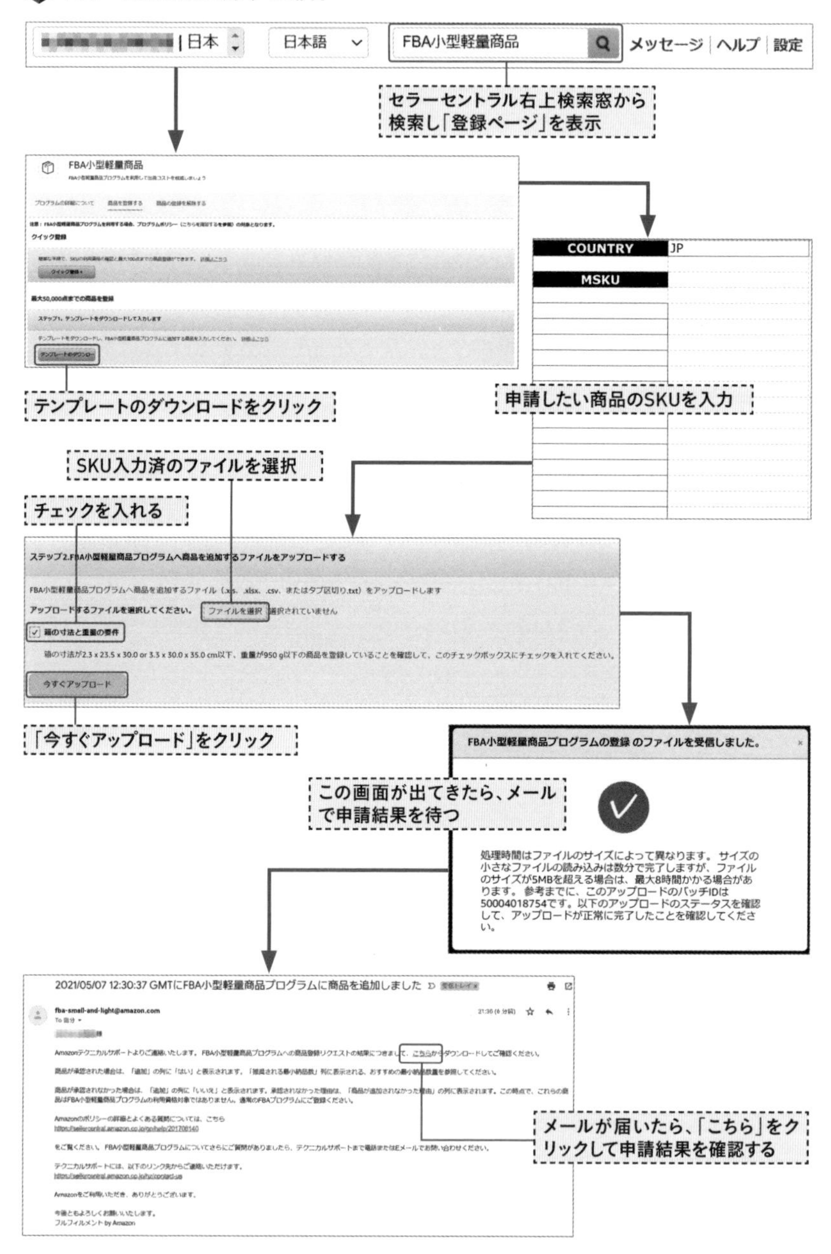

100点までの登録の場合

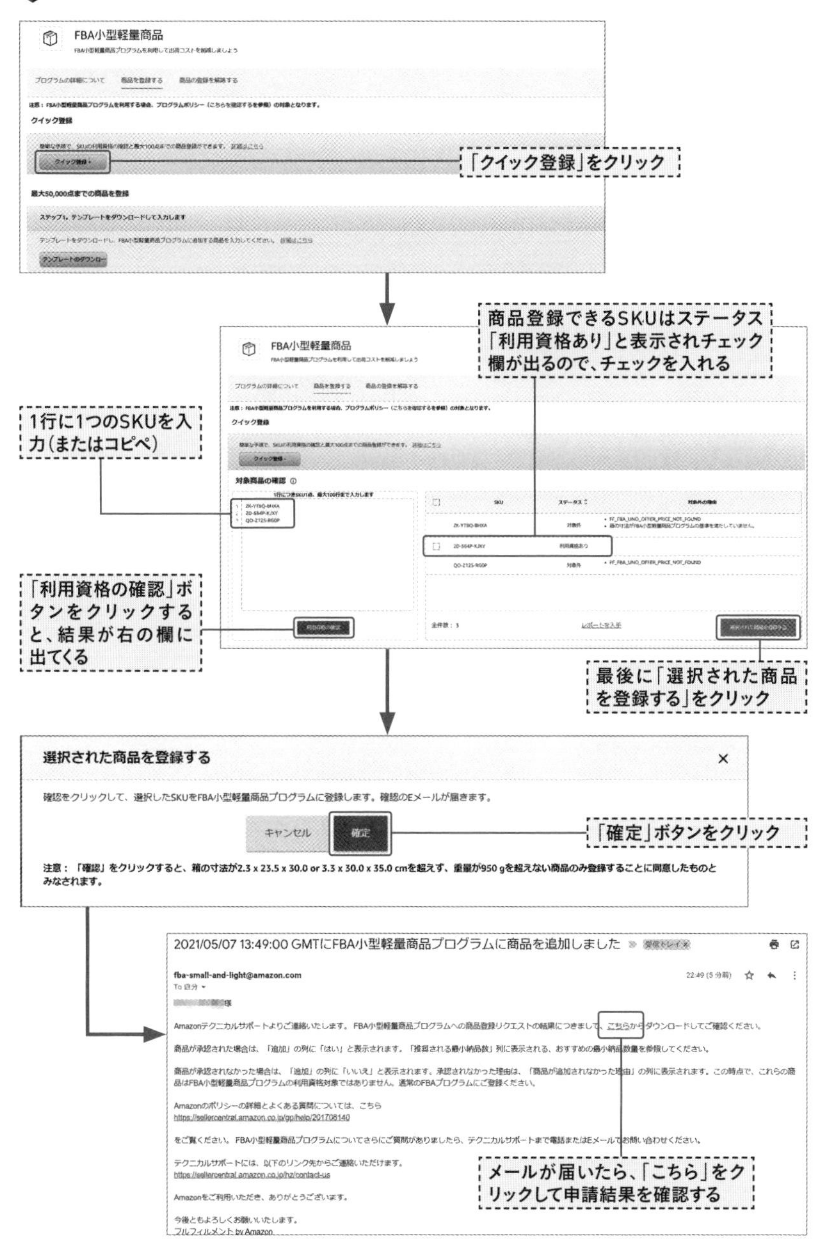

FBA小型軽量商品プログラムの梱包・納品方法

以前は透明ビニール袋に入れて梱包する必要がありましたが、現在は撤廃され、通常FBAと同じルールとなっています(2021年7月現在)。

ただし、小型サイズのため、貼りづらい、剥がれやすいといったことが起きやすくなるので注意しましょう。

間違った梱包・納品方法と正しい方法

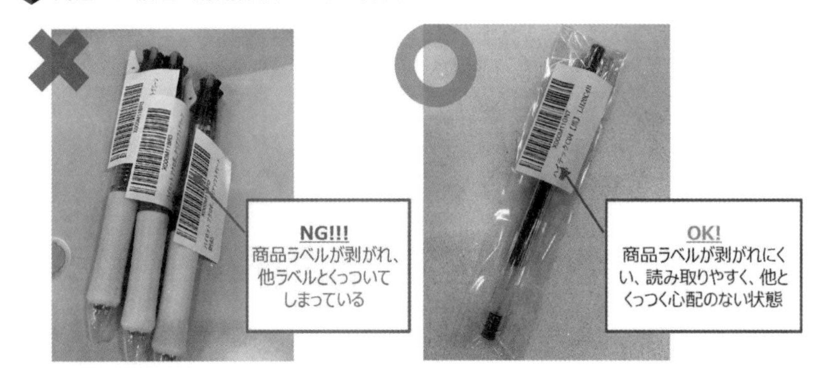
NG!!!
商品ラベルが剥がれ、他ラベルとくっついてしまっている
OK!
商品ラベルが剥がれにくい、読み取りやすく、他とくっつく心配のない状態

07

他のネット物販でも利用できるFBAマルチチャネル

ヤフオクや楽天など、他販路で売れた商品も発送できるサービス

Amazonだけでなく、ヤフオクや楽天、もしくは自社ネットショップで商品を販売している方もいると思います。

その場合、FBAのような優れた配送の仕組みがなく、FBAに代行できることを自分でやらないといけなくなります。ちょっと面倒ですよね。

このときに便利なのがFBAマルチチャネルです。FBAマルチチャネルは、AmazonのFBA倉庫に納品した在庫を、楽天やヤフオクで買ったお客さんに配送できるサービスです。他販路販売する際は非常に役立つサービスです。

また在庫を自宅で保管しているような人は、保管スペースがなくて困っている方も多いでしょう。そういった場合にAmazonのFBA倉庫に納品しておくのもいいでしょう。

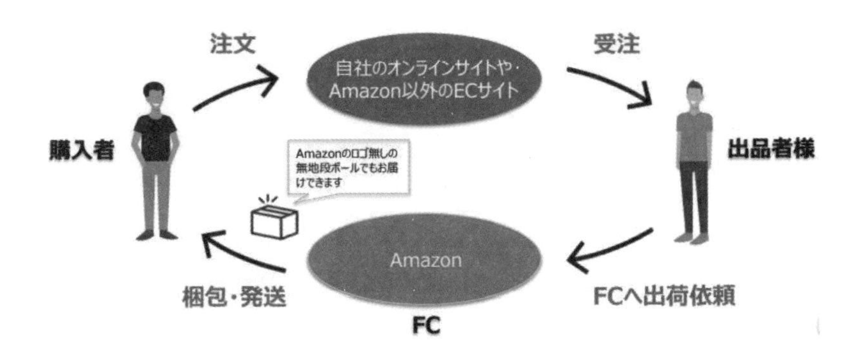

FBAマルチチャネルサービス配送代行手数料

	寸法	寸法	商品重量	配送代行手数料	
				通常配送	お急ぎ便/お届け日指定便
小型		25cm×18cm×2.0cm以下	250g以下	¥430〜550	¥500〜660
標準	1	35×30×3.3cm以下	1kg以下	¥450〜570	¥520〜680
	2	60cm以下	2kg以下	¥520〜730	¥520〜780
	3	80cm以下	5kg以下	¥590〜810	¥590〜870
	4	100cm以下	9kg以下	¥700〜940	¥700〜940

	寸法	寸法	商品重量	配送代行手数料	
				通常配送	お急ぎ便/お届け日指定便
大型	1	60cm以下	2kg以下	¥680〜860	¥680〜900
	2	80cm以下	5kg以下	¥690〜870	¥680〜910
	3	100cm以下	10kg以下	¥800〜1040	¥800〜1060
	4	120cm以下	15kg以下	¥960〜1170	¥960〜1190
	5	140cm以下	20kg以下	¥1180〜1210	¥1180〜1230
	6	160cm以下	25kg以下	¥1280〜1300	¥1280〜1320
	7	180cm以下	30kg以下	¥1920	¥1950
	8	200cm以下	40kg以下	¥1940	¥1980

※大型サイズ7、8はお届け日時指定便対象外

	寸法	寸法	商品重量	配送代行手数料	
				通常配送	お急ぎ便/
特大型	1	200cm以下	50kg以下	¥2980	¥3480
	2	220cm以下		¥3980	¥4480
	3	240cm以下		¥5980	¥6480
	4	260cm以下		¥6980	¥7480

※特大型はお届け日時指定便対象外

（2021年8月30日以降）

前ページの表のような配送代行手数料が、1注文ごとに請求されます。

発送料としては割と安いほうだと思うので、他にプラットフォームのある方は利用してみると良いと思います。

配送スピードについては「標準」「お急ぎ便」の2パターンで選択できます。

その他、他販路の注文で代金引換を設定した場合、代金の徴収をAmazonに依頼することができます（1注文あたりの手数料：330円）。

FBAマルチチャネル初期設定

FBAを利用していれば利用申請は不要です。ここでは他販路で販売する前に設定しておくと役立つことを紹介していきます。

【無地ダンボールの申請方法】

利用を希望する場合は、以下の文面を申請フォームにメールを送ります。(2週間ほどでAmazonから返信があります)

1. 出品者様の正式名称

ショップ名：[]

2. セラーセントラルにご登録のＥメールアドレス

アドレス：[]

※申請フォーム

https://amazonjp.asia.qualtrics.com/jfe/form/SV_3lKYL4Cpy79g4zb

無地ダンボール対応FCは右の通りです。
(2021年9月現在)

FC	
小田原FC(FSZ1)	多治見FC(NGO2)
川島FC(HND3)	大東FC(KIX2)
川越FC(NRT5)	市川FC(NRT1)
堺FC(KIX1)	八千代FC(NRT2)
鳥栖FC(HSG1)	八王子FC(HND8)
藤井寺FC(KIX4)	高槻FC(TPF3)
印西FC(TPF6)	茨木FC(KIX3)
川崎FC（HND6,9)	川口FC（TYO1)
京田辺FC（KIX5)	久喜FC（TYO2)
府中FC（TYO3)	坂戸FC（TYO6)
上尾FC（TYO7)	吉見FC（TPF2)
稲沢FC（TPF4)	野田FC（TPFA)
伊勢原FC（TPFB)	習志野FC（TPF9)
戸田FC（TPFC)	古河FC（TPZ1)
神戸FC（TPZ2)	加須FC（TPZ3)
阿見FC（TPX1)	八幡FC（TPFD)
中台FC（TPZ4)	

【納品書のカスタマイズ】

納品書のカスタマイズもできます。例えばAmazonと他販路で店舗名が違えば、お客さんは困惑しますので、他販路の店舗名に合わせましょう。

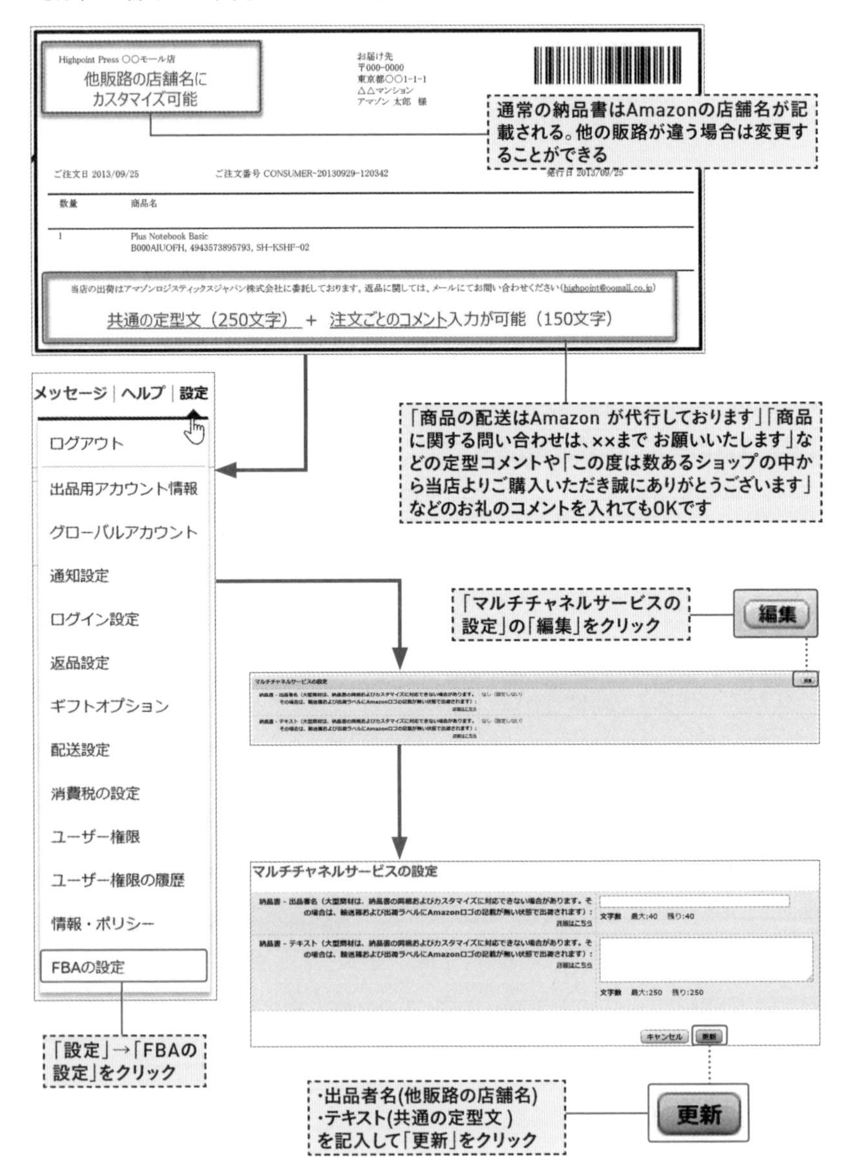

注文が入ったら

Amazonで商品を売る場合と違って、注文が入ったら出荷依頼は自分で行う必要があります。ただ、下図の方法に従ってやっていけば良いだけなので、とても簡単です。

出荷以来の手順

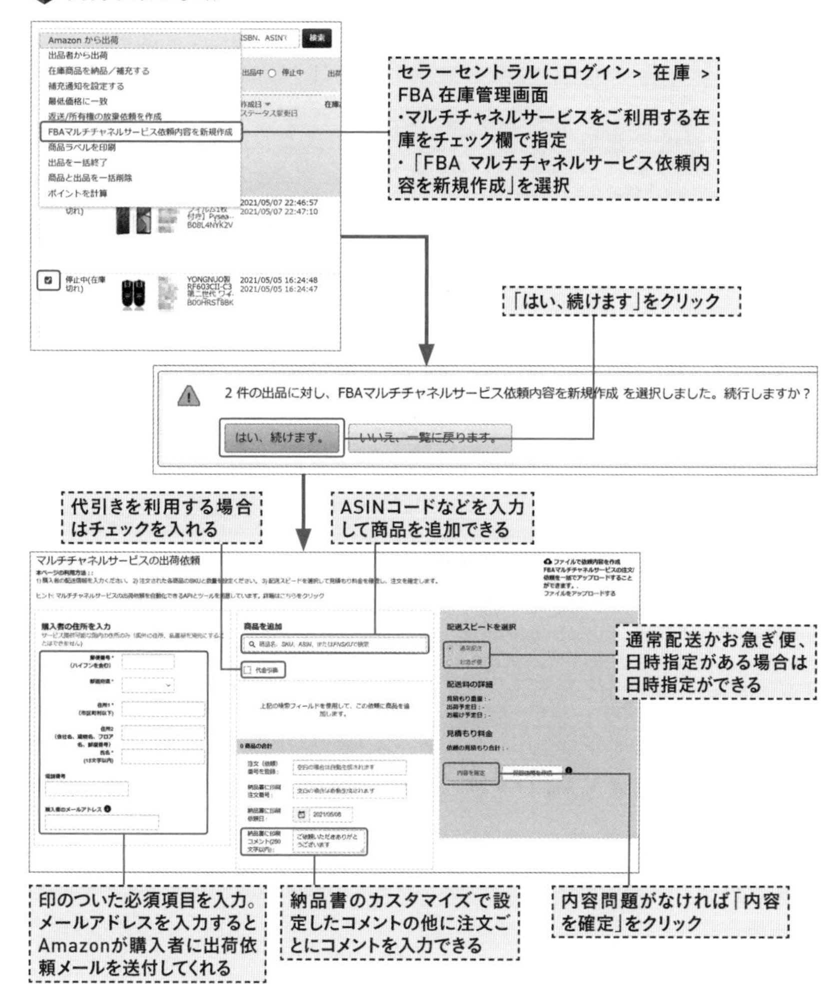
Amazon から出荷
出品者から出荷
在庫商品を納品／補充する
補充通知を設定する
最低価格に一致
返送/所有権の放棄依頼を作成
FBAマルチチャネルサービス依頼内容を新規作成
商品ラベルを印刷
出品を一括終了
商品と出品を一括削除
ポイントを計算
検索
セラーセントラルにログイン> 在庫 > FBA 在庫管理画面
・マルチチャネルサービスをご利用する在庫をチェック欄で指定
・「FBA マルチチャネルサービス依頼内容を新規作成」を選択
2021/05/07 22:46:57
2021/05/07 22:47:10
B08L4NYK2V
停止中(在庫切れ)
YONGNUO製 RF603CII-C3 第二世代 ワイ
B00HRST6BK
2021/05/05 16:24:48
2021/05/05 16:24:47
「はい、続けます」をクリック
2 件の出品に対し、FBAマルチチャネルサービス依頼内容を新規作成 を選択しました。続行しますか？
はい、続けます。
いいえ、一覧に戻ります。
代引きを利用する場合はチェックを入れる
ASINコードなどを入力して商品を追加できる
マルチチャネルサービスの出荷依頼
購入者の住所を入力
商品を追加
代金引換
配送スピードを選択
配送料の詳細
見積もり料金
内容を確定
通常配送かお急ぎ便、日時指定がある場合は日時指定ができる
印のついた必須項目を入力。メールアドレスを入力するとAmazonが購入者に出荷依頼メールを送付してくれる
納品書のカスタマイズで設定したコメントの他に注文ごとにコメントを入力できる
内容問題がなければ「内容を確定」をクリック

FBAマルチチャネルの注意点

【発送元の表記について】

無地ダンボール設定をしていても発送元には「amazon.co.jp」と記載がされ、不在伝票にも発送元が記載されます。

出荷する際に購入者には「当店では発送をAmazonに委託しており発送元にAmazonと記載があります」と伝えるのが良いでしょう。

【メルカリやラクマで利用するのは規約違反】

メルカリやラクマなど、フリマサイトでは、「手元にない商品」を販売することを禁止しているところがあります。

このようなフリマサイトでは、FBAマルチチャネルを利用するのは規約違反になるので注意しましょう。例えばメルカリの場合、購入者からAmazonから商品が届いたとメルカリ事務局に報告されてしまうと、メルカリアカウントが停止になります。

【出荷遅延について】

FBAマルチチャネルを利用した場合の出荷遅延が起こる可能性は0%ではありません。購入者へ「翌日発送します」と伝えてしまうのは注意が必要です。

少し料金が高くなりますが、出荷遅延のリスクを考慮して「お急ぎ便」を利用することをオススメします。

【キャンセル方法について】

出荷依頼をキャンセルすることができます。出荷依頼ステータスが「計画中」「保留中」「処理中」の場合のみ可能です。

セラーセントラル⇒注文⇒注文管理から、「注文番号」か「販売チャネルが【Non-Amazon.co.jp】」の注文から検索しましょう。

「この注文をキャンセルする」をクリックすると出荷依頼をキャンセルすることができます。出荷してしまった商品のキャンセルは、追跡番号を元に配送業者に連絡してFBAに戻してもらう必要があります。

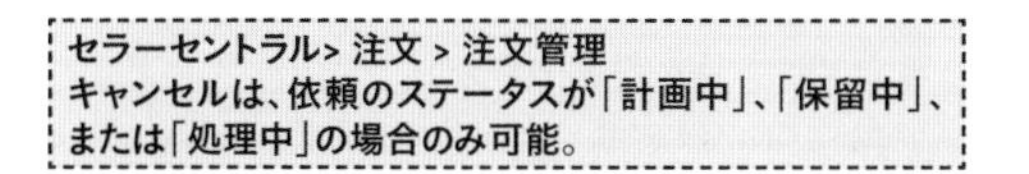

【その他注意点】

●ギフトラッピングは利用できません。

●大型商品について、92cm×40cm×35cmの箱に収まらないサイズの商品はAmazonのロゴのダンボールでの出荷となります。

こちらも購入者には「当店では発送をAmazonに委託しており、商品のダンボールにはAmazonのロゴがあります」と伝えておきましょう。

質のよいFBA代行会社の選び方

副業でAmazon物販ビジネスを行う方は、時間を無駄にしない意味でも、FBA倉庫へ発送する作業を、FBA代行会社に任せてしまった方がいいでしょう。

Amazon物販ビジネスを副業で行うにあたり、質のよいFBA代行業者を探すことは必須です。なぜなら扱う商品が増えていくと「商品の検品、梱包」「FBA倉庫へ発送するための商品ラベル貼り」などの作業が増えていくからです。

仕事を終えて家に帰って、さあリサーチするぞ！　と思っても、このような作業があればクリエイティブな作業はできません。私も副業時代はこのことにすごく悩みました。「あー、こんな単純作業だれかに任せたい……」と強く思っていました。そして質のよい代行業者を探しまくりました。

質のよい代行業者を選ぶポイントは、「1. レスポンスが早い」「2. 電話の対応がいい」「3. 料金が安い」の3点です。

1. レスポンスが早い

これはメールの返信などですね。私たちはビジネスを行っているのですから、何かあったときの対応をすぐさま行ってくれるところがよいです。メールを送ってすぐ返信があるところはいいですが、なかなか返ってこないところも中にはあります。加入する前に何か質問メールを送ってみて、レスポンスの早さを計ってみましょう。

2. 電話の対応がいい

これは私がよく使う手です。メールでどう伝えていいか、わからないことってありますよね。そんなときは電話したほうが早いのですが、電話がなかなか繋がらない業者も中にはあります。これも一度電話をかけて、担当者の対応を見てみましょう。対応がよければサービスの質もだいたい安定しています。

3. 料金が安い

これは当たり前ですね。ですが、安さだけで決めてはいけません。質がよくて安ければ最高ですが、質が悪くて安いというのは、いずれあなたに負担がきます。なので、全体のバランスを見て選ぶべきです。

最近はAmazon物販ビジネス者向けにたくさんの代行業者があります。そのため選びにくいと思います。料金だけでなく、レスポンスの早さや、電話の対応を自分で確認することで、よりよい代行業者に巡り会えるでしょう。あとは、もし機会があればその業者の倉庫にもお邪魔したほうがいいかと思います。

Chapter 4

メーカー取引を始める前に知っておきたいセールステクニックと重要ポイント

～カートボックスの獲得法からおすすめの便利ツールまで～

Amazonでの出品、販売システムがわかったところで、いよいよ国内メーカー直取引に入りたいところですが、その前にビジネスとして押さえておきたいセールステクニックと重要ポイントをいくつか紹介します。具体的にはAmazonでは見慣れているカートボックスやストア評価、各種手数料などです。売上を伸ばすためには、必須の知識です。

01

圧倒的に有利なカートボックスを獲得しよう

カートボックスとは？

Amazonにすでに登録されている商品を出品して販売するためには、販売窓口になるカートボックスについて理解を深める必要があります。

カートボックスの見方

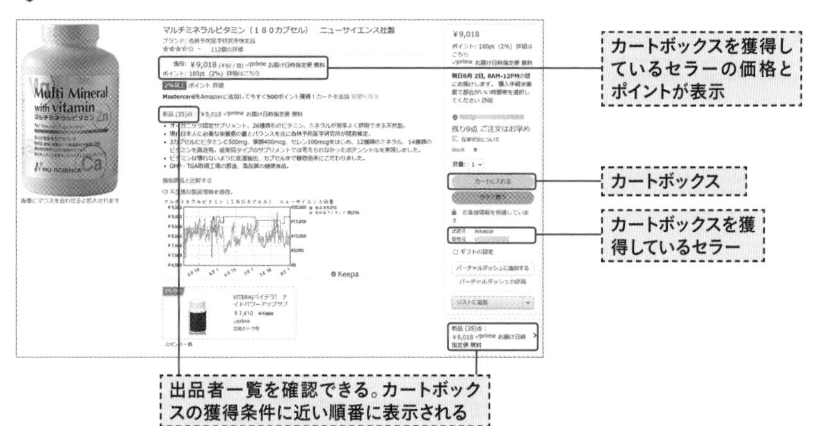

カートボックスを獲得しているセラーの価格とポイントが表示
カートボックス
カートボックスを獲得しているセラー
出品者一覧を確認できる。カートボックスの獲得条件に近い順番に表示される

カートボックスとは上図の「カートに入れる」ボタンのことを言います。

Amazonは「1商品につき1ページ」というルールがあり、OEM商品（自社オリジナル商品）でない限り、同じ商品ページに複数のセラー（売り手）が存在します。

上図の場合、35人のセラーがいるのですが、その中の1人だけが商品ページに掲載されます。そのセラーがカートボックスを獲得しており、カートボックスをクリックすると、そのセラーの商品が選ばれる仕組みです。

商品を購入する人の多くは、このカートボックスをクリックして商品を買います。つまり、カートボックスを獲得したセラーは圧倒的に購入率が高くなります。

カートボックスを獲得するには?

カートボックスの獲得条件は、まず大口出品であることを前提として、下のように定義されています。

◆最安値の価格◆　……重要度　★★★★
統合するセラーの中で一番安い価格であること（Amazon ポイントも含める）
◆配送スピード◆　……重要度　★★★★
FBA やマケプレプライムを利用して配送スピードが一番早いこと。
◆顧客満足度◆　……重要度　★★
購入者からの評価数、良い評価の割合など出品者のパフォーマンススコアが最適でお客様満足の高いこと。
◆在庫を切らさない◆　……重要度　★★
在庫切れのないようにすることや、在庫数が多いこと、その商品やカテゴリの販売実績が多いこと。

重要なことなので、ひとつひとつ詳しく解説していきます。

【最安値の価格】重要度★★★★　最安値に合わせる

カートボックスを獲得するうえで、非常に重要となるのが、価格です。

実際にAmazonで買い物をするときのことを思い浮かべてください。商品ページのほとんどは、一番最安値で売られている商品が表示されているはずです。

ですから、仕入れた商品を出品する際は、カートボックスを獲得しているセラーに値段を合わせるのが原則です（Amazonポイントも含める。

Amazonポイントについてはp143参照)。

ただし、ここで勘違いしないでほしいのが、例えば「2,000円で売られている商品を1,999円で売ろう」と言っているわけではないということです。「価格を合わせる」とは、「価格を下げる」ことではないのです。そんなことをしようものなら、1分後にはすぐに他のセラーも1,999円で売ってきます。なぜかというと、プライスターという、自動で販売価格を追従し、ライバルセラーを下回る最低価格を提示してくるツールがあるからです。

値下げに躍起になるとあっという間に価格競争のスパイラルに陥ってしまいます。なので、**基本は「価格を最安値に合わせる」ということです。**

なお、ショッピングカート獲得条件は、価格以外もありますから、最安値より多少価格が高くとも獲得できる可能性があります。

【配送スピード】★★★★

価格と同じくらい重要なことが、配送が早いことと、送料が無料であることです。これは、FBAを利用すれば問題ありません。

自社出荷の配送スピードは、どうしても即日出荷が無料でできるFBAには勝てません。**しつこいようですが、Amazonビジネスをするなら FBAは必須です。**

【顧客満足度】★★

購入者からの評価数、つまり顧客満足度の高いセラーがショッピングカート獲得に有利になります。

この顧客満足度を示すのが下の図の赤枠で示したところです。

こちらも見たことがある方がほとんどだと思いますが、これをストア評価と言います。**ここに悪い評価がついてしまうと、カートボックス獲得率の低下やAmazonアカウント停止のリスクが出てくるので、定期的に確認する必要があります。**

新しくAmazonビジネスを始めたばかりの人は当然、評価数はゼロになります。しかし、だからといってカートボックスが獲得できないかと言われれば、そんなことはありません。

たしかに評価の多いセラーよりは不利にはなりますが、**どちらかというと販売価格や配送スピードのほうが重要です。**FBA出品であれば、初心者の方でも十分カートボックスの獲得は可能でしょう。

ただ、最近はAmazonのアカウントを開設したばかりの初心者の方は、なかなかカートを取りづらいことも増えてきました。ただ、これも対策をすれば問題ないので安心してください（p146参照）。

購入者からの評価数

	30日間	90日間	12ヵ月	全期間
肯定的	100%	100%	100%	100%
普通	0%	0%	0%	0%
否定的	0%	0%	0%	0%
数	7	21	77	478

【在庫を切らさない】★★

在庫数が多めにあり、在庫を切らさなければカートボックス獲得率が高くなります。商品を初回仕入れるときは厳しいかもしれませんが、十分な在庫があり、扱っている期間が長ければ、カートボックスを獲得しやすくなります。

カートボックス獲得で重要なのは「価格」と「配送スピード」

カートボックス獲得条件についてお伝えしましたが、最も重要なのは「価格」と「配送スピード」です。

この2点をしっかり押さえておけば、まずカートが全然獲得できないということはありません。基本戦略としてFBAを利用して、FBAセラーのなかで最安値に合わせることを念頭に出品しましょう。

なお、カートボックスについては、1人のセラーがずっと独占しているわけではありません。同じ条件のセラーが複数いる場合は、順番にカートボックスを獲得します。

カートボックスは順番に獲得される

右の図の場合、カートボックスを獲得しているのは3人です。3人で順番にカートボックスを獲得しています。

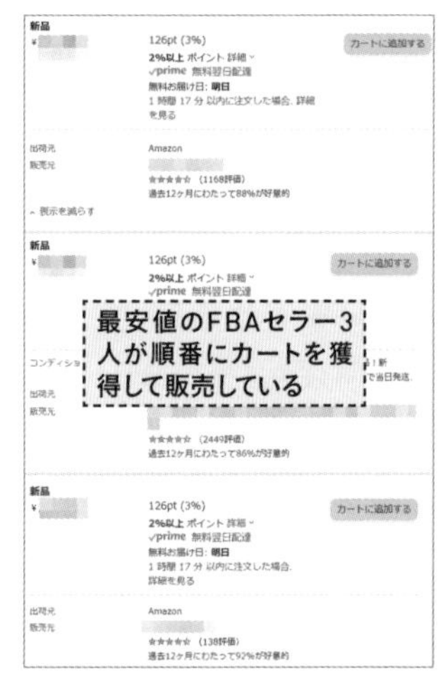

なお、4人目以降は出品者出荷や、価格が高い（販売価格は同じだがポイントが付いていない）セラーです。4人目以降のセラーはショッピングカートを基本的には獲得できません。**出品者数が多いからといってライバルが多いとは限らないので、しっかりと商品ページを見るようにしましょう。**

カートボックスの獲得時間や表示される回数に関しては、Amazonは公開していません。上の図では月30個商品を売っているとしたら3人で10個ずつ売っているようなイメージで良いでしょう。

ここで注意したいのは、Amazonの商品ページのチェックは出品者用アカウントではなく、購入者用アカウントで見ることです。

なぜかというと、出品者用アカウントでは、プライムマークが出てこないためです。プライムマークが非表示の状態だと、カートボックスを獲得しているセラーを把握しづらいので、なるべく購入者アカウントで確認するようにしましょう。

購入者用アカウントと出品者用アカウント

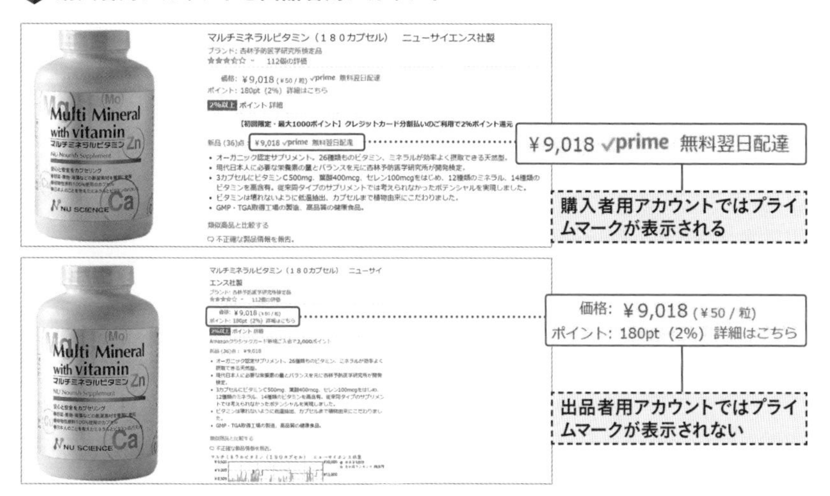

カートボックス獲得率を確認する方法

カートボックス獲得については、それまでに出品した商品全体の獲得割合を確認する方法と、出品した商品ごとの獲得率を確認する方法があります。

次の図は、商品全体のショッピングカートの獲得率（一位率）を示しています。セラーセントラルのトップページで常に確認することができます。

全体のカートボックスの獲得率を確認

それと、次の図のように個別の商品ごとのカートボックス獲得率もチェックできます。**全体の数字を見ることも大事ですが、商品ごとのカート獲得率**

をチェックしていくことで、詳細に改善点を見出すことができます。

例えば、Amazon本体がいなく、FBAセラーの最安値に合わせている商品なのに、カートボックス獲得率が0％になるなど、異常値になることがあります。この画面上の数字がおかしいだけでなく、実際に全然売れないことがあります。　その場合はまだ自分自身に実績がないためカートが取れないということなので、まず売上を作ることを優先してください。

同価格で売れなければ販売価格を下げるやポイントを付けるなどして、ライバルより安い形で販売してください、そうすれば自ずとカートが取れるようになります。

どうしても初心者の方は最初だけamazonのカートが回ってきづらい傾向にあります、そのため今お伝えした方法でまず実績を作りましょう。

売上が10万、20万、30万円～と伸びるごとに徐々にカートがライバルと同額でも取れるようになります、そこは絶対ですので諦めずに頑張ってください。

商品ごとのカートボックス獲得率を確認

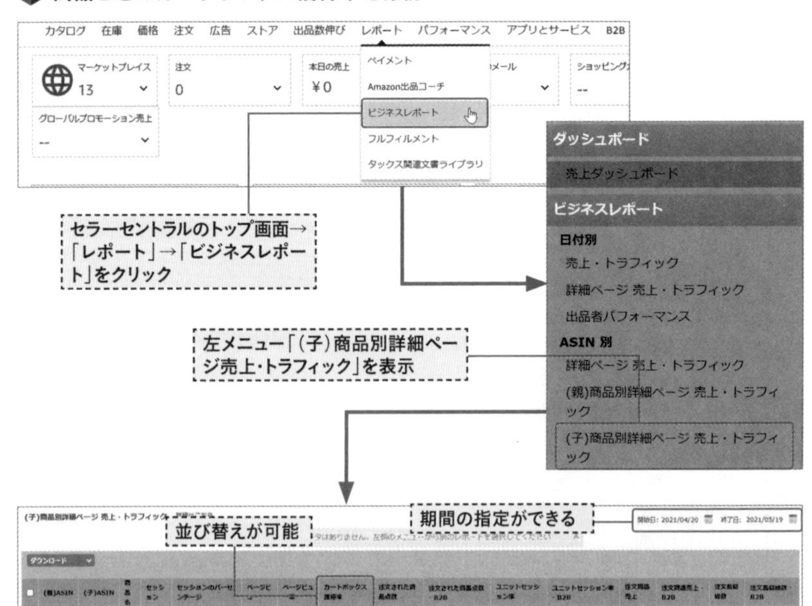

価格設定はAmazonポイントも含めて考えよう

先に書いたように、重要なことは現在カートボックスを獲得しているFBAセラーの価格に合わせることです。ここで注意したいのが、Amazonポイントも含めて合わせるということです。

例えば下の図であれば、販売価格は4,500円ですが、Amazonポイントが225ポイントついてきます。ということは、実質4,500－225=4,275円で販売されているのと一緒ということです。実際にAmazonから売上金が入金される際に差し引かれます。

つまり、この商品で合わせる価格は4,500円ではなく4,275円ということになります。**カートボックスを獲得しているFBAセラーの価格にAmazonのポイントが付与されていないかどうか、しっかり確認しましょう。**

在庫管理で価格設定

販売価格 + 配送料	Amazon ポイント
¥ 4,500 + --	225 ポイント (5.00%)

無駄な価格競争はやめる

Amazonビジネスで避けたいことは、無駄な価格競争です。

現在カートボックスを獲得しているFBAセラーよりも安い価格を設定すればカートを独占できる、と考えてしまう方もいると思います。しかし、価格を下げれば自分の利益も減少するし、ライバルセラーはカートを獲得するためにすぐに価格を合わせてきます。

そこから価格競争が始まることが多いので、Amazonは価格崩壊が起きやすいプラットフォームとも言えます。価格競争に巻き込まれ、高い利益率で商品が売れなくなり、別の新しい商品をリサーチする。このようなリサーチ地獄に陥った人を多く見てきました。

経験の長いセラーほどむやみに価格を下げるようなことはしません。それにメーカー直取引は、基本的に価格推移が安定している商品を扱います。無闇に値下げする必要はありません。

また、メーカー取引では価格崩壊が起きたときにメーカーと協力して価格を戻すことができることもあります。これもメーカー直取引の醍醐味の1つでもあります。

FBAセラーの誰かが価格を下げてくる場合は、様子を見ながら価格調整をしっかりと行なっていきましょう。

Amazon本体が出品している商品はなるべく避ける

商品によっては、Amazon本体が出品しているものがあります。下の図のように、出荷元と販売元がともに「Amazon.co.jp」と表示されているものです。**結論から言うと、そのような商品を仕入れることは基本的に避けたほうが良いでしょう。**

購入者から見たAmazon本体

運営者のAmazon本体はカート獲得率で非常に優遇されています。Amazon本体と同価格に合わせてもほとんどの機会でAmazon本体がカートボックスを獲得します。

カートボックスを獲得するために価格を下げても、どこまでも追従してきて赤字で販売をせざるを得ない状況になるリスクが非常に大きいです。

このような理由から基本戦略として、Amazon本体が出品していない商品を販売することを推奨します。

例外を言うと、Amazon本体が在庫切れを起こしている場合は、カートボックスを獲得できることがあります。在庫切れとは、「通常2-3週間以内に発送」「一時的に在庫切れ」「納期未定」などの表示がある商品です。しかし、Amazon本体の在庫が復活すれば、カートボックスを獲られる可能性が高くなるので、そのリスクは考慮しましょう。

また、いまAmazon本体の出品がなくても、あとから参入してくることがあります。**しかしメーカー直取引ではAmazon本体が後から参入できないように、メーカーと交渉して先手を打つことができます。**せどりや転売ビジネスではコントロールできないことができるのが魅力の1つですね。

FBAセラーなら出品者出荷セラーより有利

出品者出荷セラー（下図のように、出荷元がAmazonではない）よりもFBAセラーの方がカート獲得に非常に有利です。「配送スピード」がFBAの方が速いため、同価格であれば、ほぼFBAセラーがカートボックスを獲得します。

購入者から見た出品者出荷

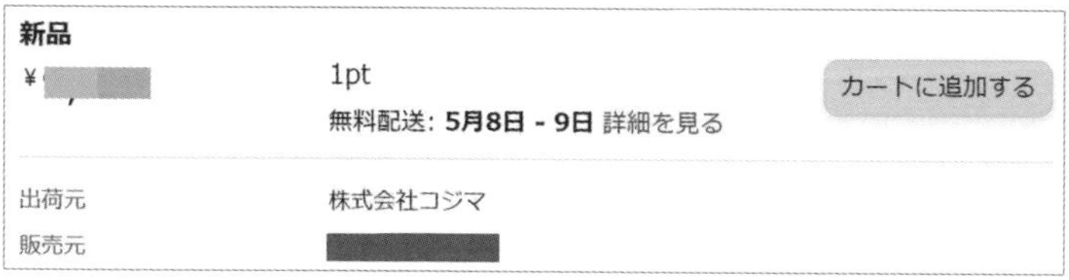

新品
¥
1pt
無料配送: **5月8日 - 9日** 詳細を見る
カートに追加する

出荷元　株式会社コジマ
販売元

また、出品者出荷セラーより高い価格でもFBAならカートボックスを獲得できることがあります。商品により、100円〜200円、10％高くても獲得できる場合があります。これに関しては明確な基準はなく、商品ごとにカート獲得できる価格を調整して検証していきましょう。

出品者出荷セラーは送料を購入者負担にしている場合があるので、こちらも含めて価格設定をしていく必要があります。

出品者出荷でも「マケプレプライム」利用者は強敵

しかし、下の図のように、出品者出荷セラーが「マケプレプライム」を利用している場合もあります。この場合、「配送スピード」がFBAと同等に近くなり、カート獲得率も同等に近くなるので注意が必要です。

またマケプレプライム出品者出荷セラーの販売実績などにより強さが変わりますので、こちらも価格を少しずつ近づけていき検証していきましょう。

出品者出荷セラーが「マケプレプライム」を利用している場合

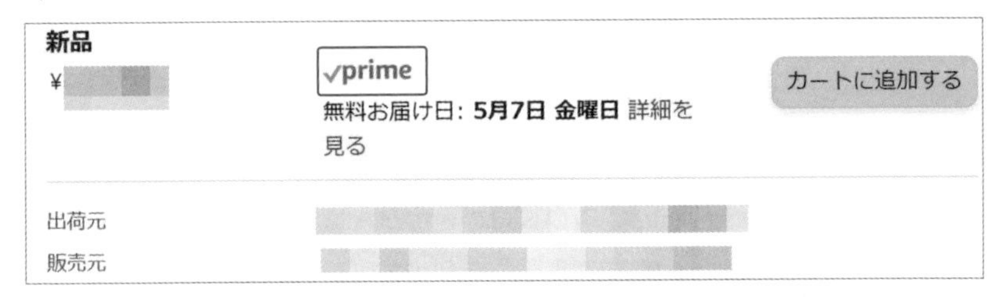

初心者なので評価数がなく、商品がまったく売れないという方へ

先ほど評価数よりも、販売価格や配送スピードの方が大事という話をしました。ただ、Amazonアカウントを開設したばかりで、初めて出品した方は、どうしても顧客満足度で不利です。販売価格を他のFBAセラーに合わせても、カートボックスを獲得できず、まったく売れないことがあります。初心

者の大きな壁の1つです。

その場合は、以下の対策を実施してみましょう。

❶カートボックスの獲得率を確認する

本章でお話している全体でのカートボックスの獲得率と個々の商品でのカートボックス獲得率をまず確認してください。その上でカートボックスが０％のものがあれば以下の対策をしてください。

❷販売価格を下げる、もしくはポイントを付けて販売する

初心者の方でも全ての商品のカート獲得率が０％ということはないと思いますが、個々の商品でカート獲得率が０％だった場合は、まだ実績が足りていないということです。その場合はライバルよりも販売価格を下げる、もしくはポイントを付けて販売するようにしましょう、こうすることでカートは取れるようになります。

ただ注意点としては、この状態をずっと続けるわけではないということです。売上が徐々に伸びてくればカート獲得率は必ず高まりますし、ライバルと同額で通常通りにカートが回ってくる状態になります。

先ほどお話したように売上が10万、20万、30万円〜と伸びるごとに徐々にカートが取れるようになります、再度お伝えしますが、そこを意識さえできれば絶対大丈夫ですので諦めずに頑張ってください。また販売価格を下げる行為は価格競争をまねく恐れのある良くない行為ですので、カートが取れる状態になったらライバルの価格と合わせて販売することを強くおすすめします。

02

自分のストア評価を高くする

ストア評価の仕組み

Amazonでは購入者からの評価を、セラーのパフォーマンススコアの1つとして評価しています。また、ストアの評価数や良い評価の割合を見て、購入を決める購入者も一定数存在します。Amazonでは下記のように、過去12ヶ月、評価数は総期間の数で表示されます。

【評価の基準】

高い評価：★5～★4
普通の評価：★3
低い評価：★2～★1

【評価の割合は%で表示】

★★★★★（過去12ヶ月の割合）
100%の高い評価

【購入者から見える評価】

★★★★★（209評価）
過去12ヶ月にわたって98%が好意的

評価の割合は12ヶ月、評価数は総期間の数で表示

新規出品者

新規出品者で、まだ何も評価がない場合は「新規出品者」と表示される

悪い評価の割合が高くなるとAmazonアカウント停止などのリスクが高まり、カートボックス獲得率にも悪影響が出てきます。定期的にストア評価を確認しながら運営していきましょう。

通常、購入者から評価をもらえる割合は「30～50個販売して1つ」と言われています。アカウントを作りたての頃は評価数も少なく不安に感じるかもしれませんが、焦らずとも健全に運営していればたいてい「★5」～「★4」の評価がもらえます。

少しずつ評価が溜まっていき、販売実績も増えていきます。それに伴いカート獲得率も上がっていきます。

自分のストア評価については、このようにセラーセントラルの画面で確認できますので、定期的に確認していきましょう。

自分のストア評価を確認

セラーセントラルのトップ画面→「パフォーマンス」→「評価」で確認

評価管理

サービスに対する購入者の満足度を追跡するには、評価管理機能を使用します。短期および長期的な指標だけでなく、購入者のEメールアドレスや注文番号を含む評価の詳細な情報を表示することができます。セラーセントラルの[注文管理]セクション内で、[注文番号]をクリックして取引の詳細を表示します。詳細はこちら

評価：☆☆☆☆☆
Amazonでの販売の間の**0**の星 (**0**の評価)

	30日間	90日間	1年間	全期間
高い	**0** %(0)	**0** %(0)	**0** %(0)	**0** %(0)
普通	**0** %(0)	**0** %(0)	**0** %(0)	**0** %(0)
低い	**0** %(0)	**0** %(0)	**0** %(0)	**0** %(0)
評価数	0	0	0	0

この表には対応する評価の割合と評価数が表示されます。出品者への評価がAmazon.co.jpで購入者にどのように表示されるかをご確認いただけます。　数値を四捨五入して表示しているため、合計が100%にならない場合があります。

悪い評価がついてしまったら削除依頼

健全に運営をしていても、悪い評価がついてしまうときが少なからずあります。悪い評価の割合が高くなった状態を放置したままにしておくとカート獲得率の低下、アカウント停止リスクが高まります。

特にアカウント開設したばかりで評価数がゼロの状態で、1個目で悪い評価がついてしまうのは、かなり痛いです。しかし安心してください。出品者が健全な運営をしていれば、Amazonに悪い評価の削除を依頼することができます。

万が一悪い評価がついてしまった場合は、積極的に削除依頼をかけていきましょう。

【Amazon 評価削除の条件】

●コメントの中に卑猥または冒とく的な言葉が含まれている場合

●コメントの中にメールアドレス、名前や電話番号などの出品者の個人情報、またはその他の個人情報が含まれている場合

●コメントが商品レビューに終始する場合

●コメントの内容が Amazon の FBA 配送サービスや、Amazon カスタマーの対応に関する場合

悪いストア評価がつくときのパターンは、だいたい以下のパターンが多いです。そのうち、Amazonに起因する場合は評価削除の対象となります。

メーカー直取引でFBA納品していれば、出品者が起因で悪い評価がつけられるリスクは、転売ビジネスに比べればかなり抑えることができるでしょう。

●商品の到着が配送予定日よりも遅かった（**Amazon起因**）
●パッケージが破損していた（**Amazon起因**）
●問い合わせ対応が悪い（**Amazon起因**・出品者起因）
●評価依頼メールがうざい（**Amazon起因**・出品者起因）
●商品ページと違う商品が届いた（出品者起因）
●あきらかに不良品と思える商品が届いた（出品者起因）
●新品として購入したのに開封されている品が届いた（出品者起因）

悪い評価の削除の仕方

出品者に起因する原因ではないのに、悪い評価を付けられてしまったときは積極的に削除依頼をしましょう。

しかし、評価削除リクエストは、評価が送信されてから90日以内に行う必要があります。90日以上経過した評価の削除はできないので気をつけましょう。

良い評価の割合をできるだけ100％近く維持するのが理想なので、★1～3は積極的に削除依頼をします。

下記の方法でセラーセントラルの画面から評価削除依頼ができます。実際にやってみると意外と簡単に悪い評価を削除できることがわかると思います。悪い評価がつけられても慌てず対応するようにしましょう。

評価削除を依頼

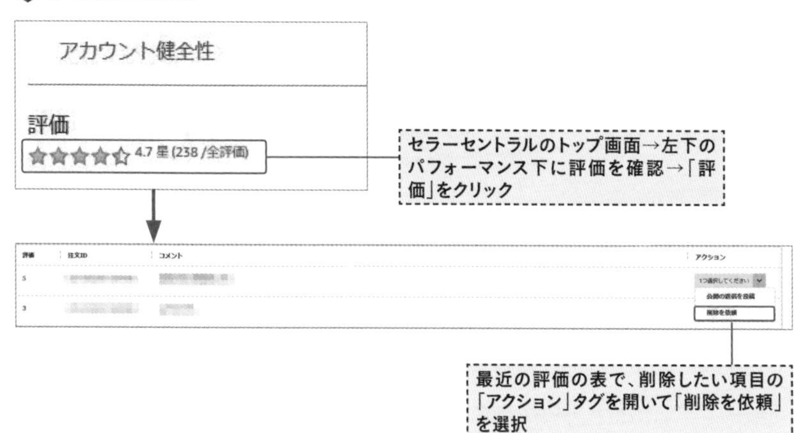
アカウント健全性
評価
4.7 星 (238 /全評価)
セラーセントラルのトップ画面→左下のパフォーマンス下に評価を確認→「評価」をクリック
評価
注文ID
コメント
アクション
削除を依頼
最近の評価の表で、削除したい項目の「アクション」タグを開いて「削除を依頼」を選択

03

利益計算 ~Amazonに支払う手数料を把握しよう~

各種手数料を含めて利益計算する

Amazonビジネスでは、4,900円（税込5,390円）の月額登録料（大口出品の場合）だけでなく、1商品ごとに様々な手数料が発生します。

単純に商品の価格差だけでなく、このような手数料を考慮して利益計算する必要があります。ここでは、販売手数料やFBA配送代行手数料のような、1商品ごとにかかる手数料についてお伝えします。

「うわー、お金の計算なんてめんどくさい！」と思ってしまった方もいるでしょう。しかし心配はいりません。Amazonは自動的に手数料を算出して利益率を出してくれるFBA料金シミュレーターというツールがあります。そちらについても解説していきます（ただし、Amazon各種手数料は今後変更になることもありえるので、あくまでも目安として知っておいてください）。

販売手数料

カテゴリ別の販売手数料一覧

商品カテゴリー	販売手数料率
本	15%
CD／レコード	15%
ビデオ・DVD	15%
エレクトロニクス（AV機器&携帯電話）	8%
カメラ	8%

商品カテゴリー	販売手数料率
パソコン・周辺機器	8%
(エレクトロニクス、カメラ、パソコン)付属品	10%
Kindleアクセサリ	45%
楽器	10%
ドラッグストア	10% (キャンペーン期間中1,500円以下は8%)
ビューティー	10% (キャンペーン期間中1,500円以下は8%)
スポーツ&アウトドア	10%
スポーツ&アウトドア	10%
カー&バイク用品	10%
おもちゃ&ホビー	10%
TVゲーム	15%(一部8%)
PCソフト	15%
ペット用品	15% (キャンペーン期間中1,500円以下は8%)
文房具・オフィス用品	15%(一部8%)
ホーム(家具・インテリア・キッチン)	10~15%
ホームアプライアンス	15%
大型家電	8%
DIY・工具	15%
産業・研究開発用品	15%
食品・飲料	10% (キャンペーン期間中1,500円以下は8%)
腕時計	15% (キャンペーン期間中10,000円超は5%)
ジュエリー	15% (キャンペーン期間中10,000円超は5%)
ベビー&マタニティ	15% (キャンペーン期間中1,500円以下は8%)
服&ファッション小物	15% (キャンペーン期間中3,000円超は8%)
シューズ&バッグ	15% (キャンペーン期間中7,500円超は5%)
その他のカテゴリー	15%
月1回(毎月15日)	月1回(毎月15日)

※キャンペーンは2019年9月1日から2022年2月28日まで

Amazonでは、上のようにカテゴリ別に販売手数料が8～15％の範囲で、1商品ごとにかかります。

例えば化粧品であれば「ビューティー」というカテゴリに入るので、販売手数料は10％ということになります。

なお、本・ミュージック・DVD・ビデオなどのメディア商品には別途、1販売ごとにカテゴリー成約料がかかります。

カテゴリー成約料

商品カテゴリー	販売手数料	カテゴリー成約料(日本)
本	15%	80円
CD・レコード	15%	140円
DVD	15%	140円
ビデオ(VHS)	15%	140円

FBA配送代行手数料

FBAを利用した場合に、1商品を出荷するごとにかかる手数料です。商品サイズや重量によって料金が変わります。

FBA配送代行手数料

	小型	標準			
		1	2	3	4
寸法（商品あたり）	25cm × 18cm × 2.0cm未満	35cm x 30cm x 3.3cm未満	60cm未満	80cm未満	100cm未満
重量（商品あたり）	250g未満	1kg未満	2kg未満	5kg未満	9kg未満
配送代行手数料（商品あたり）	290円	381円	434円	514円	603円

販売機会が比較的多い区分

	大型							
	1	2	3	4	5	6	7	8
寸法（商品あたり）	60cm未満	80cm未満	100cm未満	120cm未満	140cm未満	160cm未満	180cm未満	200cm未満
重量（商品あたり）	2kg未満	5kg未満	10kg未満	15kg未満	20kg未満	25kg未満	30kg未満	40kg未満
配送代行手数料（商品あたり）	589円	712円	815円	975円	1,020円	1,100円	1,532円	1,756円

	特大型			
	1	2	3	4
寸法（商品あたり）	200cm未満	220cm未満	240cm未満	260cm未満
重量（商品あたり）	50kg未満			
配送代行手数料（商品あたり）	2,755円	3,573円	4,496円	5,625円

見てわかるように、送料が格安です。私たちが普通に商品を送る場合は、もっと送料がかかるでしょう。このような手数料ひとつとっても、FBA発送をおすすめする理由がおわかりかと思います。

在庫保管手数料

FBAを利用するとAmazon倉庫が保管・管理するための手数料がかかります。**これが在庫保管手数料です。**次の計算式で計算されますが、「商品サイズ」と「保管日数」で決まります。在庫回転が速ければ速いほど安くなります。また、FBA配送代行手数料同様、大型商品ほど高くなるので注意しましょう。

在庫保管手数料

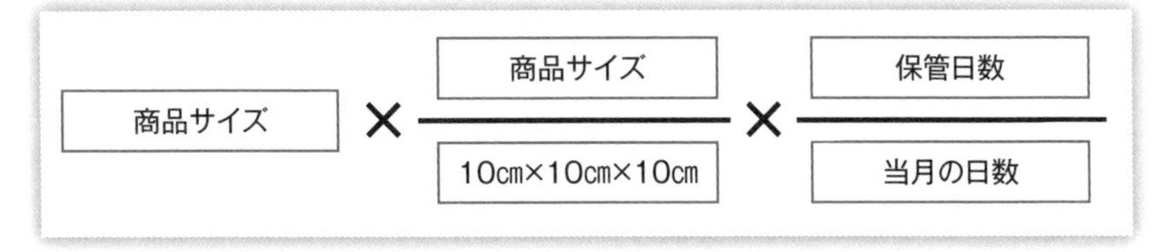

	服／ファッション／シューズ／バッグ以外		服／ファッション／シューズ／バッグ
在庫期間	小型/標準サイズ	大型/特大サイズ	すべてのサイズ
1~9月	¥5,160	¥4,370	¥3,100
10~12月	¥9,170	¥7,760	¥5,500

例）30日間保管した場合

10×10×10cmの商品＝約5円

20×20×20cmの商品＝約41円

30×30×30cmの商品＝約118円

40×40×40cmの商品＝約280円

FBA長期在庫保管手数料

FBAでは、毎月15日に在庫一掃チェックが入り、365日以上売れていない商品に対して、長期在庫保管手数料が請求されます。**1年以上売れない在庫については、積極的に処分することをおすすめします。**

長期在庫保管手数料

在庫一掃チェック実施日	FBAに365日を超えて保管されている商品
月1回（毎月15日）	17.773円（10cm × 10cm × 10cmあたり）

FBA料金シミュレーターで簡単に利益計算ができる

手数料を含めた利益計算については、FBA料金シミュレーターを使うと便利です。Amazon手数料がどれくらいかかり、利益額、利益率まで計算してくれる、Amazonが提供しているツールです。

【FBA料金シミュレーターを使おう】

https://sellercentral.amazon.co.jp/fba/revenuecalculator/index

下の図のように、商品ページの登録情報に記載されているASINコードを入力することで、利益計算したい商品を検索します。

FBA料金シミュレーターで商品を検索

ASINコードについては、商品ページの「詳細情報」に記載されているので、そちらをコピペすれば大丈夫です。

ASINコードの記載箇所

詳細情報

ブランド	YONGNUO
製品型番	YN50mmF1.8N
固定焦点距離	50 ミリメートル
F値 (望遠側)	16
レンズタイプ	単焦点レンズ
種類	標準レンズ
レンズ構成	標準
レンズマウント	ニコン F
カラー	黒
対応機種	Nikonカメラ
電池付属	いいえ
製品サイズ	0.01 x 0.01 x 0.01 cm; 310 g

登録情報

商品モデル番号	YN50mmF1.8N
ASIN	B06XKBXM43
Amazon.co.jp での取り扱い開始日	2017/[illegible]/10
おすすめ度	★★★★☆ 139個の評価 5つ星のうち4.1
Amazon 売れ筋ランキング	- 26,1[illegible]3位家電&カメラ (の売れ筋ランキングを見る家電&カメラ) - 94位カメラ用交換レンズ

保証とサポート

返品: Amazon.co.jpで購入した商品について、[illegible]に限り商品到着後30日以内の返品を受け付けます（返品および交換不可の商品[illegible]商品の状態をご確認ください。初期不良の商品については、お客様からのお[illegible]を過ぎてからでも受け付ける場合があります。なお、返品条件は、Amazon.co.jpが発送する商品と、Amazonマーケットプレイス出品者が発送する場合で異なります。家電&カメラの返品について、くわしくはこちら

ご意見ご要望

ASINコード

ASINコードなどで検索すると、次のような画面が出てきます。出品者出荷とFBAを利用した場合それぞれを計算できるので、純利益を比較することができます。

FBA料金シミュレーターで利益計算

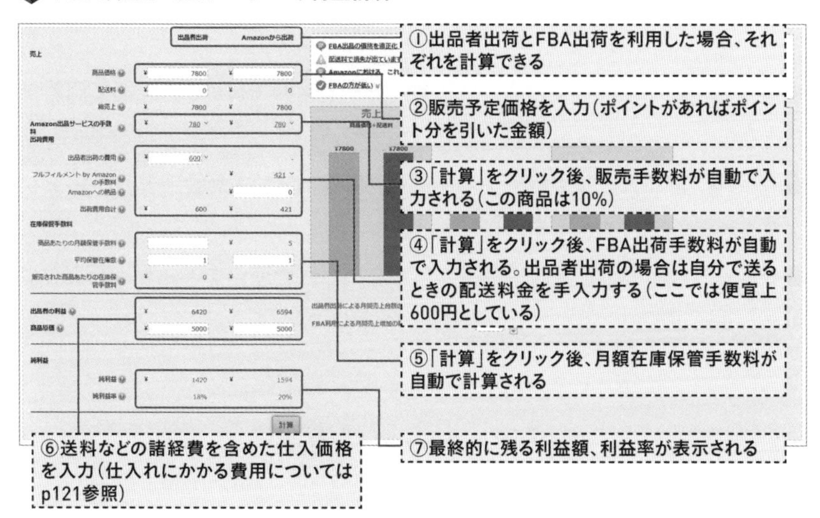
①出品者出荷とFBA出荷を利用した場合、それぞれを計算できる
②販売予定価格を入力（ポイントがあればポイント分を引いた金額）
③「計算」をクリック後、販売手数料が自動で入力される（この商品は10%）
④「計算」をクリック後、FBA出荷手数料が自動で入力される。出品者出荷の場合は自分で送るときの配送料金を手入力する（ここでは便宜上600円としている）
⑤「計算」をクリック後、月額在庫保管手数料が自動で計算される
⑥送料などの諸経費を含めた仕入価格を入力（仕入れにかかる費用についてはp121参照）
⑦最終的に残る利益額、利益率が表示される

上の図でいうところの、③④⑤を足し合わせたものが、この商品1個あたりにかかる手数料になります。

⑦でシミュレーターで計算された純利益、純利益が出ていますが、これは100％正しい数値ではありません。多少の誤差が出る場合がありますが、利益計算の目安としては十分でしょう。

04

お客様から直接連絡があった場合の対応

お客様から連絡があったら

ストア運営をしていると、購入者や購入前のお客様とメッセージでやり取りをする機会があります。

FBAを利用していれば基本はAmazonがカスタマー業務を代行してくれますが、直接連絡が来たときの対応方法を覚えておきましょう。

●購入前の商品についての問い合わせ⇒分かる範囲で構いませんので回答をしましょう。

●スパム、営業メール⇒回答する必要はありません。「返信不要」にチェックを入れて終了しましょう。

●クレーム⇒商品の不具合や商品が届かないなどの理由で連絡がきたら必ず対応しましょう。

クレームの対処方法

FBA利用商品でFBAの配送、返品・交換、返金に関して問い合わせがあった場合はAmazonカスタマーサービスへ誘導しましょう。2021年現在、Amazonカスタマーサービスは、まずはチャットでやり取りして、解決しなければAmazonから電話してもらうという流れです。

https://www.amazon.co.jp/gp/help/customer/contact-us/

以下にメールの返信テンプレートについて記載しておきます。

基本的にはカスタマー業務はFBAが代行してくれるので、無駄な労力削減のためにもお客さんとのやり取りは最小限に留めましょう。

返信テンプレート①

ご連絡ありがとうございます。
大変申し訳ありません、商品を確認させていただきたいので、一旦返品手続きをとって頂いてもよろしいでしょうか？
下記の手順で対応可能です。

Amazon の購入アカウントにログイン

右上のアカウントサービスから「注文履歴」をクリック

今回問題のある商品を選択し、「商品の返品」をクリック

またご連絡くださいませ、商品代金は Amazon から返金されます。
お手数おかけしますが、ご対応よろしくお願いいたします。

返信テンプレート②

この度は当店よりご購入いただきました商品で
ご不便をおかけしてしまい大変申し訳ございません。

Amazon カスタマーサービスにてご対応いたしますので
大変お手数ですが以下までご連絡をお願いいたします。

< Amazon カスタマーサービスへ直接ご連絡いただく場合>
下記の URL からお問い合わせください。
https://www.amazon.co.jp/gp/help/customer/contact-us/ref=hp_gt_nmhcu

返信メッセージは24時間以内に！

Amazonの規約で購入者からのメッセージは24時間以内に返信しなければなりません。

24時間以上の回答が積み重なるとAmazonからのストア評価が下がり、カート獲得率が下がりますので注意しましょう。返信する必要のないメッセージは「返信不要」にチェックを入れましょう。メッセージの返信については、以下の方法でたどりつきます。

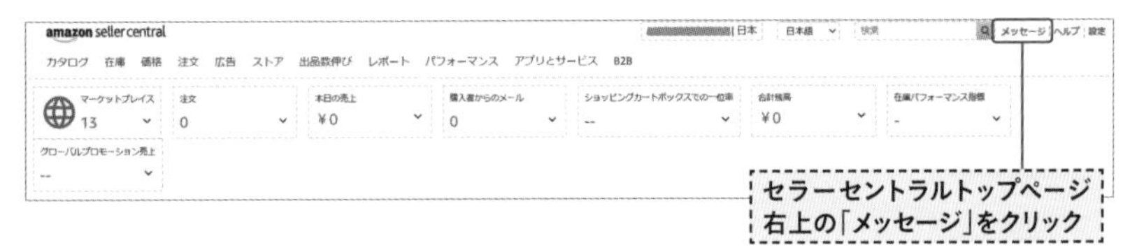

購入者からのメッセージの確認方法

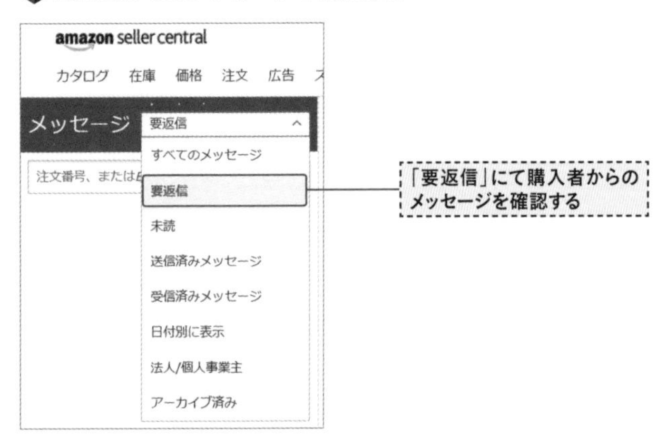

以上、お客様から直接連絡があった場合の対応ですが、FBAを利用していれば、それほど多くないので、特に身構える必要はないと思います。

05

返品商品が出てきた場合は？

販売不可在庫を確認

Amazonでは購入者が希望した場合、商品到着から30日以内であれば返品依頼を必ず受け付けなければなりません。

返品商品が再販売可能であれば在庫に戻されます。再販売不可能な不良品は「販売不可在庫」として計上されます。

実際に返品されてきて、本当に不具合があればメーカーに連絡して商品の手続きを取るようにしましょう。

しかし、何か商品に不具合があってお客さんが返品したとは限らず、「単に気に入らない」から返品するような人もいます。だから、特に不具合もないのに返品されるようなこともあります。そういった場合は再出品することで問題ないでしょう。

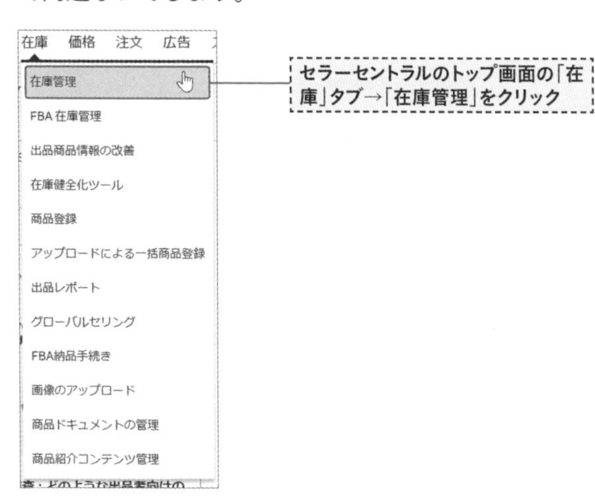

販売不可在庫の確認方法

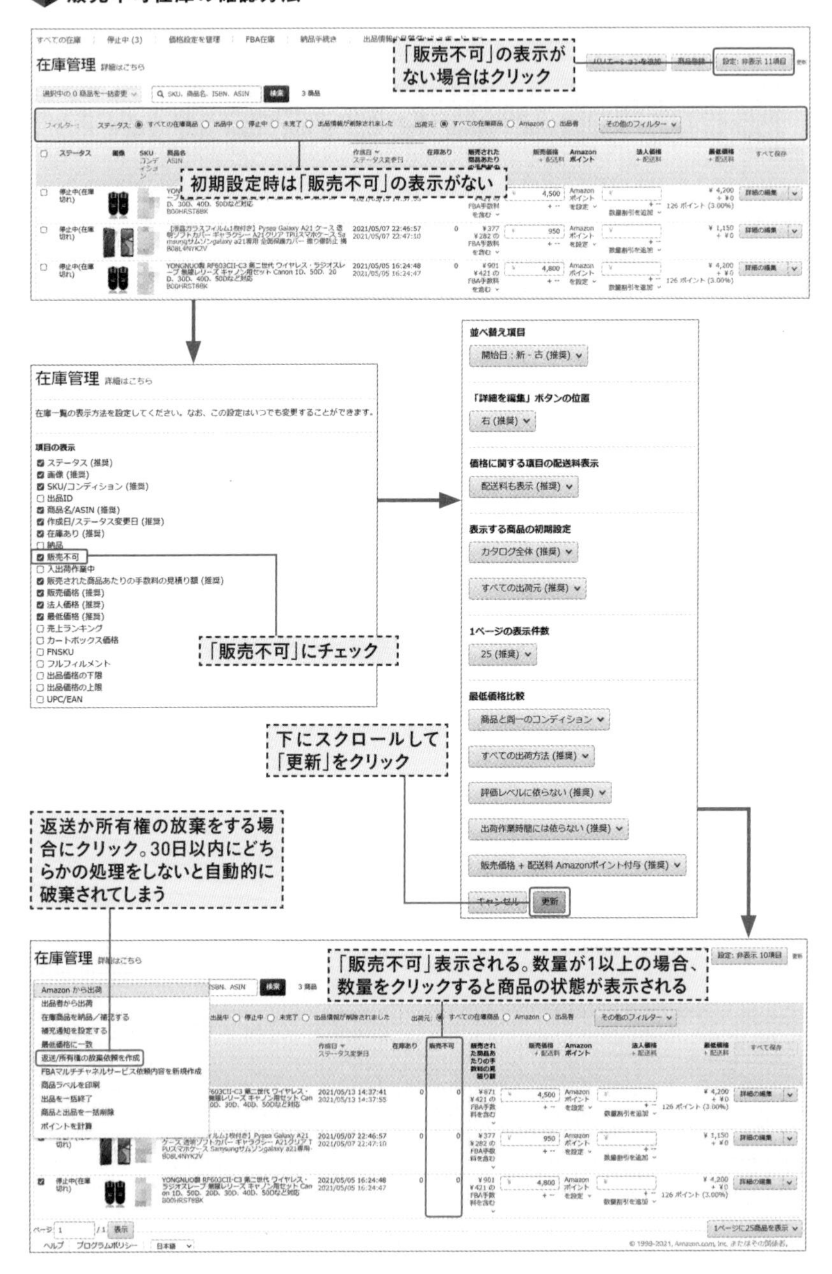

「販売不可」の表示がない場合はクリック
初期設定時は「販売不可」の表示がない
「販売不可」にチェック
下にスクロールして「更新」をクリック
返送か所有権の放棄をする場合にクリック。30日以内にどちらかの処理をしないと自動的に破棄されてしまう
「販売不可」表示される。数量が1以上の場合、数量をクリックすると商品の状態が表示される
在庫管理 詳細はこちら
在庫一覧の表示方法を設定してください。なお、この設定はいつでも変更することができます。
項目の表示
ステータス (推奨)
画像 (推奨)
SKU/コンディション (推奨)
出品ID
商品名/ASIN (推奨)
作成日/ステータス変更日 (推奨)
在庫あり (推奨)
納品
販売不可
入出荷作業中
販売された商品あたりの手数料の見積り額 (推奨)
販売価格 (推奨)
法人価格 (推奨)
最低価格 (推奨)
売上ランキング
カートボックス価格
FNSKU
フルフィルメント
出品価格の下限
出品価格の上限
UPC/EAN
並べ替え項目
開始日：新 - 古 (推奨)
「詳細を編集」ボタンの位置
右 (推奨)
価格に関する項目の配送料表示
配送料も表示 (推奨)
表示する商品の初期設定
カタログ全体 (推奨)
すべての出荷元 (推奨)
1ページの表示件数
25 (推奨)
最低価格比較
商品と同一のコンディション
すべての出荷方法 (推奨)
評価レベルに依らない (推奨)
出荷作業時間には依らない (推奨)
販売価格 + 配送料 Amazonポイント付与 (推奨)
キャンセル
更新
Amazon から出荷
出品者から出荷
在庫商品を納品／補充する
補充通知を設定する
最低価格に一致
返送/所有権の放棄依頼を作成
FBAマルチチャネルサービス依頼内容を新規作成
商品ラベルを印刷
出品を一括終了
商品と出品を一括削除
ポイントを計算

FBA在庫の返送・所有権の放棄手数料

FBA在庫の返送もしくは所有権の放棄手数料については、下の通りです。これらの手数料についてはかなり安価なので、必要に応じて対応していきましょう。

【利用する機会】

◯返品商品で不良品があった場合

◯近日中に長期在庫保管料が発生する場合

◯納品不備があり返送する場合

返送/所有権放棄手数料

FBA返送/所有権の放棄手数料（商品1点あたり）

サイズ	重量	手数料
小型、標準	0～200g	商品1点あたり30円
	201～500g	商品1点あたり45円
	501～1,000g	商品1点あたり60円
	1,001g～	商品1点あたり100円 + 1,000g*を超えた分の1,000gにつき40円
大型および特大型	0～500g	商品1点あたり80円
	501～1,000g	商品1点あたり110円
	1,001～2,000g	商品1点あたり140円
	2,001～5,000g	商品1点あたり200円
	5001g～	商品1点あたり350円 + 5,000g*を超えた分の1,000gにつき40円

返送・所有権の放棄を依頼する

返送・所有権の放棄は、下の図をご覧ください。

返送・所有権の放棄を依頼

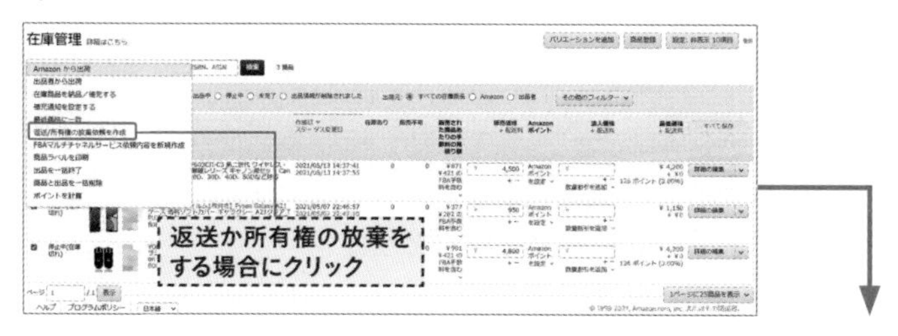
在庫管理
返送か所有権の放棄をする場合にクリック

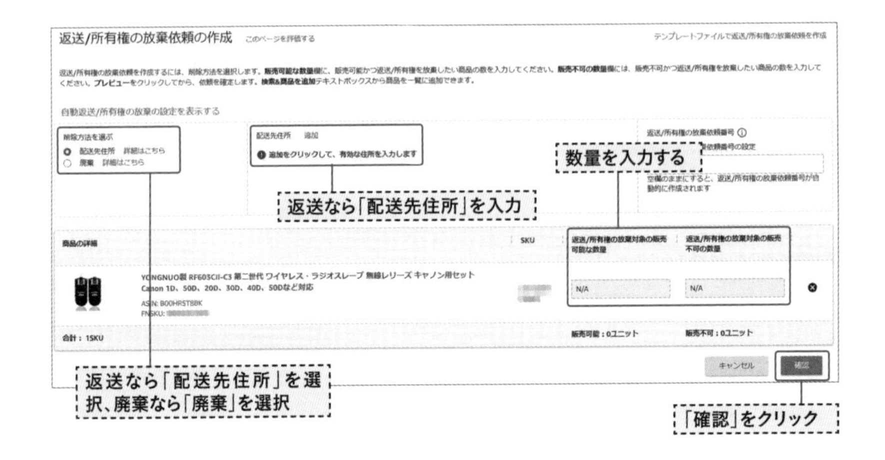
返送/所有権の放棄依頼の作成
数量を入力する
返送なら「配送先住所」を入力
返送なら「配送先住所」を選択、廃棄なら「廃棄」を選択
「確認」をクリック

返品理由を確認する

返品理由を確認したい場合は、下の図の方法で確認することができます。

返品理由を確認する

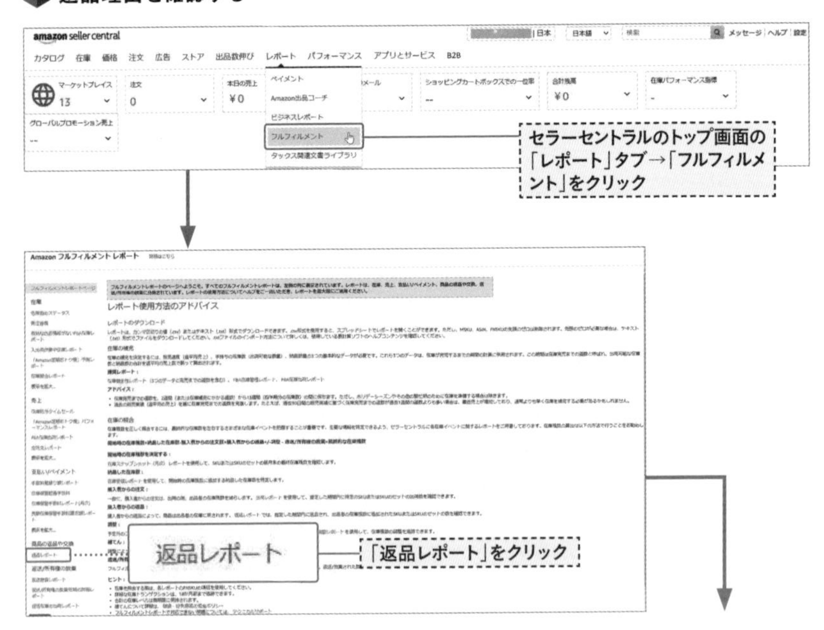
セラーセントラルのトップ画面の「レポート」タブ→「フルフィルメント」をクリック
返品レポート
「返品レポート」をクリック

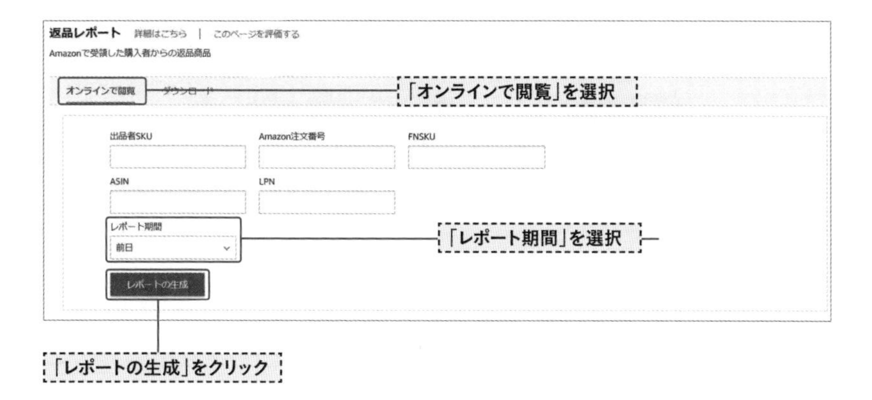
返品レポート
詳細はこちら | このページを評価する
Amazonで受領した購入者からの返品商品
オンラインで閲覧
ダウンロード
「オンラインで閲覧」を選択
出品者SKU
Amazon注文番号
FNSKU
ASIN
LPN
レポート期間
前日
「レポート期間」を選択
レポートの生成
「レポートの生成」をクリック

06

何か困ったらまずはAmazonのテクニカルサポート

ストア運営をしていると出品や納品、カスタマー対応などの疑問点や緊急を要するトラブルが起きることがあります。**そんなときはAmazonのテクニカルサポートを積極的に活用することをオススメします。**

Amazonのテクニカルサポートはとても手厚く丁寧です。何か困ったことがあれば、Amazonのテクニカルサポートに相談してみると、さまざまな問題を解決することができます。

テクニカルサポートへの問い合わせ方法

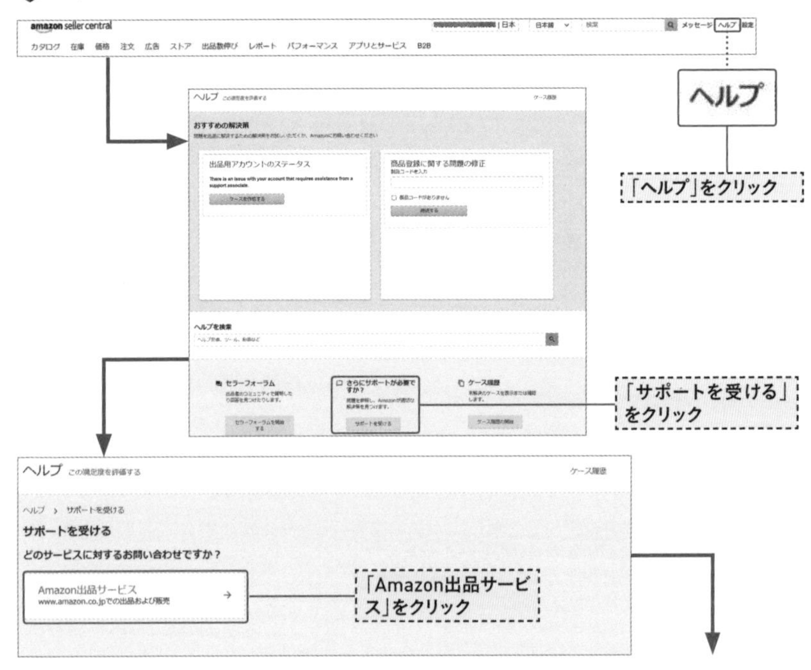

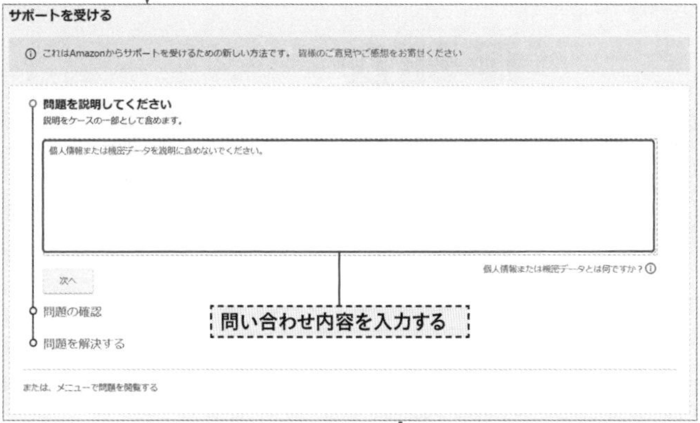

サポートを受ける

ⓘ これはAmazonからサポートを受けるための新しい方法です。 皆様のご意見やご感想をお寄せください

問題を説明してください
説明をケースの一部として含めます。

個人情報または機密データを説明に含めないでください。

個人情報または機密データとは何ですか？ⓘ

次へ

問題の確認

問題を解決する

または、メニューで問題を閲覧する

問い合わせ内容を入力する

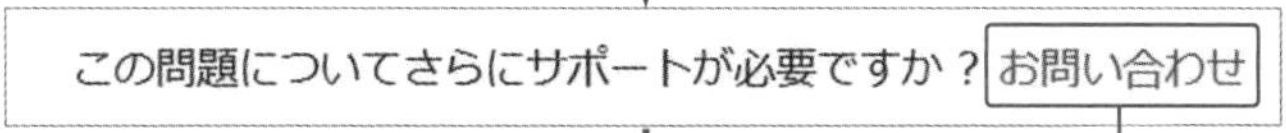

この問題についてさらにサポートが必要ですか？ お問い合わせ

この画面が出てきたら「お問い合わせ」をクリック

ケースを作成する
ケースの最終的な詳細情報をお知らせください。

どの言語でサポートを受けたいですか？
日本語

件名
上記以外の出品用アカウント情報に関する問題

お問い合わせ方法
Eメール　電話　チャット

電話番号
+81　内線番号　日本

＋この問題は緊急性が高く、即時の対応が必要です。

すぐに電話を受ける

電話番号を入力して「すぐに電話を受ける」をクリックすると、すぐにAmazonから電話がかかってくる

06

便利なおすすめツールと使い方

Amazonビジネス必須ツールと拡張機能

ここでは、AmazonビジネスでX必須となるツールやGoogle Chromeの拡張機能についてお伝えします。まずは必須のツールや拡張機能ですが、下記4つのツールは必ず揃えるようにしましょう。

2020年にモノレート、モノゾンが終了していますが、Keepa、キーゾンで代替できますので問題ありません。

◎ Keepa（Google Chrome 拡張機能 / 無料・有料）

https://chrome.google.com/webstore/detail/keepa-amazon-price-tracke/neebplgakaahbhdphmkckjjcegoiijjo?hl=ja

Amazon の商品ランキングと価格推移、売れ行きなどを見ることができる。

◎キーゾン（Google Chrome 拡張機能 / 無料）

https://chrome.google.com/webstore/detail/%E3%82%AD%E3%83%BC%E3%82%BE%E3%83%B3/omnpnodbhognoblgbjmlagejkioccpih?hl=ja

Keepa に追加して商品の月間販売個数を見ることができる。

◎プライスター（Web ツール / 月額有料）

https://lp.pricetar.com/lp/pricetarlp/

わずらわしい価格改定や売れた商品の利益計算を自動で行ってくれる。

※扱う商品数が増えたら必ず入れてください。入れなければ誰かが価格を下げた場合自動追従できないので、カート獲得率が下がります。

◎ Amazon FBA Calculator Widget

https://chrome.google.com/webstore/detail/amazon-fba-calculator-wid/ebaggmeecidagcomlkpdpddaghmgfffk

商品ページから、アイコンを押すだけで FBA 料金シミュレーターをすぐに表示させることができます。利益計算を効率的に行うことができます。

Keepaとキーゾンを使った売れ行き確認と仕入判断について

メーカーと交渉して取引が決まった場合、次に気になるのは、初回の仕入個数でしょう。

そのときに目安になるのが、その商品が月間でどれくらい売れているのかというところです。それを確認するのがKeepaとキーゾンです。

まずは、Keepaとキーゾンを登録して、2つを紐づけるところまで済ませてしまいましょう。Keepaは無料と有料両方ありますが、無料版は価格変動の推移しか見ることができず、仕入れ判断に必要なランキングの推移を見ることができません。月額19ユーロ（1ユーロ130円換算で2400円程度）なので、有料版をおすすめします。

Keepaの登録手順（有料版の場合）

Keepaの登録手順は、下の図の通りです。

【Google Chrome拡張機能の追加】

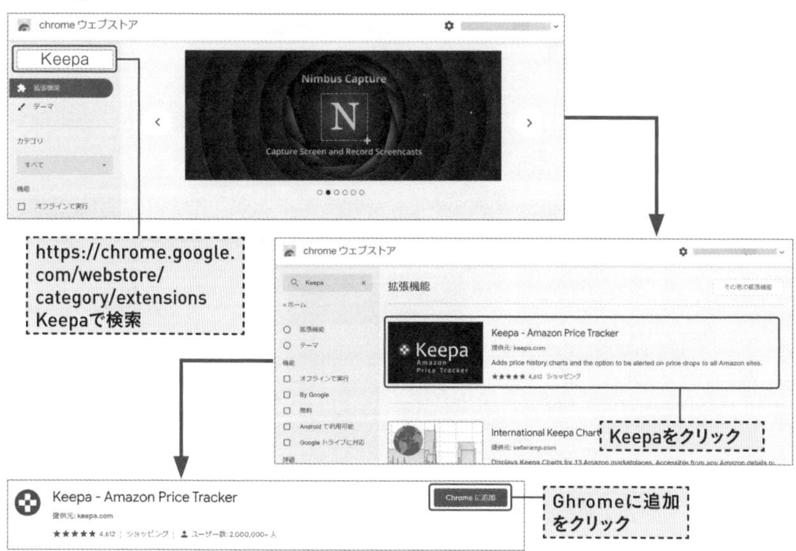

【Keepaのアカウント登録】

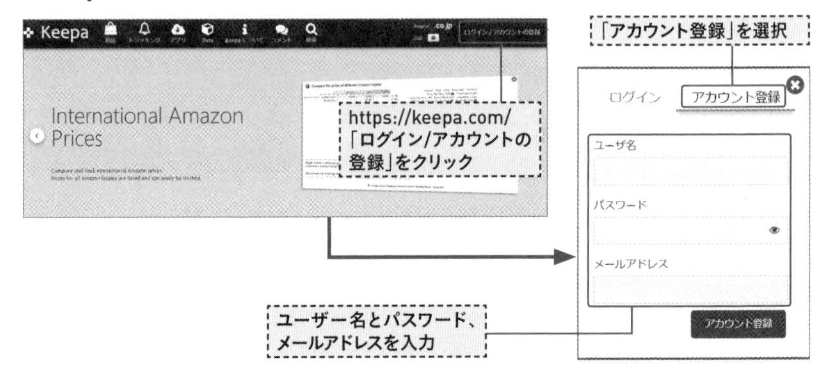

アカウント登録が終わったら、Keepaから以下のメールが来ますので、URLをクリックすればアカウント登録が完了です。

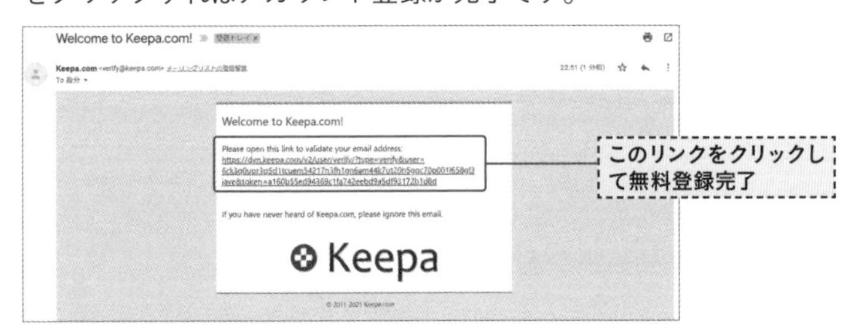

【Keepaの初期設定】

日本語表記になるように、また日本のAmazon（amazon.co.jp）で利用できるように、以下の言語の設定を行います。

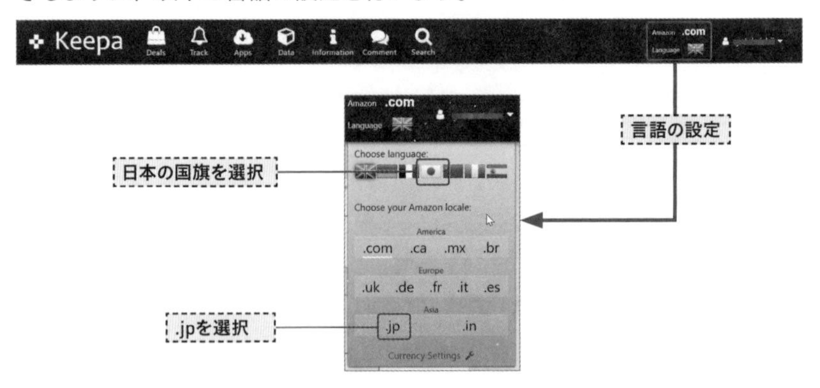

【有料版Keepaの登録】

ここまででは、まだ無料版のKeepaの登録しか済んでいません。続いて、有料版の登録を行います。

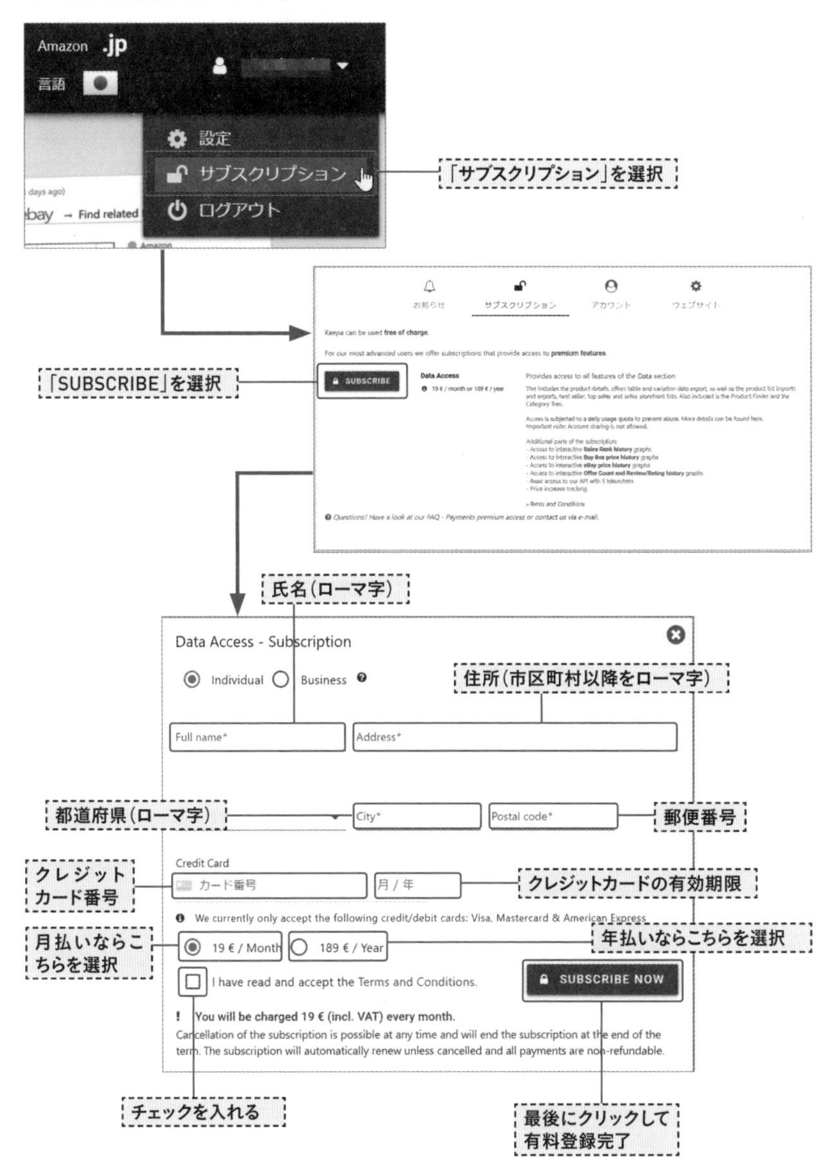

【有料版Keepaを解約する場合】

以下のように、ワンクリックでいつでも解約が可能となります。

キーゾンの登録手順

続いて、そのままキーゾンも登録してしまいましょう。キーゾンについては、Google Chromeの拡張機能に登録して終了です。

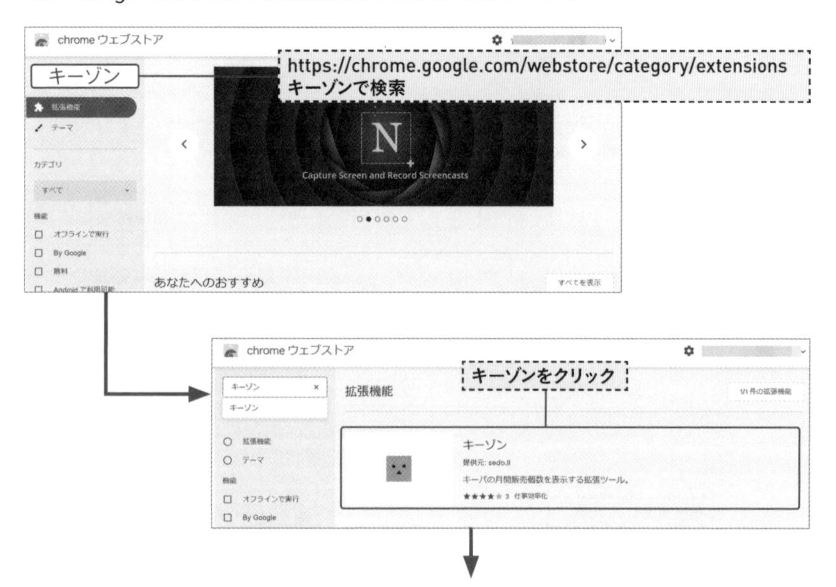

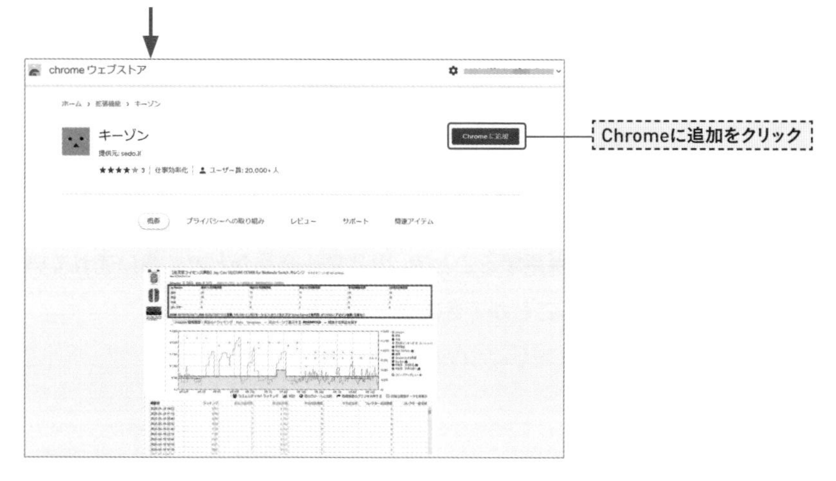

Keepaとキーゾンの紐づけ

最後に、Keepaとキーゾンの紐づけを行いましょう。以下、手順を示します。

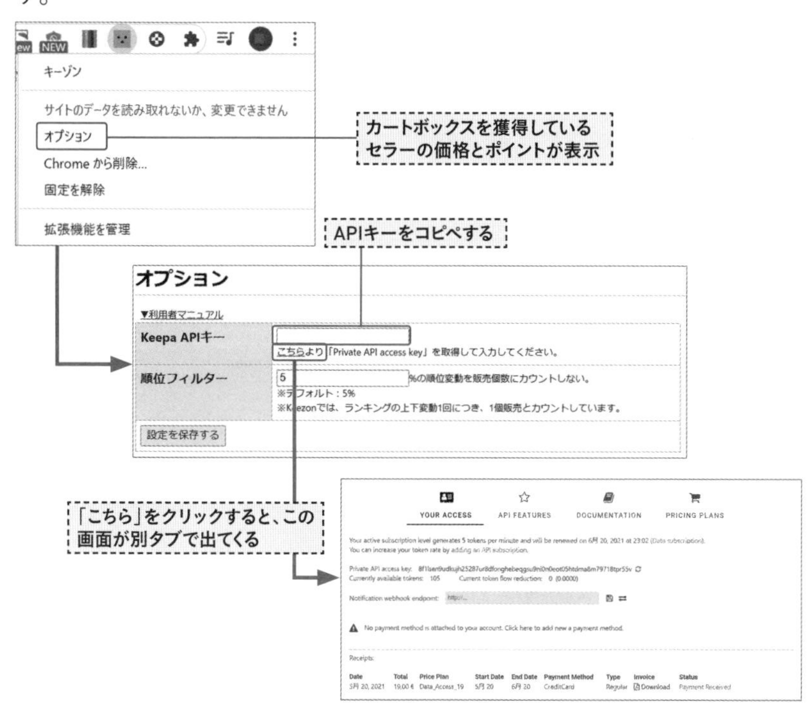

Keepaでの「最安値」「出品者数」「ランキング」の推移

ランキングについては、ランキング上下の波によって商品の売れ行きの動向を見ることができます。商品が売れれば、ランキングは上がり、売れなければ下がっていますから、ランキングの上がっている回数を数えるわけです。そうすることで、販売個数の当たりをつけることができます。

Keepaとキーゾンを併用することで、出品する商品がどれくらい売れているのか、当たりをつけることができます。

以下、Keepaの画面の表示について説明します。

Keepaのグラフ詳細1

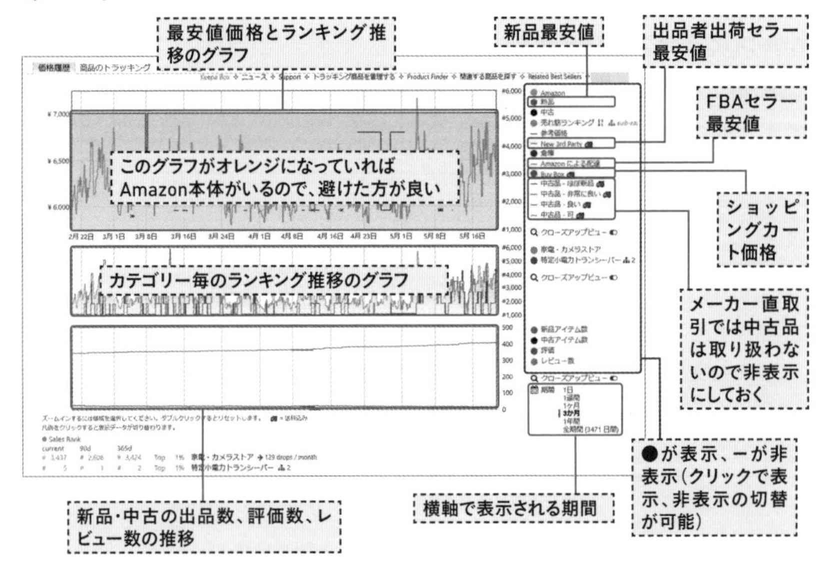

Keepaの登録が終わり、Amazonの商品ページを確認すると、上の図の「最安値」「出品者数」「ランキング」の推移を示したグラフが出てきます。

Keepaでは、「新品」「出品者出荷」「FBAセラー」の最安値、カートボックスを獲得している人の価格（ショッピングカート価格）といった、必要な価格推移が一目で見れます。

ランキングの推移についても、全体の売れ筋ランキングからカテゴリー別のランキングまで一目で確認できます。

なお、メーカー直取引では、中古品を取り扱うことがありません。そのため、**中古品の最安値の推移については非表示にしておきましょう。**あまり余計な情報が多いと見づらくなってしまいます。

また、上のグラフのように、Amazon本体の出品があると、グラフがオレンジ色に塗りつぶされています。Amazon本体にはほとんど勝ち目はないので、オレンジ色に染まっていれば避けるようにしましょう。

Keepaのグラフ詳細2

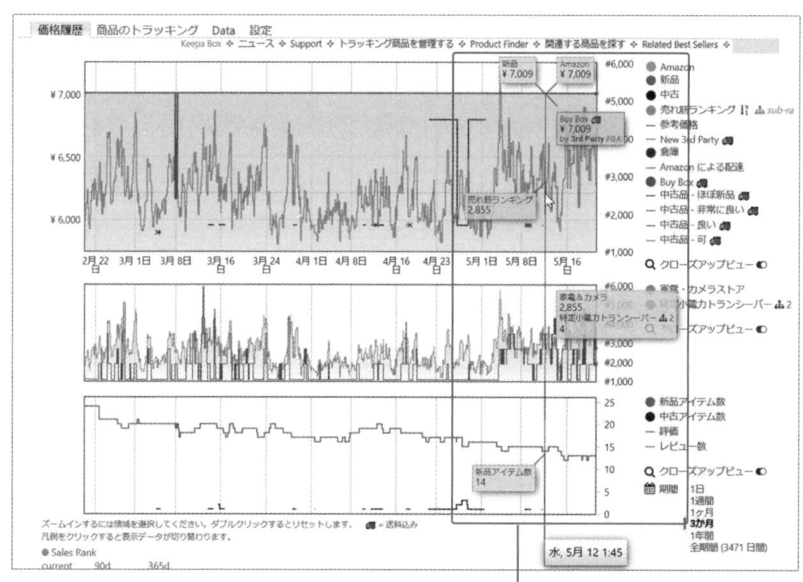

なお、グラフにカーソルを合わせると、当該期間の価格やランキングが表示されます。ショッピングカート価格、新品の最安値、FBAセラーや出品者出荷の最安値の関係が見れるので、必要に応じて確認するようにしましょう。

まったく売れていない商品のグラフ

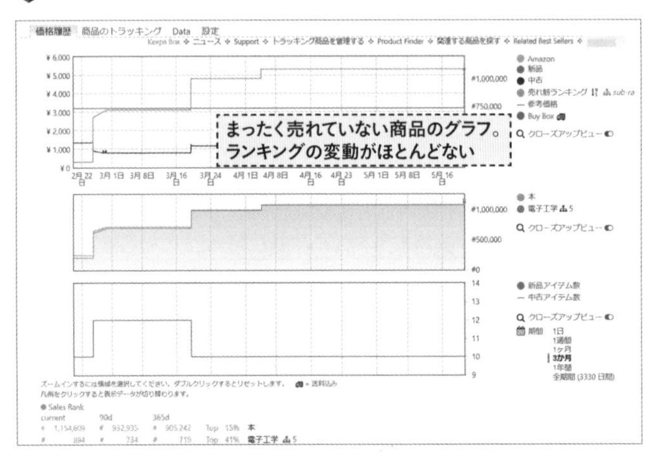

まったく売れていない商品のグラフ。
ランキングの変動がほとんどない

当然ながら、まったく売れていない商品はリサーチ対象外となりますが、売れていない商品は上のように、ランキングの推移がまったくありません。

このような商品も除外するようにしましょう。

Keepaではライバルセラーの出品数（在庫数）が正しく表示される

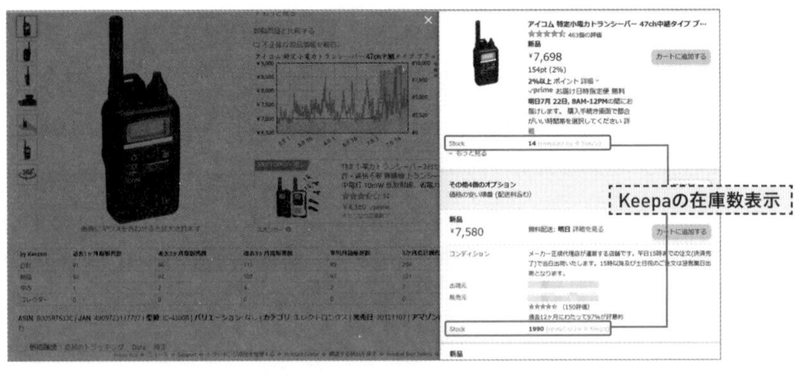

Keepaで便利な点は、上のような出品者情報を見ると、各セラーの在庫数が正確に表示される点です。

これはp180頁にお話するように、定点観測する際に役立つのでとても重宝します。

キーゾンでの「月間販売個数」

キーゾンの販売数表示

by Keezon	過去1ヶ月目販売数	過去2ヶ月目販売数	過去3ヶ月目販売数	平均月間販売数	3か月合計販売数
合計	54	65	46	55	165
新品	54	65	46	55	165
中古	0	0	0	0	0
コレクター	0	0	0	0	0

キーゾンを導入すると、Keepaのグラフと同じ位置に上の過去3ヶ月分の販売数が表示されます。

上の図の場合、平均月間販売数が55個ですが、これに自分を含めたライバルの数を割った数が初回の仕入個数の目安となります。

ライバルとなる出品者とは、カートボックスを獲得していると思われる出品者の数でのこと。例えば上の図の商品で、FBA利用者で同じ価格で売っている出品者が4人いたとしたら、55÷（4＋1）=11個が月間仕入個数の目安ということです。

初回の仕入個数の判断は不安を伴うと思いますが、このようにして根拠のある仕入個数で出品できます。

ただ、キーゾンの数値は、あくまでも出品者の増減を計測したもので、正しい数値ではありません。実際の販売数とずれていることも少なくありません。

例えば初回10個仕入れてみて、それが1週間で売れたら、2週間で20個売れる計算になるから、今度は20個仕入れてみる。2週間でだいたい20個売れたら、次は1ヶ月分の40個を買ってみよう。そして在庫切れを防ぐために、1.5ヶ月分の60個を仕入れ続けよう……という具合に2回目以降は実績値に応じて仕入個数を判断していくと良いと思います。

Keepaやキーゾンを使った仕入個数の判断は、あくまで初回仕入れの目安なのです。

Amazon FBA Calculator Widgetで効率よく利益計算

Keepaとキーゾンを入れたら、リサーチ時間を短縮するために「Amazon FBA Calculator Widget」とGoogle Chrome拡張機能も入れましょう。Amazon FBA Calculator Widgetは、具体的には次のメリットがあり、利益計算を効率的に行うことができるので便利です。Amazon FBA Calculator Widgetは、無料で利用することができます。

○商品ページからFBA料金シミュレーターをワンクリックで開ける

○ASINとカート価格がFBA料金シミュレーターに自動で入力される

Amazon FBA Calculator Widgetの登録は、非常に簡単で、Google Chrome拡張機能を導入すれば終わりです。

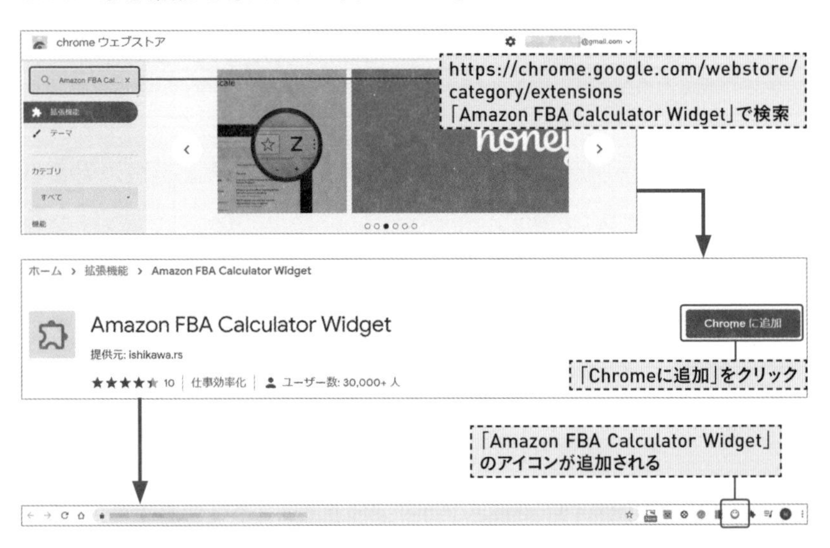

拡張機能のインストールが終了すれば、Google Chromeの画面右上にAmazon FBA Calculator Widgetのアイコンが追加されます。

Amazon FBA Calculator Widgetの使い方は簡単で、Amazonで利益計算したい商品ページを開いて、Google Chromeの画面右上のアイコンをクリックするだけです。

クリックすると、ASINとカート価格が自動的に入力された状態で、FBA料金シミュレーターの画面が開きます。Amazon FBA Calculator Widgetを利用することで、ASINをコピー＆ペーストして、カート価格を入力する手間が省けるので、効率的に利益計算をすることができます。

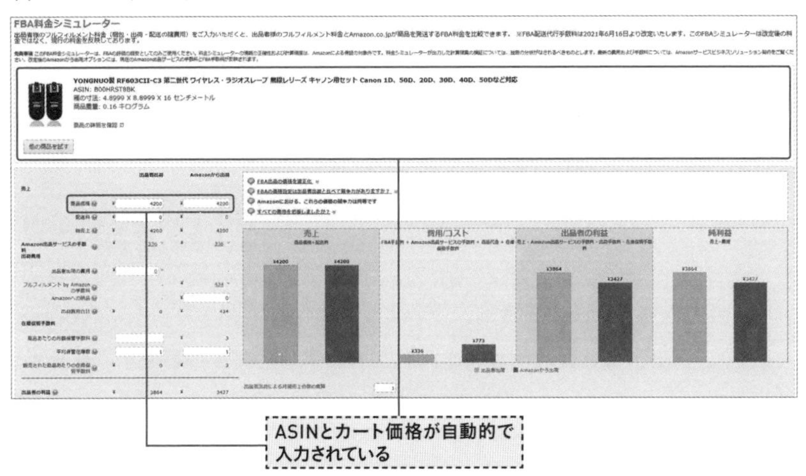

月間販売数÷ライバル数が1個以下だったら

今までの話をすると、月間販売数÷ライバル数が1以下であれ、出品しない方が良いのかと思われるかもしれませんが、そういうわけではありません。

例えば、平均月間販売数が18個で、ライバルが20人いたような場合です。このようなケースもありますし、この状態で出品を諦める方も多いです。

しかし、繰り返しますが、キーゾンで計測された数値は正確な数値でないことも多いです。**このようなケースがあれば、Keepaやキーゾンに頼らず、ライバルの実際の販売個数を定点観測するようにしましょう。**

では、定点観測とはどのようにするか、ということをお伝えします。

①ライバルの在庫数を一人ずつ確認します。在庫数は先に紹介したKeepaを使えば一目でわかるようになります。

②調べた在庫数をExcelなどで書き出し、1週間くらい毎日在庫数を確認していきます。

そうすると、実際にライバルのセラーが売っている販売個数が出てきますから、それをもとに仕入個数を決めていきます。

Keepaを入れた場合の出品者情報に表示の在庫数

新品
¥6,980
無料配送: **7月25日 日曜日** 詳細を見る
カートに追加する
出荷元
販売元
(708評価)
過去12ケ月にわたって95%が好意的
Stock 100 (revealed by Keepa)
Keepaを入れた場合の出品者情報に表示の在庫数

Keepaを入れていない場合は、下のように実際に商品をカートに入れて注文数量に「999」など大きな数字を入れて更新すると在庫数が表示されます。

カートに入れて在庫数を確認する方法

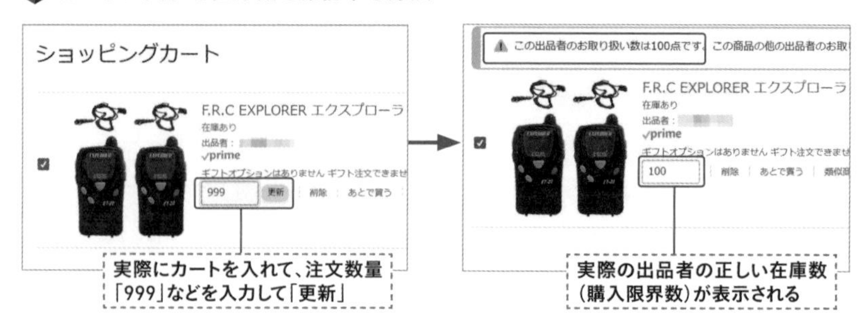

キーゾンの数値に不安な場合も、このように定点観測することで、より精度の高い売れ行きが出てきます。キーゾンで確認するよりは骨の折れる作業ですが、不安な場合はやってみると良いと思います。

ただし、この定点観測も正確な数字とは限りません。単純にライバルセラーが出品を取り下げただけのこともあるので、その点は注意してください。

やはり何度も言うように、自分で仕入れてみて実績値を判断するのが一番良い方法です。いくつか初回の仕入個数の判断基準について書きましたが、これ以上は割り切って仕入れるしかないでしょう。

プライスターで販売価格の自動追従

カートボックスを獲得するためには、最安値に合わせることが重要というお話をしました。プライスターはライバルセラーの販売価格が下がった場合、自動的にその価格に追従して販売価格を下げるツールです。

例えば副業でAmazonビジネスをしている方などは、定期的に商品の販売価格を確認するわけにはいきません。そういうときにプライスターはとても便利なツールです。

とても便利なツールなのですが、プライスターで1点気をつけたいのが、「赤字ストップ設定」を絶対するということ。

例えば出品している商品について、誰かが1円に設定したとします。赤字ストップ設定をしないと、自動追従されて自分の出品している商品まで1円に下げられてしまいます。それに気付かないうちに商品が買われてしまい大赤字になるというケースがあります。実際にこのような被害に会うようなケースも何件か聞いたことがあるので注意しましょう。　またプライスターの設定は「FBA状態合わせ」にした上で、「仕入原価」「赤字ストップ設定」この２つの項目を入力すれば問題ありません。プライスターは他にも納品プランの作成ができたりと便利な機能がたくさんあり、オススメです。

COLUMN

ツールを信じ過ぎてはダメ

この章ではさまざまなツールについてお話ししましたが、覚えておいていただきたいのは「ツールは参考にしてもいいが、信じ過ぎてはダメ」ということです。

例えば、Keepaは商品の売れ行き（ランキング）を波で示すことができるツールで、その波を数値化するツールがキーゾンです。

どちらもとても便利なツールで、使ったほうが良いのはもちろんなのですが、一番大事なのは、実際に商品を販売してどれくらい売れるかを、実績値として測ることなのです。

キーゾンの平均月間販売数が100個となっていて、現状のFBAライバルセラーが9名の場合、自分が販売するケースを考えると、100個÷10＝1人当たり月間10個の売上という形になります。

ただし、あくまでデータなので、実際は販売してみないとわからないのです。

私の経験上、キーゾンの月間販売数が100個になっていても、実際は月間で400個売れている、という商品もありましたし、キーゾンの平均月間販売数が10個、FBAライバルセラーが11人で割り切れない商品でも、実際に販売してみたら10個でなく、ひと月40個で自分もうまく売ることができたこともあります。

どちらかというと、実際に売れている量より低くキーゾンのデータとして挙がる場合が多いので、「キーゾンの月間販売数÷FBAライバルセラー＝無難な仕入個数」という判断で良いとは思いますが、これを信じ過ぎるのは危険です。

私のコンサル生はこういったツールももちろん参考にはしますが、一番固い方法はライバルの在庫数を定点観測する、といった方法です。

Aという販売者の在庫が9月1日の時点で100個で、9月7日に90個に減っていたら、1週間で10個売れたことになります。ということは、1ヶ月（4週間）でだいたい40個売れると想像がつきますが、40個仕入れるのは怖いので、半分の20個を仕入れて、実際に販売してみて2週間で20個完売したら、次は40個だ、という感じに、仕入個数を増やしていくのが最もリスクの少ない方法です。

また、Aという販売者1人だけを定点観測するのではなく、B、Cというように、最低でも3〜4人ぐらいの販売者を定点観測した方がリスクが少なくなります。1人だけ定点観測すると、Amazon以外でも商品を販売していた場合、Amazonの商品をFBAマルチチャネルなどで横流しする場合があり、どのくらい商品が売れたか定点観測しづらくなります。

そのため最低でも3〜4人の販売者の在庫数を日々定点観測してみてください、1週間くらい経って、再度どのくらい売れたか確認する、というのがベストだと思います。

Chapter 5

直取引できるメーカーを効率よく探そう

～目標の設定と管理から売れる商品の探し方まで～

Chapter2～4ではAmazon物販ビジネスのAmazon内での必須知識に関してお伝えしてきました。いよいよこの章から国内メーカー直取引について本格的に触れていきたいと思います。まず、国内メーカー直取引に必要なものや心構えを学んでから、具体的に取引できそうなメーカーのリサーチを始めましょう。

01

目標設定
～どんな未来を手にしたいですか?～

大事なのは目標を明確にすること！

国内メーカー直取引をやる際に、まずやってほしいのは目標設定です。

最終的にどれくらい利益が欲しいのか、その利益は何のために欲しいかということを具体的に落とし込んでおいてほしいと思います。

やはり何のためにお金を稼ぎたいのか、自分の夢や目標は何なのかといったところが明確な人ほど稼いでいます。つまり、お金を稼ぐ強い動機づけです。私の周りにも物販で成功している人はいますが、みんな夢や目標が明確な人ばかりです。逆に、目標が不明確な人で稼げている人は誰もいません。

私も物販を始めたきっかけが、当時の会社の給料が非常に低く、家族を養っていけるかどうか不安に思ったことです。実際に養っていけないような状態でしたから、かなりお金を稼ぐ動機としては強かったと思います。

そこで、皆さんにも国内メーカー直取引でお金を稼ぐ強い動機は何か明確にしてもらいたいと思います。

そのうえで、今ある資金を使っての目標利益や、最終的に自分が目指す利益はどれくらいかを落とし込んでいきましょう。

夢リスト100を書く

では、どのようにお金を稼ぐ強い動機、夢や目標を明確にしていくか。方法はたくさんあると思いますが、私は自分の夢リストを毎年100個書いて、常に自分の見えるところに置いています。

「夢リストを書こう」という話はさまざまな自己啓発書でも書かれていますが、やはり私も書いたほうが良いと思います。

なぜ自分がお金を稼ぎたいのか、稼いだお金で何をしたいかを明確にするには夢リストは有効だからです。

夢リストと言うとバカにする人もいます。しかし実際に私は「書くだけで夢は叶う」という体験を何回もしました。嘘のような本当の話です。

やはり夢や目標は意識しないと絶対に達成できるものではない。そのためには、実際に自分の願望を書き出すのは、とても大切なことだと思います。

今でも私は書いた夢リストを、仕事中は机の左端に置き、朝起きたときや、夜寝る前に見返したりして、常に意識するようにしています。

ですから皆さんも嘘だと思って、お手持ちのノートにぜひ夢リストを書いてみてください。まずは20個、30個でも良いので、本当にワクワクすることを書き出してみてください。

個人的には『マーフィー100の成功法則』（大島淳一 著／知的生き方文庫）という本を常に読み返し、マインドも鍛えています。マーフィーの成功法則は、勝ち組経営者がオススメする本としても有名なので、手に取って読んでみれば意識が変わると思います。

02

目標管理
～目標を具体的に落とし込む～

物販は数字が命

自分はなぜお金を稼ぎたいか? お金を稼いで何をしたいか?　夢や目標は何か?

こういったことが明確になったら、今度は具体的な数字に落とし込んでいきます。やはり物販は数字が命です。重要なのは利益だけではありません。

メーカーへの累計メール数、メールの返信率、見積もりがもらえたメーカーの数、実際の仕入に至ったメーカー数（成約率）……。これらの数値が実際の利益に大きく影響していくので、数字を把握することが大事です。

例えばメーカーにメールを○○件送ったら、△△％の割合で返信が来た場合。そもそもメールを送った件数が少なければ倍にする、返信率が悪ければメールの文章を改善してみる、実際に仕入れに至る成約率が悪ければ、メーカーとのやり取りをさらに工夫してみる。

これらは数字がわかるから改善できることなのです。それがわからなければ、改善のしようがないわけです。

私のコンサル生の中でも、「数字で考える力がついたから稼げるようになった」という方も多いので、ぜひ意識してほしいと思います。

具体的には後で詳しく解説しますが、少なくとも取引候補のメーカーをリサーチする際は、次のデータは測るようにしましょう。私は1週間単位、1ヶ月単位で測ることをおすすめしています。

●今月の累計メール数：

●今月の累計メール数に対する返信率：
●今月累計の見積もりをもらったところ：
●今月の利益が出て仕入れたところ：

なお、メールの返信率は国内メーカー、海外メーカーで大きく変わらず、メール総数の30％程度が目安です。40～50％であれば良好、**20～30%以下であれば初回メール文章の改善が必要です。**見積もりをもらう率は累計メール数に対して、およそ5～10％が普通、良い方だと見積もりをもらう率が15～20％以上に跳ね上がります。

特に国内メーカーに対するメールは、「自分がなぜ取引したいのか?」という気持ちを伝えることが重要になるので、同じメーカーにメールを送っても、取引できる人とできない人に差が出てきます（p242参照）。

また、成約率については、実際にメールしたメーカーのうち（返信がないメーカーも含む）、30～50社に1社の割合で利益の出るメーカーと取引できれば、最初は良いほうです。

しかし、これは経験を重ねていけば20社から1社、すごい人だと10社に1社の割合で取引が決まるなど、率を高めることが可能です。

例えば300社毎月メールして30社に1社の割合で取引が決まり、1社あたりの利益が5千円なら、1ヶ月当たりの利益は10社×5千円で5万円です。

メーカー取引だと転売と違い、この利益が積み重なります。今月の5万円は来月にも引き継がれる可能性が高いわけで、5万、10万、15万、20万、25万円と、作業をするごとに利益が伸びていくイメージです。

転売はリピート性が低いので、このように階段状には伸びません。私が経験していたので、よくわかります。

目標利益を達成するための資金の考え方

あなたの目標利益はいくらですか？　初心者の方であれば、まずは月10万円くらいでしょうか。会社を辞めて独立したいのであれば、月30万円の利益は安定的に稼げるようにしたいところです。なかには月50万円、100万円稼ぎたいと思っている方もいるでしょう。

しかし、物販は先に商品を仕入れるので手元にいくらか資金が必要になります。つまり、目標利益を得るための必要資金がいくらなのか？　ということが非常に重要になってきます。

現実的な必要資金は正直「見たくない」という方も多いと思います。私もそうでした。最初のうちは「全然資金が足りないじゃん」と思ったので。

私の場合は本業の他にバイトしたり、自己アフィリエイトをしたり不用品を売るなどして資金をかき集めました（おすすめはしませんが、親にもお金を借りました）。正直苦しかったです。

でも、こういった現実と向き合わない限り、自分の夢や目標は叶えられないのです。現実と向き合うことで、夢や目標が現実化する動きをします。

私は国内メーカー直取引をスタートする資金としては、現金で50万円以上持っていることをおすすめしています。

なぜかというと、月利10万円を達成するためには現金50万円くらいは用意しておきたいからです。月利10万円というと、初心者の方が最初に目標とする利益です。

例えば利益率10％、Amazon手数料（販売手数料＋FBA出荷作業手数料）を40％と考えた場合、月利10万円を達成するための必要資金を計算してみます。もちろん利益率はメーカーによって異なりますし、Amazon手数料も商品によって違うので、あくまで初心者の方が取り組む際の目安です。

利益率が10％ということは、月利10万円を得るために必要な月商は100万円ということになります。このときAmazon手数料は40％ですから40万円です。ですから仕入原価は、

月商 100万円	−	Amazon手数料 40万円	−	利益 10万円	＝	必要資金(仕入原価) 50万円

と計算できます。

上記は全て現金前払いにした計算なので、Amazonの売上を自分の口座に振り込むことは毎日できますし、クレジットカード払いや掛け売りの対応をすれば、資金50万円よりもっと少ない現金で、利益率10％で月利10万円を達成できるでしょう。ただ、私はクレジットカード払いなどを行い、自分の資金の何十倍もの仕入れをした結果、潰れたことがあるので、最低限の資金はあったほうがリスクが少ないと考えています。

Amazon手数料は、その商品の販売手数料とFBAを使った場合の出荷作業手数料を合計したものです。販売価格が例えば1000円台のものなどは、Amazon手数料が上記を併せると4割ぐらいになることがあります。しかし、販売価格が数万円になってくると販売手数料は変わらないですが、出荷作業手数料の割合は下がるので、Amazon手数料は3割になったり、2割になったりもします。ここでは参考のため4割としています。

あくまで最低必要資金なので、より確実に月利10万円を達成したいなら、60〜75万円分の商品は仕入れたいところです。仕入れたものが全て1ヶ月間で売れるかどうかはわからないので（もちろん最初は1ヶ月で売り切れる量を仕入れてほしいですが）。

同じように、利益率10％の場合、月利30万円を得たいなら、必要資金は150万円、月利100万円なら500万円必要となります。

ただ、得た利益をさらに仕入れに使っていけば、複利計算的に利益を積み重ねることができます。また、大きな利益を得ようとしたら、銀行から融資を実行してもらうこともあります。

借金というとネガティブなイメージを持つ方が多いですが、借金にも良い借金と悪い借金があります。このように物販の売上を伸ばすための借金であれば良い借金です。

もちろん最初から融資を受けることはおすすめしませんが、私の周りで物販を事業として成り立たせている方は100％に近い確率で融資を受けています、それだけ融資とは大事なことなのです。

こういったキャッシュフローの管理に関する話も、あとで詳しくお伝えしていきたいと思います。

目標の利益を得るためにどうするか？

月利10万円を得るための必要資金（仕入原価）は、最低50万円が目安というお話をしました。**しかし、より確実に目標を達成するのであれば、さらに1.2～1.5倍を目指して仕入れを行ったほうが良いでしょう。**月利10万円を得るのであれば、60～75万円です。

例えば翌月に月利10万円を得たいのであれば、今月中に75万円分の仕入れを行うのが理想です。

ということは、1ヶ月を4週とすれば、半月（２週間）で37.5万円の仕入れ、1週間であれば18.75万円の仕入れが必要です。

1週間で作業できる日数が5日と仮定すれば、1日37,500円は必ず仕入れないといけないという計算になります。

こういったことを毎日の行動に落とし込んでいき、実行することで目標が達成できます。

私の場合は仕入れ表を作って、毎日の仕入れを管理しています（こちらは別途詳しく解説します）。

仕入れではなく、利益で考えるのであれば、月利10万円必達で考えれば、同じように1.5倍の月利15万円を目標とします。それを同じように1ヶ月、半月、1週間、1日と毎日毎日の行動に落とし込んでいきます。

半月（2週間）であれば75,000円、1週間で37,500円、1日5日作業するとすれば7,500円の利益を積上げることが目標利益になります。

このように数字を意識して頑張るのと、ただひたすらがむしゃらに頑張るのとでは、成果はまったく違います。

物販はとにかくがむしゃらに頑張っている人が多いです。でも、改善点も見出すことなく毎日がむしゃらにやっていても、稼げる額に限界があります。また、毎日頑張ることで疲れてしまって、頭がパンクしてしまいます。物販で稼ぐには、頭をクリアにしておく必要があります。

数字を意識すれば、「今週は利益を得たから土日は休もう」「利益が足りないから一旦作業を止めて改善点を探そう」といったことができます。自分自身で行動をコントロールすることができるんですね。

国内メーカー直取引というか物販、全てのビジネスにおいてとても重要なことなので、ぜひ頭の中に入れておいてください。

この項でお話ししたことをもう少し深く理解したいという方は、下記の動画をご参考にしてみてください。**私はノウハウより大事な部分だと考えます。一番大事なところです。**

【動画】Amazon物販ビジネスで成功するための目標利益を達成する数字的な考え方は?

https://www.youtube.com/watch?v=knyR_HtEJnw

なお、動画中に出てくる下記の目標利益管理ツールのシートについては、スマホからはQRコードを読み取れません。本書最後にあるご案内（p335）からも登録することで、すぐに資料はダウンロード可能ですので、そちらをご活用ください。

http://nakamura03.staba.jp/kaminotyobohahontosugoiH30.0108.xlsx

03

売れる商品の見つけ方
～リサーチの方法と手順～

カテゴリーリサーチで売れる商品を探す

では、いよいよ取引できそうなメーカーを探していきましょう。ここでは、実際に国内メーカー商品をリサーチするカテゴリーリサーチの方法についてお伝えします。

まず、下図のAmazonのトップページで赤枠にて示したのがカテゴリーです。

カテゴリーから探す

オススメのカテゴリーは、この画面で表示されているPCソフト以下のカテゴリーです。本やCD、DVDなどでもいいですが、リサーチ対象としてはあまりおすすめできません。

ここでは、試しに「家電＆カメラ」を選択し、検索枠は空欄のままで右上の虫眼鏡ボタンをクリックします。

そうすると、下のように一番左端に家電＆カメラの小カテゴリーが出てくるので、どれかの商品を選択します。

例えばカメラ、オーディオなど、人気のありそうな小カテゴリーを選んでしまうと、Amazon本体が売っている商品が多くなってしまいます（Amazon本体が商品を販売していると、実は私たちの商品は売れづらくなります。なので、Amazon本体がいない商品をリサーチしたほうがいいのです）。

家電＆カメラの小カテゴリー

ここでは、ちょっとニッチに、無線・トランシーバーカテゴリーの無線機を選んでみましょう。

「無線・トランシーバー」カテゴリーから無線機を選択

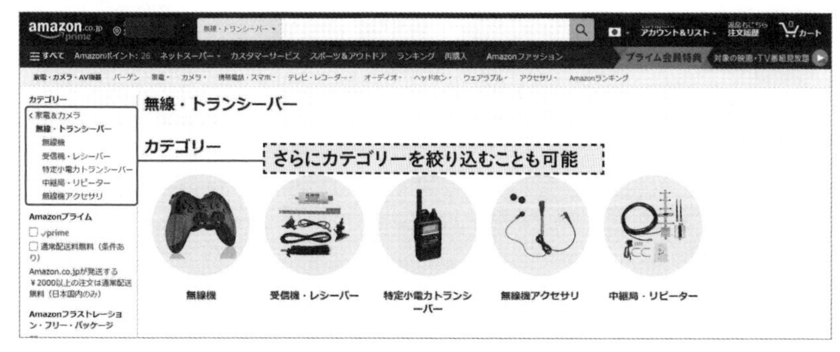

カテゴリーをある程度絞り込んだら、画面を下にスクロールして、一番下の「全ての結果を表示する」を選択します。そうすると、次のように無線機の売れ筋順（アマゾンおすすめ商品順）に商品が並びます。

このような感じで商品を探すのですが、ここで1点注意点があります。それは上記のリサーチ過程で「スポンサー」と表示された商品は、広告をかけてトップページに表示されている商品です。そのため、「スポンサー」と表示された商品は無視してリサーチしてください。

「スポンサー」表記の商品は広告をかけているので無視

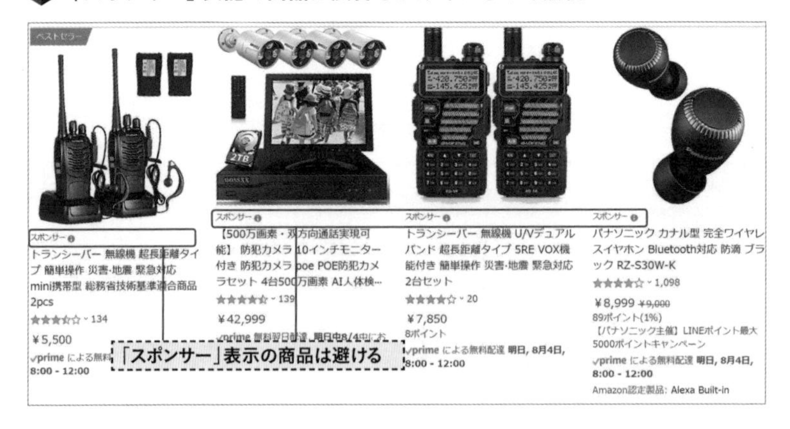

では、早速リサーチを開始してみましょう！

リサーチを開始

リサーチをする際は、Chapter4でお話したように、Keepa、キーゾン、Amazon FBA Calculator Widgetは入れておくようにしましょう。効率的にリサーチができるようになります。

なお、本書では、リサーチ途中で海外メーカーが見つかることもありますが、魅力的な商品であれば、海外メーカーも並行して取引交渉してみましょう。

海外メーカー直取引については、拙著『Amazon海外メーカー直取引完全ガイド』で詳しく書かれていますので、併せてご覧ください。

取引交渉メールを送るメーカーを決める3つの基準

基本的には商品の売行きやライバル数、メーカーの規模は気にせず、どんどんメールを送ることをおすすめします。

しかし最低限、次の3つの条件を満たしているかどうかは確認しましょう。特にAmazon本体が販売している場合は売行きが厳しくなります

(Amazon本体が商品を販売すると、私たちはカートが獲得できなくなる可能性が高いので)。

3つの条件を満たしていれば、メーカーに積極的にメールを送って取引交渉しましょう。

1．Amazon本体が販売していない

Amazon本体が販売している商品はカート獲得が難しい商品が多く、在庫がさばけず赤字になるリスクが高いです。

現在のカート価格（商品が売れやすい状態の価格）と、Amazon本体が販売する価格が大きく離れていればチャレンジしてもいいですが、リスクを考慮する必要があります。

基本的にはAmazon本体がいない商品をどんどんリサーチしたほうが良いでしょう（Amzon本体の詳細はp144参照）。

なお、Chapter4でもお伝えしたKeepaを導入していれば、Amazon本体の有無はすぐに判断できます。

Keepaのグラフがオレンジに塗りつぶされていれば、Amazon本体が売っています。塗りつぶされていなければAmazon本体がいません。

Amazon本体ありのKeepaのグラフ

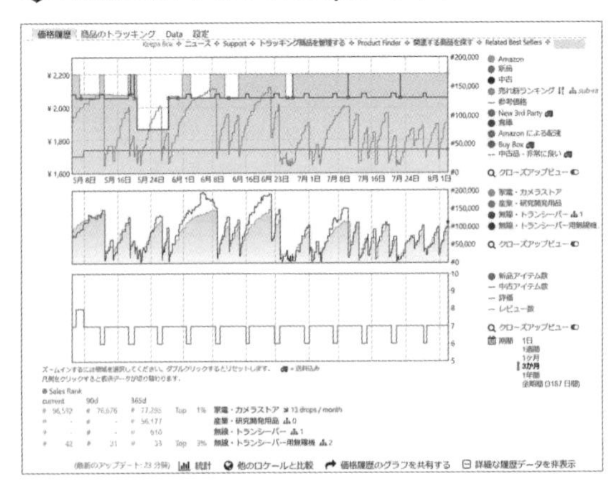

Amazon本体なしのKeepaのグラフ

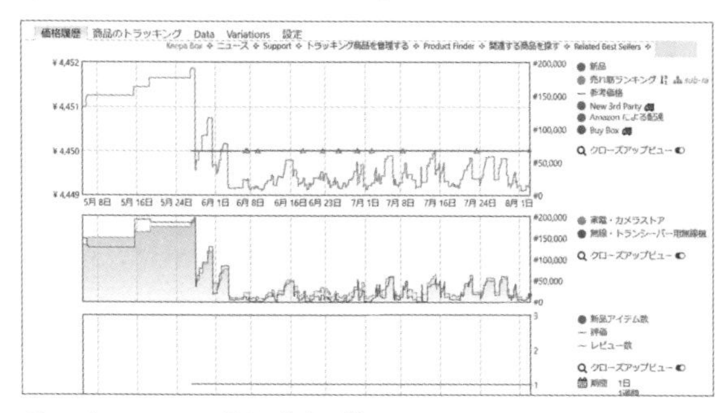

2. Amazonランキング

次に商品ページの下の方を確認して、おおむね大カテゴリー50,000位以内であればメールを送りましょう。

これは50,000位以内であれば、月に数個は定期的に商品が売れているのが確実である、というのが理由です。

また、この時点で商品の売れ行きを詳細にツールで確認しようとする人もいますが、それは時間がもったいないです。

なぜなら、メーカーと取引できるかどうか、メールを送ってみないとわからないからです。そのために大カテゴリー50,000位以内であれば、すぐメールを送りましょう。

ただし、こちらはあくまでも目安として考えてください。ランキングが悪くても実際のデータ以上に売れる商品がありますので、実際に取引が決まったら少量販売して売行きを確認していきましょう。

Amazonランキング50,000位以内の表示

登録情報

梱包サイズ	18 x 11 x 9.9 cm; 390 g
製造元リファレンス	5RE
ASIN	B08634Z4KL
Amazon.co.jp での取り扱い開始日	2020/3/10
おすすめ度	★★★☆☆ 71個の評価 5つ星のうち3.6
Amazon 売れ筋ランキング	- 18,223位家電＆カメラ (の売れ筋ランキングを見る家電＆カメラ) - 7位無線・トランシーバー用無線機

50,000位以内かどうか確認

3．FBA出品者が2人以上

FBAセラーが2人以上いる商品で、上記【1】【2】の基準に当てはまる商品であれば、全てリサーチ対象になります。

下の画面はFBAセラーが3人いますが、具体的には出荷元が「Amazon」になっているセラー（Amazon本体以外）が2人以上いればOKです。

なぜ2人以上にしているかというと、1人で販売しているセラーは、
◯メーカー自身が自社販売している
◯OEM商品である可能性が高い
という場合が多く、メールを送っても取引の成約に至らないケースが多くあるからです。

また、ライバルが多いからリサーチ対象外、というような勝手な判断はやめましょう。

ライバルが多くいても、それ以上に売れる商品は多くありますし、実際に少量販売して売行きを確認してから判断するのがいいでしょう。

FBA出品者が2人以上

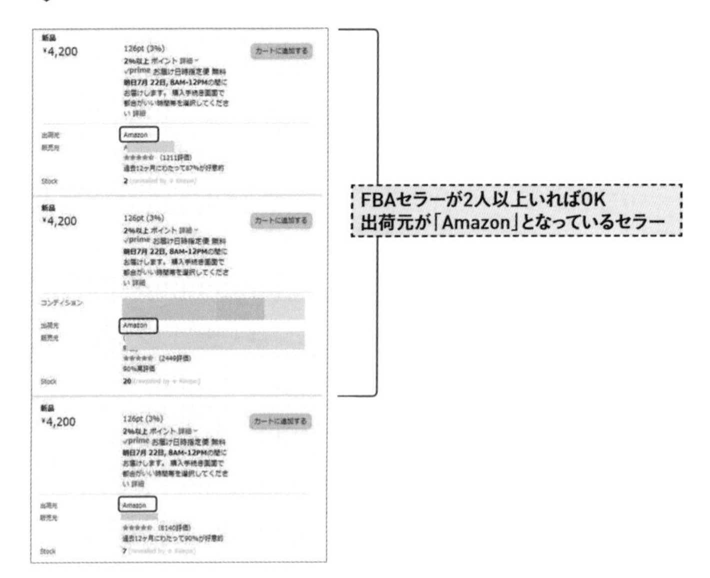

カテゴリーリサーチ⇒セラーリサーチへ移行する手順

国内メーカー直取引のリサーチ方法としてカテゴリーリサーチを紹介しましたが、**まずは、カテゴリーリサーチから実際にあなたが取引できるメーカー商品を1つだけ（1社だけ）でも見つけることが重要です。**

取引ができるメーカーを探すことは最初は少し難しいかもしれませんが、メーカーにメールを送るまでの流れを何度も実践すれば必ずあなたと取引できるメーカーは見つかります。**1ヶ月で300社は諦めずにメールしてください。1日あたり10社にメールすればいいだけです。**

私のコンサル生の場合は、30〜50社にメールを送ると、1社は仕入れに至る利益の出るメーカー商品が見つかります

そんなに多くの会社にメールを送ることに抵抗がある方もいるかもしれませんが、もし30社のうち1社利益の出るメーカーが見つかって、1社あたりの利益が5千円だったとしたら、**300社メール送ると10社取引でき、合計5万円の利益となります。**その5万円の利益は転売と違いリピート性が高いので、来月も頑張って300社メールすれば合計利益は10万円、**再来月も頑張って300社メールすれば15万円と利益が階段状に伸び続けます。**これが国内メーカー直取引のメリットでしたね。なので諦めず、**まずカテゴリーリサーチから1社取引できるメーカーを探してください。**

またカテゴリーリサーチから1社取引できるメーカーを見つけ出した方は、次の項で話す方法でもっと効率よく取引できるメーカーのリサーチである「セラーリサーチ」を行うことができます。

04

セラーリサーチで魅力的な商品を掘り起こす

もっと効率が良いセラーリサーチの方法

カテゴリーリサーチで取引することができるメーカーが決まったら、次はセラーリサーチに移行することで、あなたのリサーチがもっと効率化できます。セラーリサーチとは、取引が決まったメーカー商品を扱っているFBAセラーが販売している他の商品の中から、売れ筋商品を探していく手法のことです。

例えば、以下の商品を売っている「ニューサイエンス」というメーカーと取引が決定するとします。

下の赤枠のいずれかをクリックすると、出品者一覧が出てきます。

出品者一覧ページを表示

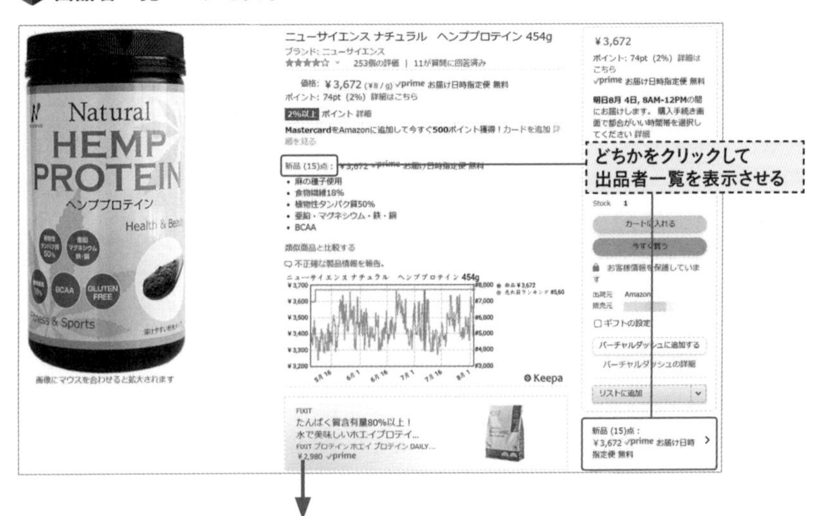

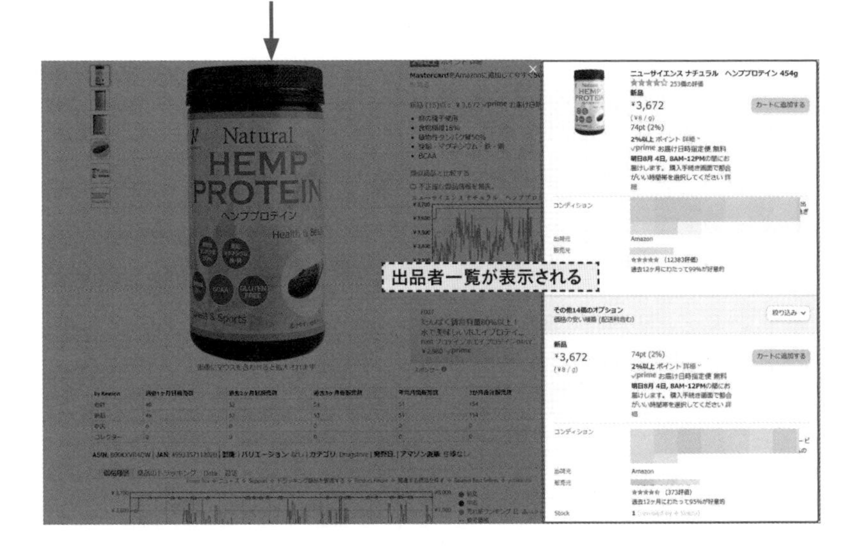

これはどういう状態かというと、あなたと同じように「ニューサイエンス」というメーカー商品を扱うセラーが複数存在するということです。

ということは、この出品者たちが扱っている他の全ての商品をリサーチすれば、もっと効率よく取引ができるメーカー商品を探すことができると思いませんか? 事実、効率よく探すことが可能ですので、その方法をお話します。

なお、カテゴリーリサーチ同様、セラーリサーチでも海外メーカー品が見つかる可能性がありますので、魅力的な商品であれば並行して交渉してみましょう。

セラーリサーチしてみる

このリサーチ対象となるFBAセラーが扱っている商品を実際にリサーチしてみましょう(これがいわゆるセラーリサーチです)。

以下の手順で、そのFBAセラーの取扱商品一覧を見ることができます。

FBAセラーの取り扱い商品一覧

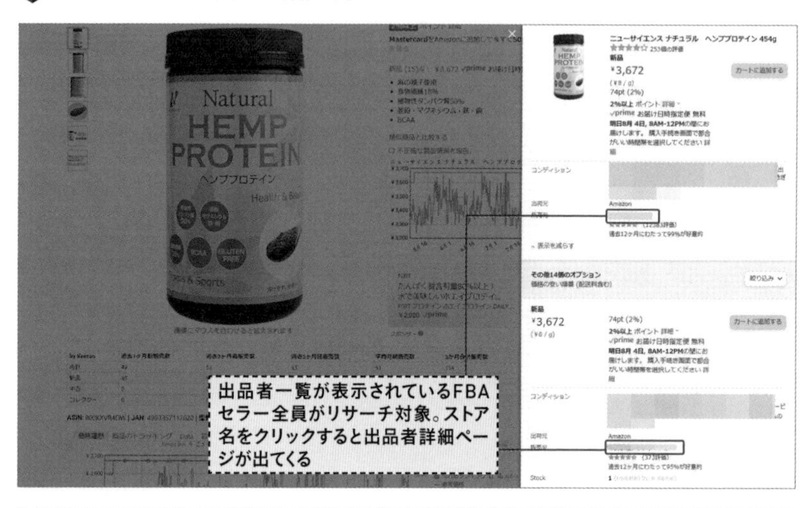

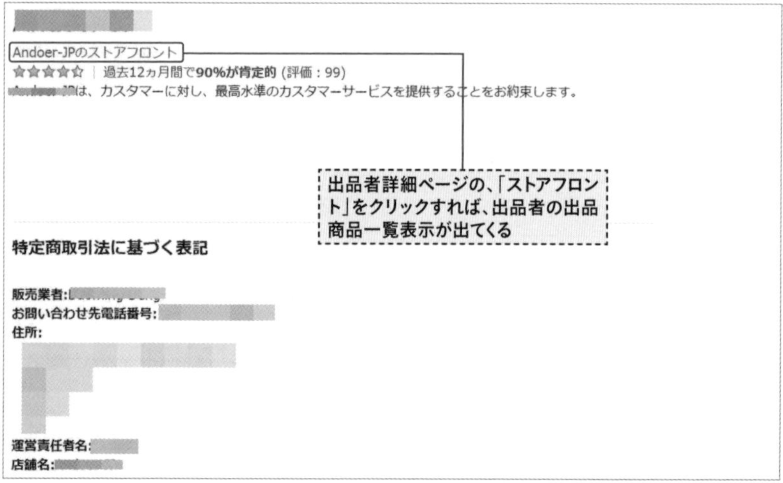

ストア名をクリックすると、以下のような、その出品者の取扱商品が表示されるわけですが、カテゴリーリサーチと違い、**自分が取引できたメーカー商品を扱っている出品者の商品一覧をリサーチすることで、リサーチの作業効率が格段にアップしますし、メーカーと取引できる成約率が上がります。**

出品者の取扱商品一覧

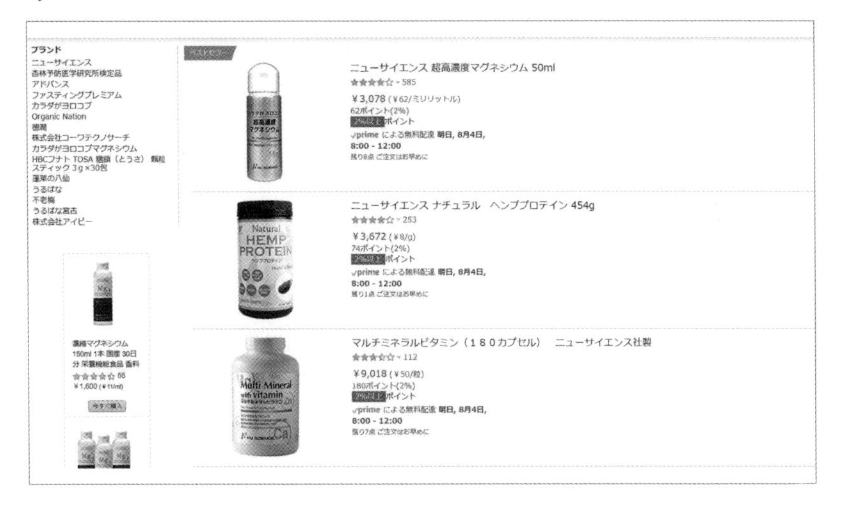

取扱商品一覧のなかにあった、こちらの商品を見てみましょう。

出品者の商品ページ

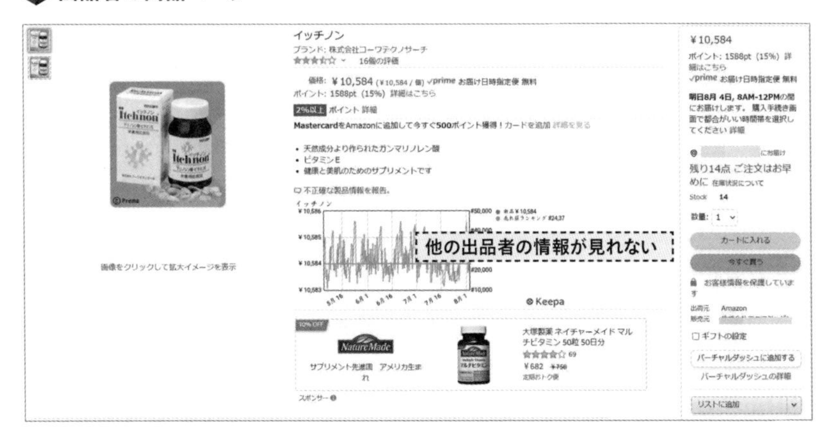

気を付けたいのは、ここで出てくる商品ページは、あくまで出品者のページなので、他の出品者が表示されません。

そこで、商品名をAmazonの検索枠にコピペして検索し直すと、正確な出品者数、出品者名が出てきます。

通常の商品ページ

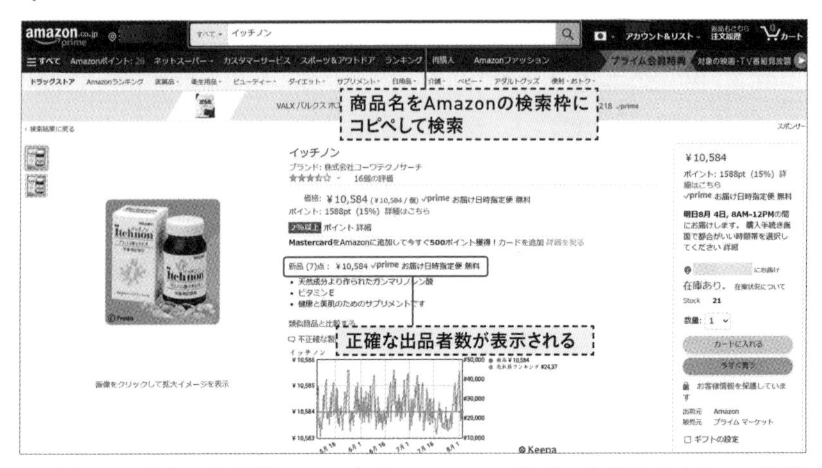
商品名をAmazonの検索枠にコピペして検索
正確な出品者数が表示される

そして、今までと同様にこの商品について、前項でお伝えした3つの基準を満たしているかをもとにリサーチして基準をクリアしていれば、メーカーにメールを送ります。

このサプリメント以外にも、3つの基準を満たす商品を、この出品者は扱っている可能性が高いので、3つの基準を満たす商品は全てメーカーに個別にメールを送ります。

その中で仮に、このサプリメントを扱うメーカーとも取引が成立したとします。メーカーと直接取引ができて利益が出て自分が購入した場合の状態を取引○とします（あとでお話しますが、メーカーと直接取引できるけど利益が出なさそうで買わなかった商品を取引△とします）。

そうすると、この取引○のサプリメントを扱っているFBAセラーも当然リサーチ対象になるわけです。自分がこのサプリメントのメーカーにメールして取引○を頂いたわけですから、このサプリメントを扱っているFBAセラーはみんなリサーチ対象としなければなりません。

リサーチ表で把握しよう

出品者ID	出品者名	派生したメーカー名	交渉したブランド名	取引の可否	メーカーサイト
*********	A	ニューサイエンス	*********		*********
			*********		*********
			*********		*********
			*********		*********
			コーワテクノサーチ	取引○	*********
			*********		*********
			*********		*********
			*********		*********
			*********		*********
			*********		*********
			*********		*********
*********	B	コーワテクノサーチ	*********		*********
			*********		*********
			*********		*********
			X社	取引○	*********
			Y社	取引△	*********
			*********		*********
			*********		*********
*********	C	コーワテクノサーチ	*********		*********
			*********		*********
			Z社	取引○	*********
			*********		*********
			*********		*********
*********	D	コーワテクノサーチ	*********		*********
			*********		*********
			*********		*********
			*********		*********
			*********		*********
*********	E	X社	*********		*********
			*********		*********
			*********		*********

上の図のように、私はリサーチ表というものを使用してリサーチを視覚的にも正しく認識できるようにしています。

わかりやすく説明すると、まず初めにカテゴリーリサーチから「ニューサイエンス」さんというメーカーとの取引が決まったわけです。

この状態までカテゴリーリサーチでは辿り着くことが大事で、そのあとは「ニューサイエンス」さんを扱っている出品者全てをリサーチするセラーリサーチに移行していきます。

ニューサイエンスというメーカー商品を扱っている出品者の扱っている商品を一つずつくまなく見て、３つの基準を満たすメーカーにひたすらメールを送っていきます。

そうすると今度は別のサプリメントのメーカー商品が取引○になったとします。こうなるとこのサプリメントの商品を扱っている出品者も全員リサーチしなければならないですよね。**そしてサプリメントを扱っている出品者を全てリサーチしていたら、また次の取引○のメーカー商品も見つかり、またそれを扱っている出品者をリサーチします。**

こういう風に効率よくリサーチできるのがセラーリサーチのメリットです。そして、これらを視覚的に整理する方法がリサーチ表を付ける、という行為です。

メーカー商品を扱っている出品者は他のメーカー商品を扱っている可能性も高いので、このようにメーカー商品を扱っている人の輪の中でリサーチすることが重要で、国内メーカー取引の成功のポイントです。

左の動画にて詳しい内容を話しています。またリサーチ表はテンプレートを用意しま したので、以下からダウンロードして使ってみてくだ さい。

http://nakamura03.staba.jp/tadasikurisachisurumonogakatuH30.0108.xlsx

（本書p335にあるご案内から登録することで、すぐに資料はダウンロード可能です）

セラーリサーチでは、ひたすらこの作業を繰り返していきます。やることはとても単純で、取引○の商品を扱っている出品者を次から次へと派生リサーチさせるだけです。

リサーチ表を使うことで、国内メーカー直取引をやっている人の輪の中で、視覚的にも正しく作業ができるようになります。

なお、実際にリサーチをすると、メーカーと直接取引できて利益が出て自分が購入した場合の状態の「取引○」商品だけでなく、メーカーと直接取引できるけど利益が出なくて買わなかった商品「取引△」のメーカー商品も結構出てくると思います。

一番の派生リサーチ対象として良いのは取引○の商品を扱っている出品者さんをセラーリサーチすることですが、二番目に良いのは取引△を扱っている出品者をリサーチすることです。

なぜかというと自分が直接メーカーと取引できる出品者をリサーチすることが大事なので、取引△の商品を扱っている出品者もリサーチ対象として良いのです。

また私はリサーチする過程で自分がこの人いいな、と思う人には下の図のように色付けをします。具体的には「取引〇」となるメーカーがたくさん見つかるセラーです。

リサーチ表を色付け

出品者ID	出品者名	派生したメーカー名	交渉したブランド名	取引の可否	メーカーサイト
*********	A	ニューサイエンス	*********		*********
			*********		*********
			*********		*********
			*********		*********
			コーワテクノサーチ	取引〇	*********
			*********		*********
			*********		*********
			*********		*********
			*********		*********
			*********		*********
			*********		*********
*********	B	コーワテクノサーチ	*********		*********
			*********		*********
			*********		*********
			X社	取引〇	*********
			Y社	取引△	*********
			*********		*********
			*********		*********
*********	C	コーワテクノサーチ	*********		*********
			*********		*********
			Z社	取引〇	*********
			*********		*********
			*********		*********
*********	D	コーワテクノサーチ	*********		*********
			*********		*********
			*********		*********
			*********		*********
			*********		*********
*********	E	X社	*********		*********
			*********		*********
			*********		*********

　このリストが数百単位であるわけですが、私が何のために色付けしているかというと、自分が良いと思った人を色付けして溜め込むことで、**この人たちが勝手にリサーチをしてくれる状態になるからです。**

　例えば1ヶ月後に色付けした人をまとめてリサーチすると、新しいメーカー商品をこの人たちが扱っていたりするわけです。そこに自分もメールすれば取引が決まる、こんな感じでどんどんメーカーとの成約率を高めることも可能です。

　つまり、作業時間を減らしながら利益を増やすことができるという理想の形に近づいていきます。

　しかし、しっかりとリサーチ表に記入していかなければ、この状態にはなりません。ですから、感覚でリサーチするのではなく、**リサーチ表には正確に記入しながら作業をする必要があるのです。**

05

リサーチ表はお金を生み出す財産

ここまでで、国内メーカー直取引のリサーチの流れがだいたい理解できたと思います。メーカー直取引でやることは至ってシンプルです。

まずカテゴリーリサーチをして1社でも取引〇の状態を作ることが重要です。取引〇を1社でも作ることができれば、あとは効率の良いセラーリサーチに移行して今回お話したリサーチ表を丁寧に付ければ、あなたの利益は確実に伸びます。

最初はうまくいかなかったり、リサーチに行き詰まったりする方もいるかと思いますが、今回の作業を継続することが大事です。**継続さえできれば、取引できるメーカーも徐々に増えてくるでしょうし、あなたが付けたリサーチ表はお金を生み出す財産になります。**

リサーチ表には必ずセラーIDを入れよう

ストアフロント（その出品者取扱商品一覧ページ）URLの真ん中もしくは末尾に記載されているのがセラーIDです。

なぜセラーIDもリサーチ表に記入するかというと、ストア名は変更されてしまうことがありますが、セラーIDは変更できないためです。

ストア名だけ記入すると、名称が変わったらわからなくなりますが、セラーIDを記入することで常に探し出すことができます。

ちなみに、セラーIDはAmazon検索やGoogle検索でも探すことができますので、一度ご自身でセラーIDをネット検索して、正しく表示されているかご確認ください。

リサーチ表に記載するセラーIDの表示

amazon.co.jp/s?me=[blurred]&marketplaceID=[blurred]

ストアフロントのURLのこの部分がセラーID

以前は末尾だったのですが、最近は図の真ん中のものがセラーIDである場合が多いです。

リサーチ表を作りながら、セラーリサーチするメーカーとの取引が決まり、階段状に利益が伸びることを考えれば、とても簡単でシンプルな作業かと思います。

06

Keepaを使った効率的なリサーチ方法

以上、カテゴリーリサーチとセラーリサーチについてお伝えしましたが、Keepaを使った効率的なリサーチ方法もありますので紹介します。

具体的には、Keepaを使ってリサーチする商品を抽出し、簡単にExcelでデータ化する方法です。感覚をつかむまでは、これまでお伝えした方法でリサーチした方が良いですが、リサーチのコツがつかめてきたらKeepaを使ったリサーチもやってみてください。かなりリサーチの効率が上がります。

特に対象を絞ったリサーチをしたい方にはおすすめの方法なので、ぜひ活用してみてください。

Keepaを使ったカテゴリーリサーチ

まずは、Keepaを使ったカテゴリーリサーチについてお話します。

Keepaの画面を開き（https://keepa.com/)、以下のように操作していきます。

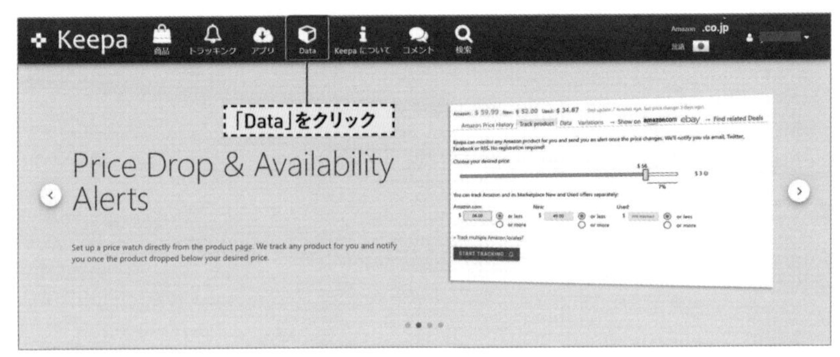

Keepaを使ったカテゴリーリサーチ手順1

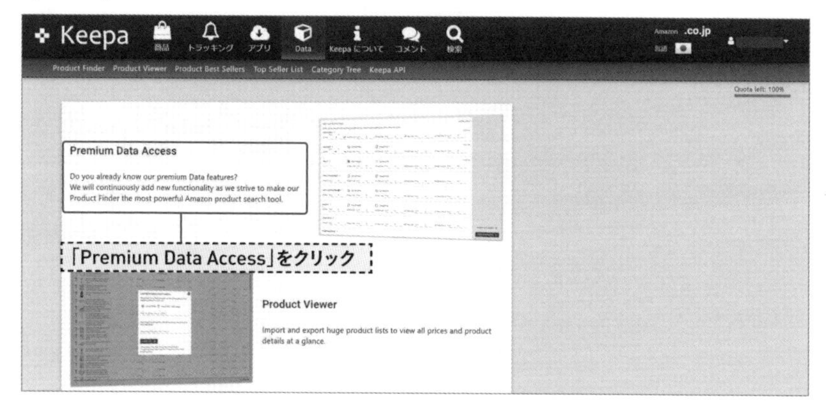

次にリサーチ対象となる商品の絞り込みを行います。

Keepaを使ったカテゴリーリサーチ手順2

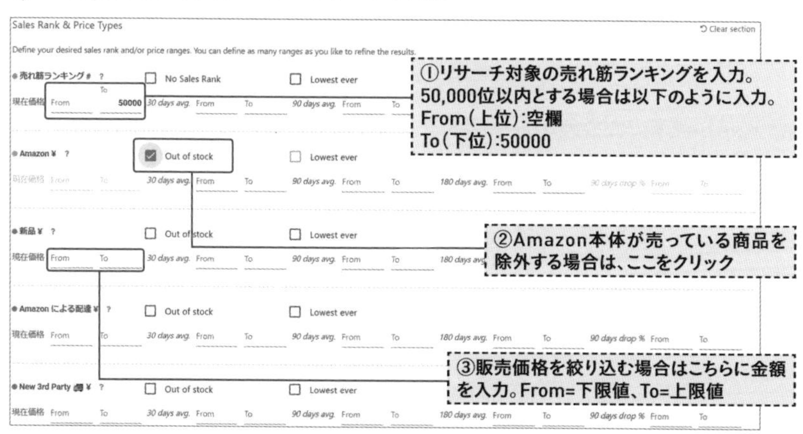

①売れ筋ランキングは、基本的には、定期的に購入者がいる50,000位以内に設定します。

②Amazon本体がいない商品を基本的にリサーチします。

③販売価格を絞り込む場合は、販売価格を記入します。1000円台の商品は、FBAでは送料が高くなる傾向があるので、こういった商品を避けて高単価商品を狙いたい場合に設定します。

Keepaを使ったカテゴリーリサーチ手順3

Title, Brand and more!
Clear section
Filter the results by category, title, brand and more.
Root category
スポーツ&アウトドア (10986970)
Sub categories
Include sub categories
Exclude sub categories
Clear all アウトドア
Text fields
商品名
Is one of Manufacturer
Is one of Brand
Is one of Product Group
Is one of Model
Is one of 色
Is one of サイズ

④サーチ対象の商品のカテゴリーと
サブカテゴリーを入力

④リサーチ対象商品のカテゴリーを入力します。大カテゴリーだけではリサーチ対象としては大きすぎるので、小カテゴリーくらいまでは絞りましょう。

Keepaを使ったカテゴリーリサーチ手順4

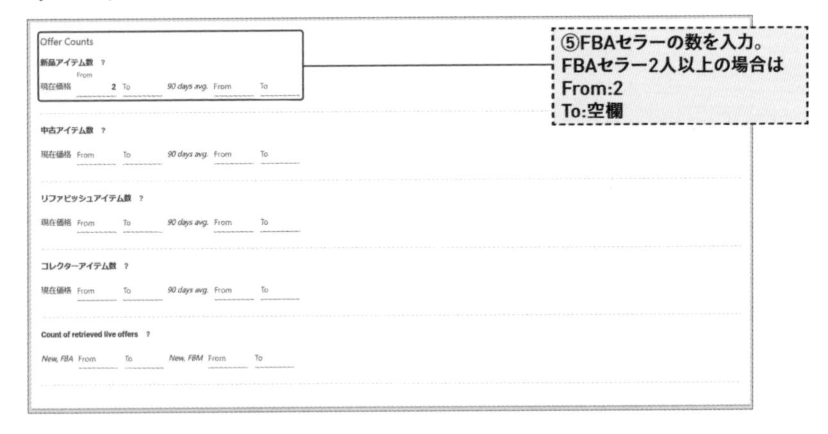

⑤FBAセラーについて入力します。基本的には「2人以上」と設定すれば良いでしょう。FBAセラーの上限も設定しても良いですが、次のような傾向があり、一長一短あるので、最初はあまり考えずにリサーチしましょう。

FBAセラーが多いメーカー商品	FBAセラーが少ないメーカー商品
販売者を限定していない可能性が高い	**販売者を限定している可能性が高い**
○ 交渉の成約率が高い	× 交渉の成約率が低いが取引が決まれば以下のように魅力的ではある
× 販売者を限定する交渉が必要	○ 販売者を限定する交渉が不要
× 価格競争が起こりやすい	○ 価格競争が起こりにくい

Keepaを使ったカテゴリーリサーチ手順5

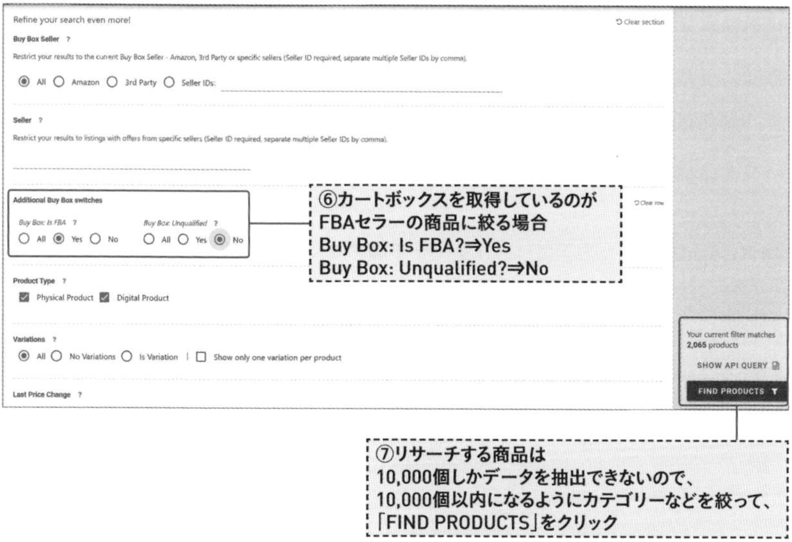

⑥カートボックスを取得しているのがFBAセラーの商品に絞る場合
Buy Box: Is FBA?⇒Yes
Buy Box: Unqualified?⇒No

⑦リサーチする商品は
10,000個しかデータを抽出できないので、
10,000個以内になるようにカテゴリーなどを絞って、
「FIND PRODUCTS」をクリック

⑥最初はFBAセラーがカートボックスを取得している商品をリサーチすることで問題ありません。ただ、自社出荷セラーがカートボックスを獲得している場合、まったくライバルがいないということもあり得ます。たまに自社出荷セラーしかいない商品をリサーチしても面白いでしょう。

⑦商品データ抽出は10,000個以内が限度です。10,000個を超えると抽出されない商品も出てくるので、取りこぼしが発生することがあります。10,000個以下になるようにカテゴリーや商品価格を絞っていくといいでしょう。

Keepaを使ったカテゴリーリサーチ手順6

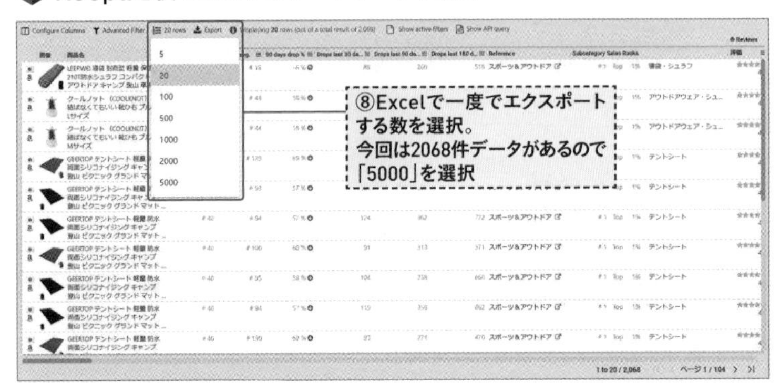

⑧条件を絞り込んだら、あとはExcelかCSVでデータ化しますが、デフォルトでは、一度にエクスポートできる数が20個に限定されてしまいます。この場合、例えば2000個も商品がある場合は、100回エクスポートしないといけないので、商品数に合わせて一度にエクスポートする数を選択しましょう。

Keepaを使ったカテゴリーリサーチ手順7

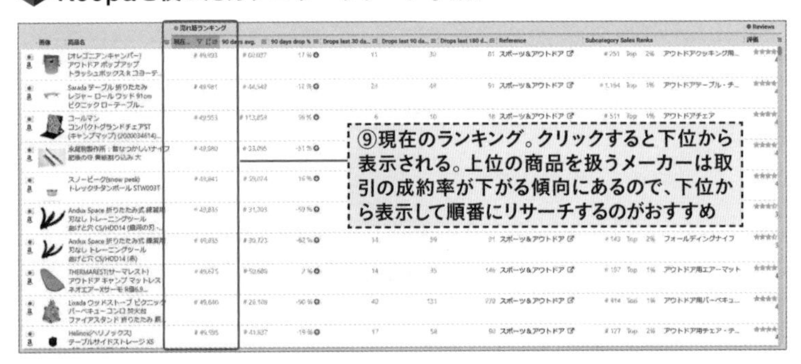

⑨ランキング50,000位以内の商品をリサーチすることには変わらないのですが、大量に商品がある場合はランキングが低い商品からリサーチしましょう。なぜかというと、ランキング上位の商品を扱うメーカーは、人気商品や大手メーカー品であるがゆえに取引の難易度が上がります。ある程度売れている商品であれば、ランキングが低い商品からリサーチをすると取引が成立しやすくなります。

Keepaを使ったカテゴリーリサーチ手順8

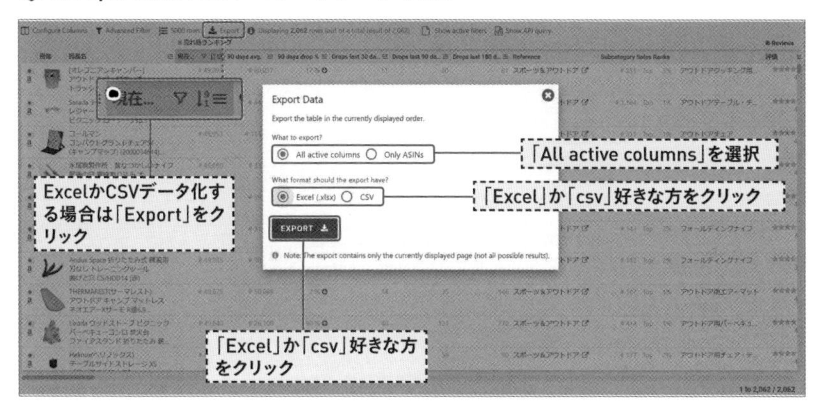

あとは、上記の手順に従ってエクスポートしていきましょう。

ExcelやCSVの「重複を削除」の手順

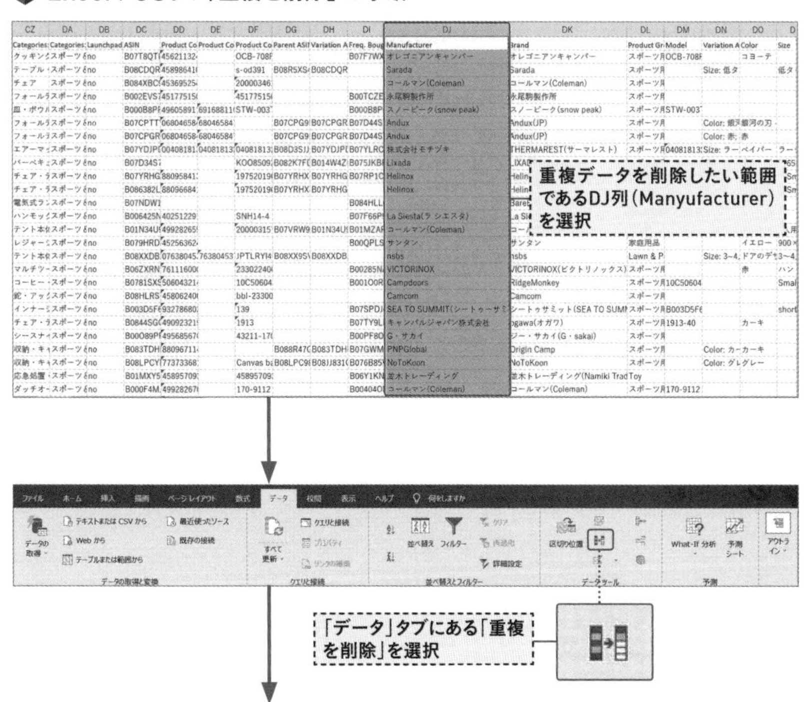

重複データを削除したい範囲であるDJ列（Manyufacturer）を選択
「データ」タブにある「重複を削除」を選択

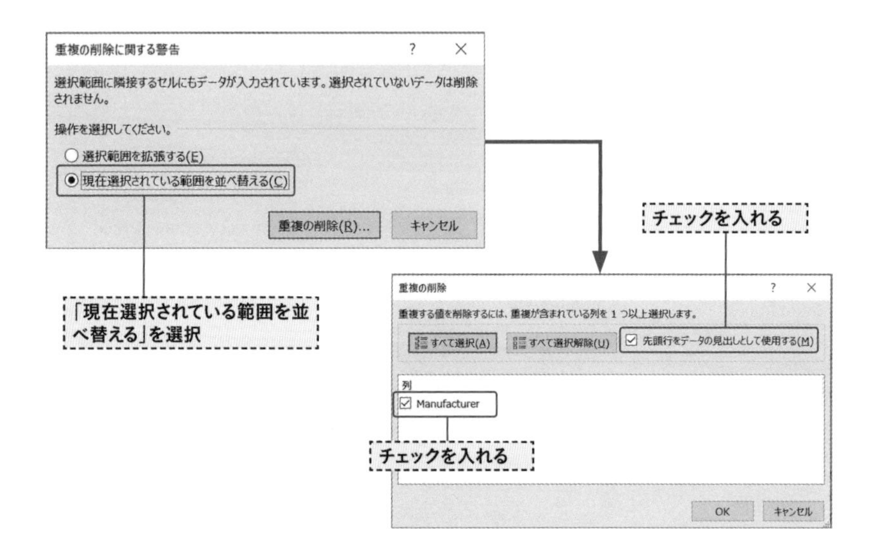

なお、エクスポートしたExcelデータを見ると、重複するメーカーがいくつもあることがわかります（DJ列「Manufacture」もしくはDK列「Brand」）。同じカテゴリーで検索しているので当然の話です。

メーカーが重複している場合については、「重複の削除」の機能を使って削除していきましょう。その方がExcelを活用しやすくなります。上の手順に従って重複するメーカーは削除しましょう。

Keepaを使ったセラーリサーチ

セラーリサーチについても、Keepaを使って効率の良いリサーチができます。

方法としては、カテゴリーリサーチ同様「Premium Data Access」の画面で、

・Amazonランキング：50,000位以内
・Amazon本体なしの商品

など最低限の条件を入力してから、下図のところでリサーチ対象のセラー

IDを入力すると、そのセラーの出品中の商品一覧を抽出できるようになります。

あとは、先にお伝えしたようにリサーチ表に入力しながらリサーチを繰り返していけばOKです（その他はカテゴリーリサーチと同様なので割愛します）。

Keepaを使ったセラーリサーチ手順

Refine your search even more!
Buy Box Seller ?
Restrict your results to the current Buy Box Seller - Amazon, 3rd Party or specific sellers (Seller ID required, separate multiple Seller IDs by comma).
All Amazon 3rd Party Seller IDs:
Seller ?
Restrict your results to listings with offers from specific sellers (Seller ID required, separate multiple Seller IDs by comma)
Additional Buy Box switches
Buy Box: Is FBA ? All Yes No
Buy Box: Unqualified ? All Yes No
Product Type ?
Physical Product Digital Product
Variations ?
All No Variations Is Variation | Show only one variation per product
Last Price Change ?
Your current filter matches 3,558,807 products
SHOW API QUERY
FIND PRODUCTS

「Seller」にセラーリサーチ対象のセラーIDを入力する

「FIND PRODUCTS」をクリック

重要なのはリサーチしてメールを送るスピード

Chapter5では実際のメーカー商品を探すリサーチ手順をお話ししました。いかがでしたか？　案外簡単ですよね。あとは次章で話すようにメーカーにメールを送る流れです。

ただし、この簡単な作業をその後も継続できるかどうかが重要で、多くの方はこの作業を続けられることができず、Amazon物販ビジネスで稼ぐことを諦めてしまいます。私も副業で時間が少ない中で作業を行っていたので、気持ちはよく理解できますが、作業を継続できなければ取引できるメーカーも増えませんし、利益も積み上がりません。

あと、注意してほしいのは、リサーチしてメーカーにメールを送る1件1件のスピードです。人によって6時間で20社にメールを送れる人と、2時間で20社にメールを送れる人では、3倍の開きがあるわけです。

当然稼ぐスピードが早いのは、2時間で20社にメールを送れる人ですよね。6時間で20社メールを送れる人よりも4時間分、交渉や仕入表の精査などの諸々の作業に時間を使えます。メーカーへの理想的なメールのスピードは、基本的には最低でも1時間で10社、2時間で20社メールを送れるといいでしょう。

ちなみにコンサル生向けに実施した勉強会では、一番メールを送るまでのスピードが速かった方は15分で9件、メールを送りました。ということは1時間で36件、2時間で72件です。これは速い。

実際にリサーチからメール送付までの流れを試してみて、自分のリサーチ速度に自信がない方は、余計なところを見たりしていないか？　本当に集中して作業に当たっているか？　などを確認してください。

またパソコン環境においては、CPUが速いものを使っているか？　デュアルディスプレイか？　も重要です。画面が2つあると超速くなりますよ。

マウスは、コピー、ペースト、戻るなどの機能が備わっているものを使っているか？　Clipper、Cliborなどのコピペツールを使っているか？　ショートカットキーを活用できているか？　これらを見直すだけでもだいぶ違うと思います。

あとは絶対に時間内にやり切る強い気持ちや意志、これがあれば大丈夫です。

リサーチ速度はAmazon物販ビジネスにおいてとても重要なことです。私のコンサル生の場合、これが苦手な人には私にメールを送る前と送った後のメール件数を作業時間も含め報告してもらうなどの強制力を付け作業してもらっています。この辺は大事なところですね。

Chapter 6

初めてでも取引できる！メーカーへのメールの出し方

〜メーカーとの交渉の準備と具体的なやりとりの方法〜

リサーチして取引したいメーカーが見つかったら、早速メールを送ってみましょう。ただし、定型的なメールを何通も送ったりしても、メーカーから興味を持ってもらうことはできません。ここでは、実際にメーカーに興味を持ってもらうためのメールの返信のやり取りや交渉の仕方、メール文章の考え方についてお伝えしたいと思います。その前に、メーカー取引に必要になるものを一通り準備しておくと、作業はスムーズになるので、そちらも紹介していきます。

01

国内メーカーと交渉する際に必要なものは？

メーカーと連絡する際に必要なもの

リサーチして取引したいメーカーが見つかったら早速メールを送りたいところですが、その前にメーカーと交渉する際に必要なものを準備しましょう。とは言っても、そんなに難しい話ではありません。

特に重要度の高いもの（メールアドレス、名刺）から揃えるようにしていきましょう。

メーカーとの連絡に必要なもの

メールアドレス（重要度★★★★★）

基本的に国内メーカー直取引は、メールで連絡のやり取りをするので、メールアドレスは必須です（Chapter2で用意したGmailアドレスはあくまでAmazonアカウント開設用のものなので、メーカーとのやり取り専用のドメインメールなど、信用度の高いメールを開設してください）。

例えば私であれば、「info@nakamura03.com」というメールアドレスなのですが、「nakamura03.com」という独自ドメインを取っています。

独自ドメインでメーカーへの信頼性も出ますし、交渉用のメールアドレス

を作ることでメールの整理もしやすくなります。

Googleビジネスメールはおすすめドメインメール

独自ドメインのメールは、基本的にどれでも良いのですが、おすすめで簡単なのはGoogleビジネスメールです。

【Googleビジネスメール】

https://workspace.google.co.jp/intl/ja/solutions/new-business/

月額748円（税込）～で独自ドメインのメールアドレスを取得でき、Gmailと連携できます。スマホアプリでも利用でき、迷惑メールに入りづらいという利点があります。

その他、「ムームードメイン」でドメインを取得して、「ロリポップ」のレンタルサーバーを連携させてGmailに転送する方法もあります。「エックスサーバー」でドメインとサーバーを取得して、Gmailに転送しても良いでしょう。いずれもちょっとややこしい方法ではありますが、メールアドレスを安く使いたいなら、こういう方法もあります。

【ムームードメイン】

https://muumuu-domain.com/

【ロリポップ】

https://lolipop.jp/

【エックスサーバー】

https://www.xserver.ne.jp/

名刺（重要度★★★★★）

国内メーカー直取引は、メーカー担当者と実際にお会いする機会も出てきます。名刺は多くの場面で必要となりますので、簡単で良いので必ず準備しておきましょう。

ラクスルであれば、平日注文すれば1〜3日で届いて、しかも100枚/1000円〜で作れます。

【ラクスル】 https://raksul.com/

名刺には次の項目が記載されていれば問題ありません。

●会社名（※個人事業主の方であれば屋号）

● 名前
●役職（社長・代表など）
●住所
●電話番号（固定電話＋携帯番号の記載を推奨）
●FAX
●メールアドレス
●ホームページのURL

固定電話（重要度★★★）

メーカーへの連絡に使用します。最近は固定電話を持っていない方も多いと思いますが、携帯電話よりも固定電話のほうがメーカーから信用されます。「え、固定電話なんて、外出していたら出れないじゃん」と思う方でも安心です。光回線のひかり電話やNTT固定電話であれば、携帯電話に着信を転送できる「ボイスワープ」というサービスがあります。また、「03プラス」はスマホアプリで、固定電話番号をスマホで使えるサービスです。

【光回線のひかり電話】

光回線を利用していれば月額550円（税込）〜で持てるので、こちらが一番おすすめです。

【NTT固定電話】

初期費用で約4万円ほどかかりますが、光回線の解約をしても関係なく使い続けることができます。

【03プラス】

固定電話を引かなくてもスマホアプリで固定番号が持てます。ただ、現在総務省の規制で終了になった他社サービスがあります。

03プラスも今後サービス終了になる可能性があるので、ひかり電話かNTT固定電話を選択するのが無難でしょう。

FAX（重要度★★）

メーカーへ商品の発注をする際に、FAXでしか受け付けていない場合に役立ちます。また、メールでは返信がない場合にFAXを送ると返信がある場合もあります。

【固定電話と一緒に使う】

FAX機が必要です。固定電話番号と同じ番号でも使えますが、番号を2つに分けると通話中でもFAXの送受信ができるので便利です。

固定電話を持つ場合はFAXも持っておくと良いでしょう。

【eFAX】 https://www.efax.co.jp/

eFAXはネットFAXです。メールでFAXの送受信を行うため、FAX機がいらず、コスト削減に繋がります。Web上でFAX送受信と履歴の確認をすることができます。

ホームページ（HP）、
もしくは会社概要のエクセル（重要度★★★）

　メーカーから会社概要を求められた際に用意しておくと役立ちます。海外メーカーに比べると、国内メーカーでは会社概要の提示が求められることが多くなり、メールの返信率にも影響が出ることがあります。

　とはいえ、WordPressなどで本格的に自社HPを作る必要はありません。WIXのような無料で簡単に作れるHP作成サイトを利用すると良いでしょう（ちなみにWordpressで作成する際も、簡単な内容のホームページであれば、3〜5万円、高くても10万円程度で外注できます）。

【WIX】https://ja.wix.com/

　WIXはHTMLなどの知識も不要で、テンプレートを選べば、あとは文字を打ち込むだけなので、とても簡単です。おそらくPCが苦手な方でも対応できると思います。ただ、HPは最初から作らなくても大丈夫です。メーカーから会社概要を求められたときにHPがなければ、会社概要書をExcelなどで作るようにしましょう。会社概要のExcelテンプレートについては、以下のURL

から私が作成したオリジナルのテンプレートがダウンロードできるので、ぜひ作ってみてください。

【会社概要書のオリジナルテンプレートのダウンロード】

http://nakamura03.com/kaisyagaiyo-kakikata.xls

（会社概要テンプレートはQRコードを読み取っても、スマホからはダウンロードできかねます。本書p335にあるご案内からご登録頂ければ、すぐに資料を送付可能です。）

詳しい内容は下記の動画でもご確認ください。

【（動画）会社概要作成について】

https://www.youtube.com/watch?v=kMi_WjOIhiY

これら以外にも「会社概要　テンプレ」などで検索すれば、あなたのオリジナリティーを出せるテンプレートが数多く存在しますので、上記のサイトのテンプレートはあくまでご参考に、ということでお願いいたします。

オリジナリティーが伝わる会社概要にしなければうまくいかないので、必ず自分の言葉で自分の探したテンプレを使い、会社概要を作成してください。

テンプレートを見ていただければわかりますが、会社概要については次のような情報を掲載しましょう。

【会社概要の必要事項】

○**会社名**（個人事業主の方は屋号、法人の方は会社名）

○**代表者名**（ご自身のお名前）

○**所在地**（個人事業主の開業届を出している住所、法人設立時に提出した住所を記載）

○**電話番号**（固定電話＋携帯番号の記載を推奨）

○**FAX番号**

○**メールアドレス**（独自ドメイン推奨）

○**ホームページ**（なければ不要）

○**設立年月日**（個人事業主の方は開業届を出した日付、法人の方は法人設立した日付）

○ **資本金**（個人事業主の方はないから「個人事業主のためなし」、法人は設立時の資本金を記載）

○**売上**（記載例：年商○○○○万円、月商○○○○万円程度）

○ **事業内容**（以下に記載例を掲載しますが、極力自分で考えるようにしてください）

【事業内容の記載例】
アマゾン、ヤフーショッピング、楽天のプラットフォームを用いたオンライン販売。
アマゾンでの販売実績は○○年、楽天は○○年、ヤフーショッピングは○○年。
会社としてのオンライン販売実績は個人事業主から数えると○○年となっており、
オンライン販売に特化した会社であります。
主な商材は○○のようなものを扱っており、御社にも貢献できるかと思います。
オンライン販売は、価格の下落が懸念されますが、お力になれることもありますので、どうかご検討のほどよろしくお願いいたします。

○**沿革**（個人事業主として開始したときから今に至るまで、会社の沿革のようなイメージで書く）

○**会社代表の履歴書**（できれば顔写真も掲載）

○**会社理念**（自分の思いをしっかりと書きましょう）

○**資格**（持っている資格でメーカーにアピールできるものがあれば）

○**御社と取引したい気持ち**（ここが一番大事です。国内メーカーでは重視されます。自分の言葉でしっかりと書きましょう）

先の会社概要書のエクセルのサンプルにも、このようなことが書かれています。ぜひファイルをダウンロードして、確認してみてください。

02

メーカーにメールを送ってみよう

メーカーのHPからメールを送ってみる

Chapter5で解説した3つの基準を満たした交渉したいメーカー商品が見つかったら、早速メールを送ってみましょう。ここでは、簡単にメーカーHP（ホームページ）の探し方について紹介します。

まず、次の画面のようにブランド名かメーカー名がAmazonの商品ページに記載されているので、コピペしてGoogle検索します。

ブランド名・メーカー名を確認

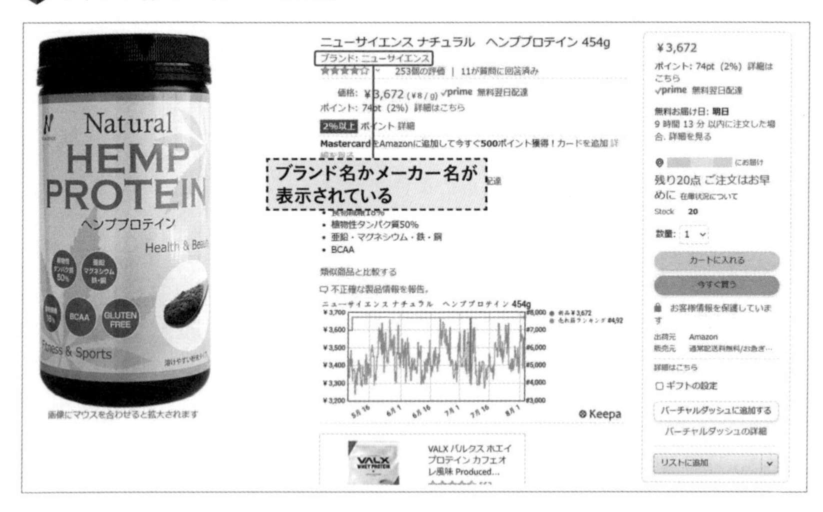

もしヒットしない場合は、「商品名で検索」「型番で検索」「画像検索」など切り口を変えて検索してみてください。

ここで、どうしてもメーカーHPが見つからない場合は、残念ながらメールを送ることができません。そのような場合は電話で交渉するか、商品を画像検索するか、次のメーカーを探しましょう。

おそらく、メーカー名でGoogle検索すればおおむねHPが見つかると思うので、お問い合わせフォームを探します。

メーカーのホームページを見つけて問い合わせ

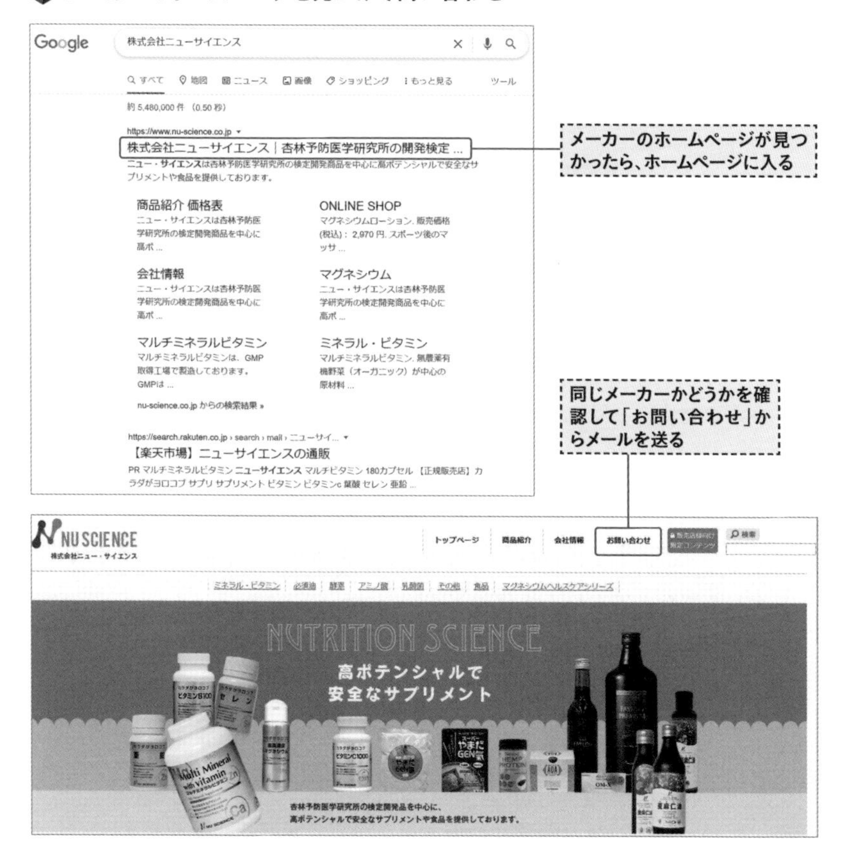

お問い合わせフォームがある場合は、必要事項を記入します。肝心の初回交渉メールの文章については、「お問い合わせ内容」のところに記入します。

指定のメールアドレスにメールを送る

お問い合わせ

※商品資料請求のみも承ります。お気軽にお問合せください。
※お問合せ内容によってはお答えできないことがありますので、あらかじめご了承ください。

お名前 [必須]
ふりがな [必須]
メールアドレス [必須]
メールアドレス確認用 [必須]
郵便番号
都道府県 選択してください
ご住所
電話番号
ご用件 [必須]

内容確認画面へ

・名前
・会社名
・メールアドレス
・住所
・電話番号
・HP
・お問い合わせ内容
などの項目を入力して送信

お問い合わせ内容にあらかじめ作成した交渉文のテンプレートをコピー＆ペーストして記入する

大企業よりも中小企業が狙い目

拙著『Amazon海外メーカー直取引完全ガイド』でも書いてある通り、海外メーカーの場合は、企業規模に関係なく、どんどん初回交渉のメールをしたほうがいいです。

しかし国内メーカーの場合は、まず狙い目は大企業よりも中小企業です。いきなり一流の大きなメーカーを取り扱うのはライバルも多く、難しいです。そもそも取引をしてくれません。

それよりも比較的知名度の低い中小企業のほうが取引を成立させやすいですし、商品のクオリティは大企業に負けないくらいです。

メーカーの知名度は、気にする必要はありません。商品さえ良質ならメーカーと取引することで十分過ぎるほどの利益を出すことが可能ですし、この利益は転売と違い、毎月階段状に積み重なって安定収入になります。

いい商品は次から次へと生まれてくる

いいメーカー商品はAmazon中に溢れかえっています。というのも、メーカー商品は次から次へと生まれてくるものなので、まだあなたが見たことのないようなものも存在するでしょう。

そんなニッチだったり、まだ販売開始して間もないメーカーの商品を扱うことで、私たちの利益も伸びます。国内メーカー取引に飽和はないのです。

初回メール交渉文の参考例－1

早速ですが、初回メール交渉文の参考例を紹介します。

（通常の初回交渉文）

〇〇会社　ご担当者様

初めまして株式会社〇〇の〇〇と申します。
御社の扱っている商品に大変興味があります。
当社でもぜひ扱わせて頂きたいのですが、取引にあたっての条件等はございますでしょうか？
当社はオンライン販売に特化した会社で、主にAmazonさんを販路にしております。
御社の条件、指定の価格は必ず守り、ブランドイメージを保つ努力をしますので、もしよければ取引条件等をお教えください。
御社の商品は〇〇が素晴らしいと感じていて、当社でも御社の商品を長期的に扱えたらと考えております。
毎月安定した購入を努力しますし、オンライン販売ですが、御社の価値を下げるような真似はいたしません。
多くの国内メーカーさんとも安定したお付き合いをしております。
またご連絡くださいませ、どうかよろしくお願いいたします。

（署名：会社名・担当者名・住所・電話番号・メールアドレス）

大事なポイントは、**Amazon販売であることを正直に伝えることです。**

国内メーカーへ初回メールする際、Amazonで販売していることを隠してメールを送る方がたまにいます。なぜかと言うと、「Amazonは価格破壊が起きやすい」「ブランドイメージが損なわれる」という理由でAmazon販売を嫌うメーカーがあるからです。

しかし、だからといってAmazonで販売することを隠すのはタブーです。必ずAmazonで販売していることを正直にメーカーに伝えるようにしましょう。「Amazon販売です」と正直に言っても、取引できるメーカーはたくさんあります。

「Amazon販売ではない」と偽って取引をするのはタブーです。後々の交渉でAmazonの販売者を限定化してもらったり、Amazon独占を獲ることができなくなります。**これは長期的にメーカーと深く付き合うためには大きなデメリットになります。**

自社の商品をどこで販売するのかを確認されることが多いので、初回にきちんと販路を伝えることで後のやりとりを省略できます。またAmazonの価格破壊やブランドイメージの損失については、あとでお話する「販売者を限定化してもらう」方法などで防ぐことができます。

しっかりとAmazon販売の専門家であることを伝え、「御社の価値を下げるようなことはしない」「ブランドイメージを下げない」ことを約束しましょう。そして、メーカーが困っているようなことを解決できる提案ができると、なお良いです。

もう1つ大事なポイントをお伝えすると、この本でも参考文を掲載していますが、**やはり自分の力でオリジナル交渉文を考えることが重要です。**

本書の参考文は、重要なポイントをお伝えするためのもので、真似すればいいテンプレートではありません。おそらく真似してメールしているだけではなかなか取引が成立しないでしょう。

メーカー取引をするのはあなただけではありません。そしてそのメーカーに直取引の交渉している人も複数名存在すると考えられます。

複数の出品者から、テンプレート化された定形的な交渉文ばかり来たら、メーカーは嫌がります。おそらくメールの返信もしないでしょう。

ですから、参考文ではポイントや文字量の目安だけ押さえておいて、あとはオリジナルの交渉文を考えるようにしましょう。

例えば、以下のことをしっかり考えて、オリジナルの交渉文を考えてみるといいでしょう。

●自分がどういった人間かをメーカーに知ってもらえるように取引したい気持ちや思いを丁寧に書けるよう意識する
●どういった販売者がメーカーからしたら嬉しいかを考えて書く、相手の気持ちを考慮する
●メーカーが悩んでいることは何か、また自分がメーカーにどのようなメリットや協力できることがあるかを考えて書く（実績がなくても自分が出来ることはある）
●メーカーの商品をちゃんと知っていて、利益目的だけでないことを伝える（利益を出すことは大事だがメーカーは自社の商品をより深く理解してくれる方を好む）
●自分の強みは何か、過去の経験や現在の職業、持っている資格、趣味、あなたがどういった人間か分かるように書く

注意点としては、上記を参考にしてもらいつつ、長文になり過ぎるとNGだということ。自分本位でなくメーカーの気持ちを考えて、返信しやすい適度な量の文面にするのがいいと考えます。

メーカーと交渉する際に、おすすめの書籍は『伝え方が9割』佐々木恵圭一著、ダイヤモンド社）という本です。「この言い回しを真似てみよう」と思うようなことも書いていますので、ぜひ参考にしてみてください。

初回メール交渉文の参考例－2

（メーカーへのメリットを強めた交渉文）

○会社　ご担当者様

初めまして株式会社○○の○○と申します。
御社の扱っている商品に大変興味があります
当社でもぜひ扱わせて頂きたいのですが、取引にあたっての条件等はございますでしょうか？
当社はオンライン販売に特化した会社で、主にAmazonさんを販路にしております。
Amazonさんを嫌うメーカーも多いですが、当社はAmazonのプラットフォームに詳しく、御社の商品価値を崩すことなく販売することが可能です。（事例によって異なりますが商品価値を戻すことも）
もしお困りごとがあれば気兼ねなくご相談ください。力になれます。
また御社の商品を日本中に広められるように大手量販店への卸も検討していますし、オンラインの販促もアドバイス可能です。
御社の商品を見たとき、とてもいい商品だと私自身感じました‼
ぜひご連絡頂ければと思います、直接伺うこともお電話も対応できますので、どうぞよろしくお願いいたします。

（署名：会社名・担当者名・住所・電話番号・メールアドレス）

こちらの参考文は、太字の箇所を見ていただければわかるように、メーカーのメリットを強めた交渉文です。自分がいかにメーカーに貢献できるか、困っていることを解決できるかを書いた文章です。

自分の実績や得意分野があれば、それがメーカーにどのようなメリットがあるのかを伝えるようにしましょう。

初回メール交渉文の参考例－3

こんにちは、〇〇の△△と申します。
御社の商品に大変興味があります。
当社と取引は可能でしょうか？
また条件を教えてください。
よろしくお願いいたします。

3つ目の参考文はかなりシンプルな短文です。

先の2つの参考文は、Amazon販売であることを明かしているので、説明の手間を省くことができます。一方でAmazon販売する意思のないメーカーからは返信が来ないので、返信率が下がる傾向にあります。

短文の場合は、返信率が高くなる一方で、販路の確認などその後の返信のやり取りの手間が増えます。しかもその過程で断られる可能性があるので、短文のほうが無駄が発生しやすいですが、返信率を高めたい場合は有効な手段の1つです。

初回メール交渉文の参考例を３つほど入れましたが、どの文章にも自社のＨＰや会社概要が載っていません。しかし、自社のＨＰや会社概要を入れることで、相手方に自分のことが伝わるので、しっかり準備して上記のような資料を追記できるとベストです。

なお会社概要に関しては、例えば特典としてある会社概要エクセルをPDF化して、それをGoogleドライブにアップして、全体が見れる共有設定にした上で、メーカーにそのリンクを送ることで容易に対応可能です。

実績がある人はアピールしよう。でも一番大事なのは「気持ち」

物販の実績がある場合は、それも書いたほうが良いでしょう。

例えば、◯県◯市で◯◯の活動をしていて、月商がどれくらいで、どのような商品を扱っているのか、など。「Amazon以外の販路を持っている」「卸業もやっている」「輸出をやっている」「OEMのスキルがある」なども武器になります。物販ビジネスの経験者であれば有利でしょうね。

また、自分の勤めている会社の実績など過去の実績なども、アピールできるところがないとも限りません。

例えば私の場合は福祉系の仕事をしていましたが、福祉系のメーカーに交渉するときは、そのときに得た資格などもアピールできます。

具体的な実績はなくとも、「Amazonのプラットフォームの現状やオンラインの販売価格を守るための知識はあります」と伝えてもいいでしょう。

経験と知識に自信のない初心者の方は不安に思うかもしれませんが、全然大丈夫です。私の周りの初心者の方でもメーカーからの反応はあるので安心してください。

大事なことは、なぜメーカーの商品に興味を持ったのか、自分がどう役立てることができるか、自分の気持ちを伝えることです。**実績がなくても気持ちがこもっていれば返信率は高くなります。**徐々に実績を積み重ね、メーカーにアピールできるようになればさらに返信率UPが望めるでしょう。

基本は自分で考えて返信率などを確認しながら改善！

参考例をいくつか紹介しましたが、「これで返信率が高くなる」という正解はありません。**紹介した文章をもとにオリジナルの交渉文を作り、返信率を確認しながら改善するようにしていきましょう。**私もあとでお話しする返信率などを見ながら改善しています。

実例を出すと、私のコンサル生で同じメーカーにメールを送ったAさんとBさんがいます。Aさんはテンプレートをそのまま使用、そのメーカーが何に困って何を解決したいかを理解せずにやり取りしています。Bさんは初回メールの文章を自分で考えて、メーカーと密に連絡を取りながら交渉しています。やり取りがわかりづらいときは電話でコミュニケーションを取ったりもしています。

その結果としてAさんは取引できず、Bさんは取引が成立しました。

このように、私のコンサル生でもはっきりと差が出ています。テンプレートを真似しただけのメールは成果が出ないのでやめましょう。

03

初回から電話交渉もあり、返信がない場合も電話しよう

HPがないメーカーや、メールしても返信がなければ電話しよう

たまにHPがないメーカーや、HPがあっても「お問い合わせフォーム」や「メールアドレス」の記載がない場合があります。初心者の方であれば、とりあえずスルーして次のメーカーを探しても良いでしょう。

しかし、少し勇気がいるかもしれませんが、電話で初回交渉するのもありです。電話の場合は受付の人が出ることが多いので、下の例のように電話すると良いでしょう。

HPがないメーカーや「お問い合わせフォーム」のないメーカーは、他のセラーがスルーしがちです。それだけに電話すると取引が決まる確率も高くなります。どうしても気になるメーカーがあれば、電話でアタックしてみましょう。

(電話交渉例)

お世話になります。
私、○○の○○と申します。
今回初めてご連絡させていただきました。
御社の商品を是非取扱いたいと思い、ご連絡させていただきました。
卸しのご担当者様(営業担当者様)はいらっしゃいますでしょうか?

また、私の場合、自分が「良い! 売れる」と思ったメーカーに初回メールを送って返信がなかったら、電話をするようにしています。

直接電話をしたほうが話がまとまることがありますし、電話をかけたら熱

意が伝わって話が通ることもあるからです。

一度メールを送って返信のない場合は、下のように電話をし、担当者につないでもらい、メール交渉文のように具体的な話をしていきましょう。

ガンガン売り込むというよりは相手の要望を引き出したり、理解するように努めるとうまくいく場合が多いです。

（メール返信がない場合の電話交渉例）

お世話になります。
先日メールさせて頂いた○○の○○です。
メールの返信がないのでご連絡させて頂きましたが、営業担当の方はおられるでしょうか？
ぜひ御社の商品を取り扱いたく、失礼ながらお電話した次第です。

【電話するメリット】

●お問い合わせフォームやメールアドレス、そもそもHPがないメーカーに交渉ができる

●メールの返信がない場合に取引できるかできないかすぐに結果が分かる

●電話でしか取引を受付けていないメーカーに効果的

●電話の交渉が得意な人なら、メールよりも気持ちが伝えやすい

私のコンサル生で、電話交渉したメーカーは良くて10社に1社の割合で取引が決まるという話をした方がいました。メールだと最初は30〜50社の割合で1社決まれば良いですから、電話をすると3〜5倍の成約率アップです。

最初は電話することに対して抵抗があるかもしれませんが、これも経験を重ねれば慣れていきます。極力電話は取り入れたほうがいいと思っています。

電話する前にFAXを送るのも有効

もし、初回メールに返信がない場合や、お問い合わせフォームはないが、

FAX番号が載っているメーカーには、電話の前にFAXを送ることも有効です。

FAX機がなくても、eFAXを使えば、Web上でFAXの送受信が可能です（P〇〜）。国内メーカーでは、FAXを使っているメーカーも多く、メールでは反応しなくてもFAXで反応する場合があります。

もし、初回メールで返信がない場合は、メールを送ったけど返信がなかったからFAXした旨を添えてFAXを送るようにしましょう。

電話するのは勇気がいるから、FAXでまず反応を知りたいという方は、ぜひ試してみてください。

04

メーカー直取引でよく使う用語

ここでは、メーカー直取引でよく使う用語について紹介します。

ただし、わからない単語が出てくれば、ネットで調べればすぐに出てくるので、そこまで身構えることでもないかと思います。

【上代・下代】

メーカーが設定している定価を「上代（じょうだい）」と言います。「商品定価」「メーカー小売希望価格」と同じ意味です。

仕入れ価格や卸値のことを「下代（げだい）」と言います。「卸単価」「仕切り」と呼ばれることもありますが、一般的に多く使われるのは「下代」です。

【掛け率】

メーカーの設定している定価に対する仕入れ値の割合のことを言います。よく3掛け、4掛けという言葉が使われます。

例えば、6掛けの場合、定価の60％で仕入れができるということです。

【ロット数・発注単位・ミニマム】

「 発注単位は5ケースから」「発注は5万円以上」などの最低注文単位のことです。最低ロット、ミニマムと言うこともあります。

メーカーによってロット数は異なりますので注意しましょう。

【ケース・入り数・アソート可】

「1ケース12個入り」のように箱単位の商品数のことを言います。

「アソート可」とは、違う商品を混載して1ケースとして発注できるということです。

【元払い発送】

「2万円以上発注で送料無料」など、発注した商品の送料をメーカーが負担してくれるということを意味します。

【掛け払い】

毎月取引が一定数ある場合、取引ごとに現金にて支払うことは非効率です。そこで、一定期間に行われた取引の支払いをまとめて効率的に行うことを、掛け払いと言います。請求書払いとも言われます。

「月末締めの翌月末現金払い」とは、月初から月末までの取引についての支払いを翌月末までに行うことを言います。

【口座開設】

銀行口座の開設のことではなく、企業間の取引を行うための手続きを「取引口座開設」と言います。

メーカーによって口座開設の定義は若干異なり、「掛け払いOK」のことであったり、単純に「取引OK」のことがあります。

メーカーによっては専用の用紙に「会社概要」の記入を求められたり、「契約書」を取り交わす場合もあります。

COLUMN

国内メーカーも取引する相手を選んでいる

国内メーカー直取引を実践する上で事前準備としてとても大切なのが、初回メールの文章と会社概要エクセルの作成です。

というのも、例えばAさんとBさんが同じメーカーにメールを送ったけれど、取引が決めるのはAさんだけ、ということが実際にあるからです。どうしてそのようなことが起きるのでしょうか？

取引が見事決まったAさんは初回メールの文章を時間をかけて作り、メーカーにとって印象の良い文章を作成しました。会社概要エクセルも顔写真付きにしていて、ユーモアに長けているAさんの優しい感じや信頼できそうなイメージを与えるようにしています。一方、Bさんは初回メールの文章や会社概要エクセルの作り込みは二の次だと感じていて、とにかく薄い内容の初回メール、全く興味が湧かない会社概要エクセルを大量にメーカーに送っていました。

Bさんは全く悪気はなかったわけで、数をこなせば取引してくれるメーカーが自然に現れると勘違いしていたのです。つまり、自分の作成した初回メール文章、会社概要エクセルの本当の意味を理解していなかったことが敗因です。

初回メール文章と会社概要エクセルをいかに上手に作り込むかで、メーカーの反応は180度変わってきますので、ぜひこの辺を意識してほしいのです。

また自分の作成した文章や会社概要が良いのか悪いのか、客観視できないと思いますが、そんなときは下記の数字を測ってください。

●今月の累計メール数
● 今月の累計メール数に対する返信率
● 今月累計の見積りもらったところ
●今月の利益が出て仕入れたところ

初回メールに対する返信率が悪ければ、あなたの作成した初回メール文章は、メーカーにとって魅力的でない、ということです。

見積りをもらう率や仕入れに至る率が悪ければ、初回メール文章だけでなく、その後のメールのやり取りや会社概要エクセルを見直してください。ここを見直すことで劇的に仕入れに至る成約率が高まった人もいます。

そもそもメールを送る数が少ない人は、できる限り多く送れるように継続して作業していきましょう。

全てのことを一気にうまくいかせることは難しいですが、ひとつひとつの意味を数字で測り改善できると、より良い成果に繋がると思います。

Chapter 7

国内メーカー直取引の契約成立を実現するツメの交渉術

～契約を断られたらどうする？ とっておきのメーカー対応法～

ここからはメーカーにメールを送って返信が来てからのやり取りのお話です。メーカーも千差万別で、その対応もさまざまです。いくつかのパターンに沿って交渉のやり方をお話しますので、この方法に沿って取引を成立させてください！

01 メーカーからの返信パターン別攻略法

前章ではメーカーにメールを送るまでの手順を説明しましたが、ここからはメーカーから返信が来てからの対応方法のお話をしていきます。

ここからがいよいよ、本格的な取引交渉のプロセスに入ることになるので、以下のパターンをそれぞれ参考にしてみてください。

見積もりがすぐに返ってくるパターン

ご連絡ありがとうございます。
それでは早速下記の商品を発注させて頂きます。
A × 10個　B × 10個　C × 10個
請求書を発行していただければすぐに振り込みをいたします。
また今後も含めて掛売りのご対応は可能でしょうか？
どうぞよろしくお願いいたします。

この場合は取引可能ということなので、もらった見積もりをAmazonの商品ページと比較して、仕入表で精査して利益が出るようなら仕入れをしましょう。見積りは資料や文章で送られてきたり、商品情報などの資料も合わせて送られてくる場合があります。

ポイントとしては、すぐに見積もりが来ているので、利益が出るようならなるべく早く仕入れたほうが、メーカーの印象が良くなります。

メーカーから卸問屋や代理店を紹介されるパターン

ご連絡ありがとうございます。
早速○○会社様に連絡を取ってみますが、発注数量を増やした場合は御社と直接お取引することは可能でしょうか？
○○会社様に連絡する前に一度確認させて頂きたいので。
またご返信ください、どうぞよろしくお願いいたします。

直接取引はできないが、卸問屋や代理店を紹介されるようなパターンです。**卸問屋や代理店仕入れでも利益の出る商品は充分あります。逆に卸問屋、代理店だから利益の出る商品もあったりします。**

ただ、メーカーから直接買ったほうが利益率が高い可能性があるので、一度粘ってメーカーと直接取引ができないかどうか、確認することをおすすめします。発注数量を増やす意志表示をした場合は、直取引が可能になることがあるためです。**それでダメなら、素直に紹介された卸問屋や代理店に連絡しましょう。利益が出る場合も十分あり得ます。**

メーカーから業種や販路、会社概要、どの商品が欲しいか聞いてくるパターン

ご連絡ありがとうございます。
弊社の会社 HP は下記でございます。
(→会社 HP ※ WIX などで作成したもの)
HP はとても簡易的なものでお恥ずかしいので、会社の概要をエクセルにてまとめたものを添付させて頂きます。
こちらで私どものことをより知って頂けたら幸いです。
商品は御社の○○に興味をもっております。
また、よろしければ条件等をお教えください。
よろしくお願いいたします。

この場合は上記のように返信しますが、会社概要の作り込みが大切です。ただHPを最初からうまく作成するのは難しいので、会社概要をExcelで作り込み、メーカーにあなたの気持ちを伝えていけば大丈夫です。HPや会社概要エクセルの作り込みについては、Chapter5の内容を参考にしてみてください。

02

メーカーから電話がかかってきたらどうする?

すぐに電話に出なくても大丈夫

メーカーからメールの返信ではなく、電話がかかってくることも珍しくありません。着信があったからといって、すぐに電話に出なくても大丈夫です。

どのメーカーかわからない状態で電話に出てしまうと、質問内容にすぐに答えられないことがあります。いったん着信番号をGoogle検索して、メーカー名をリサーチ表で確認してから電話をかけ直すのも1つの手です。

できればプライベート用とビジネス用に分けて、050などの電話番号を取得することをおすすめします。ビジネス用にかかってくれば、すぐにメーカーから電話だとわかります（外出中に固定番号に電話がかかってきても確認できない場合は、ボイスワープなどの携帯電話に着信転送するサービスを検討しても良いでしょう）。

050番号を無料で取得する際はSMARTalkを使いましょう。

●SMARTalk
https://ip-phone-smart.jp/smart/smartalk/

また、副業中で日中電話に出られない方や、電話対応が苦手という方は、電話代行サービスのフォンデスクもおすすめです。

フォンデスクを利用すると、電話を代行してくれ、さらに要件や相手の連絡先といった必要事項をChatworkやLINEでお知らせしてくれます。

月額10,000円の基本料金に加え、電話101件以降は1件200円の従量料金(100件まで0円)がかかりますが、検討の余地はあるかと思います。

私の場合は会社の固定番号をフォンデスクに転送するようにしていて、フォンデスクから着信連絡の旨があったら、その情報を見てメーカーの担当者に自分の携帯から折り返ししています。私の場合は050番号を使ってプライベート用、仕事用などに分けたりはしていませんので、各々の方の環境においてご検討ください。

●フォンデスク　https://www.fondesk.jp/

電話がかかってきたときに聞かれること

電話がかかってきたときに、どんなことが聞かれるかを次に列挙します（下記の全てを聞かれるわけではないので、ご安心ください）。

○どの商品に興味がありますか？
○ウチの商品をどうやって知ったのですか？

○ 販路はどこですか？
○御社は主にどんな商材を扱っているのですか？
○御社に一度訪問してお話聞かせてください。（「次項の 03　メーカーに会い
たいと言われたときは？」参照）
○メールで御社の HP（会社概要）と販売先の URL を送ってください。
○ウチの商品の掛け率はいくらで、条件はこうです。購入希望数量は？
○ Amazon 販売で起きた問題に対して具体的に何をしてくれるのですか？
○売上規模・事業年数・従業員数は？

購入希望数量についてはすぐに答えられないこともあるかと思いますので、正直に「検討して折り返します」と言ってもいいでしょう。

だいたい数量が決まっていればその場で決めてもいいですが、少量仕入れから始めて徐々に増やしたい場合もあるでしょう。その場合は「長期的に御社とお付き合いさせていただきたいので、売上を見ながら購入数量を段階的に増やしていきたい」「最低ロットがあれば教えていただけますか?」と答えればいいでしょう。

初心者の方が答えづらいのが最後の売上規模・事業年数・従業員数です。個人事業主でやっている方も多いでしょうが、そこは正直に言いましょう。ここで回答に詰まってしまうと、逆に印象が悪くなります。

「まだまだ始めたばかりですが、ネット販売に魅力を感じて、熱意をもってこういったことをしております!!　御社の商品にも魅力を感じているので、ぜひお付き合いさせていただきたいです!!」

など自分の思いを添えて正直に伝えるようにしましょう。

重要なポイントは、メーカーは自社の商品をしっかり理解してくれる人と取引をしたいと考えていることです。商品についてどんな所に興味を持ったのか、どうやって販売していくのかきちんと伝えられるかどうかで、取引できるか、できないかが決まります。しっかりと自分の思いを伝えるようにしていきましょう。

03

メーカーに会いたいと言われたときは?

とりあえず見積もりだけ先にもらえないか聞く

「一度お会いしてお話聞かせてください」と言われるメーカーの場合は、見積もりだけ先にもらえないかどうか、聞いてみましょう。というのも、会った後にもらった見積もりで「利益が出ないから取引できない」では時間がもったいないからです。

会う前に見積もりをもらうことが一番です。もらえない場合は掛け率だけでも教えてもらえないか確認しておきましょう。

ただ、「お会いしてからでないと、具体的な価格についてはお話できません」というメーカーもあるので、その場合は会うしかないでしょう。本当に会わないと取引できないケースもあります。

商談する場所について

メーカー担当者から御社に訪問したいと言われた場合は、事務所がある方であれば事務所に来てもらえばいいと思います。

しかし、個人でやっている方で事務所を持っている方は少ないでしょう。

その場合は駅前や近所の喫茶店をセッティングして商談をするといいでしょう。

自分が絶対取引したいメーカーであれば、メーカーの事務所まで出向いて本気度をアピールするのもOKです。

なお、コロナ禍の影響で、最近はZoomなどオンラインでの商談をするケースもあります。ただ、肌感覚として「Zoomで商談したい」とメーカーから言ってくるようなことは多くありません。

もちろん、メーカーが遠方だったり、緊急事態宣言中だったりした場合はZoomでも構いません。しかし、直接会って話をしたほうが相手の表情や雰囲気も感じ取り、細かい部分で意思疎通を図ることが可能です。メーカーに本気度も伝えやすいので、直接会うという選択肢を入れておきましょう。

商談時に押さえておくべきポイント

初回の商談は早くて30分から1時間ほどで終わるケースが多いです。聞かれることはだいたい電話で聞かれることと一緒なので、事前に話す内容を考えておきましょう。

直接会ってメーカー担当者と話ができるチャンスです。「掛け率を今より下げる条件はないか」と「掛売りは何回目の取引から対応してもらえるか」の交渉は必ず行いましょう。

2回目以降は、Amazonの販売者の限定化についても交渉していきましょう(詳細はp.295〜)。

Amazonの仕組みやオンラインに非常に詳しく、価格破壊に対する対策を知っているということも話しておくと、交渉が成立しやすくなります。ただ、詳細な説明はメーカーの担当者が関心を持って質問してくる場合にしましょう。相手から求めていないのに、ただ一方的に話しても逆効果です。あくまで売り込むだけでなく、メーカーの困っていることを聞くという姿勢で商談しましょう。

それと、担当者の良し悪しはどうしても出てきます。例えば会社に言われてノルマ的に来て、明らかに乗り気でない人。話していればすぐにわかります。

そういう場合はいくら熱意を持って話しても意味がないので、時間を無駄にしないためにも早めに商談を切り上げたほうがいいでしょう。

担当者の反応が微妙でも「どうしてもこのメーカーの商品を仕入れたい！」という場合は担当者を変えてもらうしかないです。それで掛け率など良い条件で取引ができることもあります。

04

できる人の断られたときの対応方法

メーカーから断られたら、なぜダメなのか理由を聞くことが大事

最初から取引OKのメーカーを積み上げていくだけでも充分稼ぐことはできます。ただ、一度ダメと言われたメーカーに対して切り返しをするかしないかでも、結果が大きく変わってきます。断りの返信があってもダメな理由をメーカーに聞き、ダメな理由に対して隙があれば、一転して仕入れが可能になることがあります。このような経緯を経て取引が決まると、長期的な付き合いになる可能性が高いです。

理由としては見積もりがすぐ返ってくるメーカーはライバルが増えやすい一方、一度断ってくるメーカーはライバルがあまりいないからです。断られたらすぐに引く人が多いですから。あまりしつこいのもよくないですが、一度断られたメーカーについてはきちんと理由を聞くことが大事です。

テンプレートを自分で用意しておいて、ダメと言われたメーカーに切り返しの文章を送っていくのもおすすめです。

それではまず、理由別に断られたときの対応方法についてお伝えしていきます（この辺の対応はメールより電話のほうが、相手に気持ちを伝えやすいのでおすすめです）。

Amazon販売・オンライン販売はダメと言われる場合

メーカーがAmazon販売、オンライン販売に詳しく、すでにAmazonやオンラインの販売者を限定化している場合は難しいですが、Amazon販売やオ

ンライン販売をダメな理由が明確でない場合はチャンスがあります。

例えば断られる理由が「何となく怖いからAmazon販売・オンライン販売はダメ」「価格破壊が起きやすいらしいからAmazon販売・オンライン販売はダメ」「Amazon販売・オンライン販売はブランドイメージを落とすからダメ」といった、曖昧なものです。

この場合はメーカーに対してAmazon販売やオンライン販売がダメな理由を一度確認し、しっかりとAmazonやオンライン販売の仕組みや価格崩壊を防ぐ方法があることを説明し、御社のブランドイメージを守りながら商品を販売できることを、メリットのある形で伝えていきましょう。

そうすることで熱意が相手に伝わり「あなたにだけAmazon販売・オンライン販売を任せてみよう」「あなたならAmazon販売オンライン販売OKで取引してあげますよ」ということになったりもします。

またAmazon（オンライン販売）のプラットフォームについて詳しいメーカーはそんなに多くありませんので、この本でお伝えしていることを中心にメーカーに伝えていけば、メーカーも喜ぶ可能性があります。

メーカーから実店舗がないとダメと言われる場合

この場合はかなり厳しいと考えましょう。実店舗があったり、卸しをしている場合は取引できることがありますが、その場合でもAmazon販売の許可を得て販売しなければ後々トラブルになります。実店舗や卸業者だと偽って黙ってAmazonで販売するのは論外です。

最近はブランドイメージを守るために、各メーカーはオンライン販売業者に対して厳しくなっていますので、すぐバレます。

嘘をつくくらいなら「Amazonでも販売価格をしっかり守って販売する方法があります」と伝えたほうがよっぽどいいでしょう。

ただ、かなり厳しいですが、Amazon販売に対して気持ちを熱く伝えることで取引に応じてくれることもあります。

メーカーから現在新規取引先は募集していないと言われる場合

この場合も、すでにAmazonやオンラインの販売者をメーカー自身が限定化している場合は難しいです。生産が追いついていない等の理由がある場合は、様子を見て再度アプローチをするようにしましょう。

ただ、メーカーにメリットを与えられるならば、どうしても取引したい気持ちを伝えてみるのもありです。

メーカーから法人でないとダメと言われる場合

国内メーカー直取引は法人でないとできないというのは大きな誤解で、個人事業主でも直取引に応じてくれるメーカーは多数存在します。

しかし、たまに法人でないとダメと言うメーカーもあるのも事実です。その場合は法人化後に再度アプローチしていきましょう。

メーカーから断られた場合の返信メール参考文

断られた場合の返信メールの参考文を紹介します。

〇〇様
　ご連絡ありがとうございます。
　オンライン販売不可とのこと承りました。
　御社のお気持ち、よく理解できます。
　たしかにオンラインでの販売価格は下がることも多く、御社にとって不利益をもたらすことも多いので……。
　ただ当社は長年オンライン販売に携わり、
　例えばAmazonさんのプラットフォームの現状や、オンラインの販売価格を守るために必要なことは知識として持っているつもりです。

もしお困りごとがあれば、ご協力できることもあるかと存じます。

御社の商品をどうしても当社は取り扱いたく思いますので、もう一度チャンス、ご検討お願いできないでしょうか？

（※ここで、メーカーの商品に対する想いなどを入れると◎）

無理を承知でのお願いではありますが、何卒よろしくお願いいたします。

改めてお電話もさせて頂きます。

長文失礼いたしました。

この参考文のように、Amazonの仕組みや販売価格を守れることを伝え、商品への想いも加えてメールするようにしましょう。

これもあくまで参考文なので完全な真似はせず、できれば何かしらの理由で断られた際は自分で文章を考えてメール対応や電話対応をするようにしましょう。

重要なポイント＝メーカーとのやり取りを数字で測る

●今月の累計メール数：

● 今月の累計メール数に対する返信率：

●今月累計の見積りもらったところ：

●今月の利益が出て仕入れたところ：

Chapter5で上記の数字を測ることが大切だと話しました。

今月の累計メール数はあなたの努力量が分かります。今月の累計メール数に対する返信率は、あなたの初回文章がメーカーにとって魅力的かどうかが一瞬で判断できます。もしこの数字が悪ければ初回文章を改善してください。今月の累計メール数に対する返信率は良いけど、見積りをもらう確率や実際に仕入れに至る成約率が低ければ、初回文章は良いけど、その後のメーカーとのあなたのやり取りが悪い、ということになるので、初回メール文章以外のメーカーとのやり取りなどを、メール文章、電話対応など全て含め、見直してください。

数字でこの辺のことをしっかり測ることでより良い状態に改善ができます。がむしゃらに作業するのでなく、お話したリサーチ表をもとに上記の数字を正確に測って作業を行ってください。

これが完璧にできると、何社送れば何社成約するか（仕入れに至るか）が理解できるので、もっとモチベーション高く作業ができるでしょう。

例えば300社送れば10社成約する数字に落ち着けば、600社メールすれば20社成約するから頑張ろう!!　と逆算して考えることが可能になります。

○今月の累計FAX数：

○今月の累計FAX数に対する返信率：

○今月累計のFAXで見積りもらったところ：

○今月のFAXで利益が出て仕入れたところ：

○今月の電話数：

○今月の電話での見積りもらったところ：

○今月の電話で利益が出て仕入れたところ：

現在私のコンサル生にはメール以外にも、FAXや電話の数字を上記のように週に１回報告してもらっています。

メールだけだと埋もれる可能性があるので、メール、FAX、電話をバランスよく取り入れることが重要になっています。

04

いろいろある
メーカーへの支払い方法

メーカーへの代金支払い方法は、いろいろなパターンがあります。もちろん、メーカーのやり方に合わせたほうが話が進みやすいですが、方法によっては資金繰りにも直結することなので、慎重に考えてこちらの希望も伝えるようにしましょう。

【前入金】……………………………………………… 出現率★★★★★

発注後メーカーから請求書を発行してもらい、代金の銀行振込をメーカーが確認後に発送します。メーカーによっては取引実績を積んでいくと「掛け払い（請求書払い）」に変更してもらえます。

【代引き】……………………………………………………… 出現率★★

代引手数料はメーカーが負担する場合とこちらが負担する場合があります。こちらも取引実績次第で「掛け払い（請求書払い）」に変更してもらえることがあります。

【掛け払い（請求書払い）】………………………………… 出現率★★

「月末締めの翌月末払い」などのことです。翌月にメーカーが請求書を発行し、支払期日までに銀行振込みをします。

支払いをまとめて効率的に行えるだけでなく、支払いを翌月末にすることで資金繰りも良くなります。

ただ、メーカーとしては未回収のリスクが残るため、だいたい最初は前入金などで、実績を積んでから掛け払いになります。

【クレジットカード】 …………………………………… 出現率 ★ ★

卸サイトを運営しているメーカーや卸問屋で選択できる場合があります。

【NP掛け払い】 ……………………………………………… 出現率★ ★

保証会社が仲介して「掛け払い」をすることができます。一定の審査があり、支払いは保証会社にします。

【保証金を預けて請求書払い】 ………………………………… 出現率★

メーカーによっては「保証金を20万円」預けて「20万円までは掛け払い」という対応をしている所があります。預けた金額以上の仕入れをする場合は、前入金をするか、追加の保証金を求められる場合があります。

取引を断られたり利益が出ないときの“返し”を用意しておこう

Chapter7では実際の初回メール文章やメーカーとのやり取りを中心にお話ししました。普段の生活の中では気に掛けないメールの文章ひとつとっても、メーカーの担当者にあなたの気持ちがしっかり伝わるかが勝負の分かれ道です。ぜひ相手の立場に立って、どのようにすれば自分の思いが上手に届くかを考えてみてください。考えるだけでだいぶ違います。

大事なポイントは、メーカーに取引を断られた時や見積りをもらっても利益が出ない場合の返しを必ず用意しておくことです。実際にやってみると、取引を断られたり、取引OKでも利益が出ない場合もあるかと思います。30〜50社にメールを送って、1社でも利益が出るところと取引できれば良いほうですと伝えているので、これは当然のことなのですが、メーカーに取引を断られた時や見積りをもらっても利益が出ない場合の返しを用意すると、もっと成約率が高まります。

どういうことかと言うと、実際に取引を断られたメーカーにその断られる理由を確認し、解決策を提示することで信頼感を与え、自分だけ新たな取引ができるということもありますし、見積りで仮に利益が出なくても「これだと利益が出ません。もっとたくさん買ったら条件は変わりますでしょうか？」「Amazonで販売している方がいるので、その人たちと同じ条件になりますでしょうか？」「一番安い卸値の方の条件はどのような形でしょうか？」「ちょっとこの卸値だと正直厳しいです……もう少し安くなりませんか？」などの返しを伝えることで、条件が変わり利益が出る商品に化けることがあるからです。

私のコンサル生などはこれを言うだけで６掛け（40％オフ）が4掛け（60％オフ）になった人もいるくらいですし、どうしても取引したい！　と熱い気持ちを伝えるだけでも、一度断られたのに後で取引OKになったりすることがあります。これは本当の話です。

長いことメーカーとお付き合いしてきてわかったことは、自分の商品を大事に扱ってくれる人とメーカーは取引がしたいし、熱い気持ちをもった方や丁寧に思いを伝えれる人がメーカーから好まれるということです。

メーカー取引の秘訣は、結局「人から好かれること」にあります。

偉そうなことを言っていますが、私もこんなにできた人間ではありません。でも気を付けてメーカーと接しているので、私のことをよく思ってくれるメーカーも少しずつ増えて、今の状態にあるのだと思います。

Chapter 8

ここが大事！
利益を出すための数字の見方

〜見積もりの精査から
リピート発注まで〜

ここからはいよいよ実際に利益を得ていく、仕入れの実践についてお伝えします。見積もりの精査、数字の管理、仕入れロット、仕入れ掛け率、マル秘交渉術、全部教えます！ ここまでマスターして継続した作業さえできれば、月利10万、20万……50万円とストック状に利益を積み上げることが可能です。

01

メーカーから来た見積書で利益が出るか精査する

見積書で利益が出るかどうか判断する

メーカーとの取引が成立したあとは、下記のような見積書をもらって、Amazonの商品ページと見比べて、実際に利益が出るかどうかを精査して商品を購入します。そして、その際に購入する仕入個数も判断する必要があります。

メーカーからもらった見積書の一例

御　見　積　書

株式会社　御中　　　　　　　　年　月　日

下記の通りお見積致します。

株式会社

納品場所　貴社一御指定　　　　〒

支払条件　入金後発送　　　　TEL：

本書有効期限　次回お見積もりまで　　　　FAX：

担当：

項目	商品名及仕様	色/サイズ	税込価格	税抜価格	ロット	掛率	金額(税別)	備考
1		シングル	¥7,180	6,648	100	48.0%	¥3,191	
2		ダブル	¥8,208	7,600	100	48.0%	¥3,648	
3	100セット一括ご発注、一箇所納品の場合の御見積になります							
4								
5								
6								
7								
8								
9								
10								
備考	※金額には消費税は含まれておりません ※ロット割れもしくは、下代で3万円未満の場合、送料実費頂いております。							

まずメーカーからもらった商品の見積りを確認し、Amazonの商品ページひとつひとつを見比べて利益が出るかどうかを確認していきましょう。

例えば左の見積書が「ニューサイエンス」というメーカーと取引できた結果、メーカーから頂いた見積書だったとします。これをニューサイエンスのAmazon商品ページと見比べていきます。

見積書の書式はメーカーによってさまざまで、あまりにも型番が多いようなメーカーは「どの商品が欲しいですか？」と聞いてくるので、希望の商品を伝えれば、その商品だけの見積りをもらえます。またそうではなく、そのメーカーが扱っている全ての商品の見積りを一気にくれるメーカーもあるので、ケースバイケースで対応しましょう。

メーカーの商品一覧の出し方

Amazonのトップページの検索窓にメーカー名かブランド名を入力すると、メーカーの商品一覧が下記のように表示されます。下記は一例として「ニューサイエンス」というメーカーの商品一覧を検索した場合です。

メーカーの商品一覧

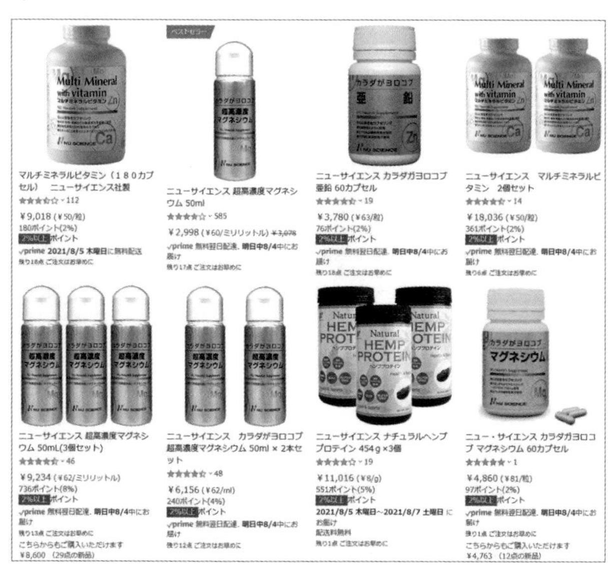

検索窓にメーカー名やブランド名を入力するだけでなく、リサーチした商品ページに記載されている青色のメーカー名（ブランド名）をクリックしても検索できます。

メーカー名をクリックすれば検索できる

ニューサイエンス 超高濃度マグネシウム 50ml
ブランド: ニューサイエンス
青色のメーカー色（ブランド名）をクリック
585個の評価 | 8が質問に回答済み
Amazon's Choice ニューサイエンス

Amazonのトップページの検索窓にメーカー名かブランド名を入力する方法と、商品ページに記載されている青色のメーカー名をクリックする方法、２つの検索方法がありますが、表示される商品に違いが出る場合もあるので、**できれば２つの方法どちらともお試しください。**

この２つの方法を試した上で、見積書の価格で利益が出るかどうかを確認し、購入する商品を選定していきます。

購入する商品を選定する

売れ筋商品を表示する

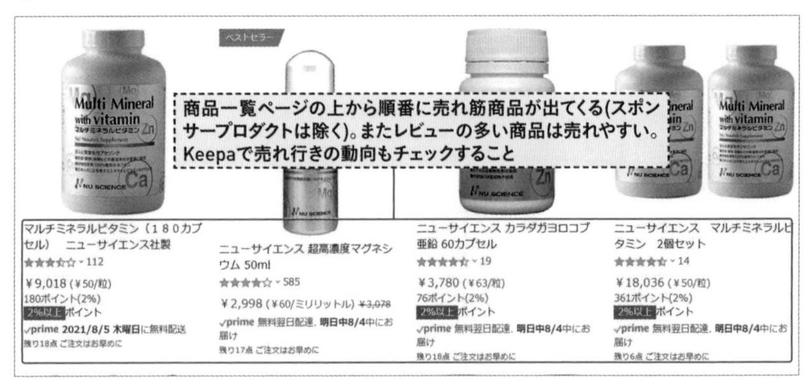

見積書の価格で利益が出るかどうかを一商品ずつ確認し、利益が出るかどうか計算した上で購入する商品を決めていきます。

メーカーによってはAmazonページで表示されている商品数（型番）が多い場合があります。しかし、初回はあくまでテスト仕入れという考え方で仕入れを行いますので、すべての商品を精査する必要はありません。

Amazonの商品一覧ページは売れ筋の良い商品順に並んでいますし（スポンサープロダクトを除く）、売れ筋順やレビューが多くついているものを優先して選定してください。Keepa、キーゾンなどで売れ行きの動向を確認するのも良いでしょう（p174〜）。初回仕入れの際は、ある程度勝率の高い商品を選定していくと失敗も少なくなり、モチベーションも維持できます。

全部精査するのは手間ですし、メーカーを待たせることになってしまい、お互いに時間の無駄になります。そもそもレビューがついていない商品などはそもそもあまり売れていない商品も多く、在庫リスクが出てきます。よって、最初から全部精査しようとするとうまくいきません。

2回目、3回目と売れた商品の仕入れを順次行いながら、徐々に他の型番商品もテスト仕入れするようにしていきましょう（利益計算の方法はFBAシミュレーターなどを使えば一発でできます）。

仕入れる前に必ず確認すること

その他、仕入れる前に確認すべきことをお伝えします。商品を仕入れたのに出品できないようなことを避けるため、必ず確認しましょう。

①商品登録を必ず行う（p64〜参照）

Amazonアカウントによっては出品規制対象の商品があります。特に新しいアカウントだと、普通の商品でも登録できないことがあります。ご自身のAmazonアカウントで商品登録できるか確認してから仕入れるようにしてください。

②FBA禁止商品でないか確認する（p97～）

FBAで取り扱うことができない商品かもしれませんので、FBA禁止商品でないかどうかを確認してください。

③危険物は事前に申請する（p107～）

危険物を納品するには事前の申請が必要で、メーカーからSDSデータシート（安全性データシート）といった資料を頂かなければなりません。そのためこういった資料をメーカーが送付してくれるか、まず確認しましょう。場合によっては情報を開示したくないため提供してくれないメーカーもありますが、大体のメーカーは提供してくれます。

④要期限管理商品ではないか（p99～）

食品・ドラッグストア・ペット用品に多く存在します。ルールを守らずに納品してしまうと納品不備として扱われ返送しなくてはいけないので、注意しましょう。

⑤過去の価格推移を確認（p262～）

初心者の方で、利益が出ると思って仕入れて納品した頃に、仕入れ直前より価格が下がって赤字になってしまうことがよく見受けられます。

このようなことを避けるため、一時的に価格が高くなっている商品なのか、価格が安定している商品なのか判断するようにしましょう。

Keepaを使えば下の図のように過去の価格推移を確認することができるので、赤字になるリスクを最小限に抑えることができます。

Keepaで価格推移を確認

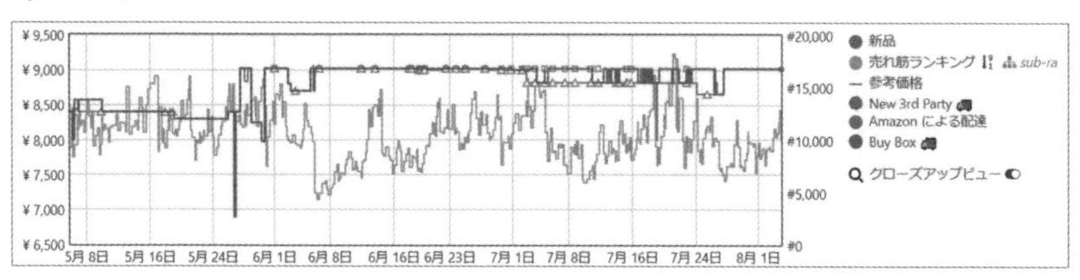

初回仕入れは「売れることを確認する」ことが大事

初回仕入れ個数の判断基準についてはp277〜に詳しく書いていますので、そちらをご覧ください。

ただし、大事なことはあくまで参考データで、実際の数字と乖離があることも珍しくありません。できればp180〜に書いてあるように定点観測して買うのが良いかと思います。

また、何よりも実際にテスト仕入れして売行きを自分で確認していくのが一番正確なデータになります。実際に仕入れて販売しながら、自分のノウハウとして蓄積していきましょう。

仕入個数の判断基準については大事なことので、動画を２つご用意しました。必ずご確認ください。

【動画】最新の仕入個数の判断基準について

https://youtu.be/eVuhP4XdXlM

02

管理帳簿を使って「売上」「在庫」「資金繰り」を一元管理する

物販は数字が命です。そこで、私が実際に使用している管理帳簿を差し上げます。この管理帳簿は元公認会計士の恩師から頂いたもので、私は当時この帳簿を「神の帳簿だ!!」とみんなに叫んでいました。

利益の計算もそうですが、お金の流れが読めるようになると、不安なくビジネスできますし、数字を逆算して目標設定もしやすいので、ぜひこの帳簿を使ってください。

次ページで説明する内容は文章だけだと理解しづらいと思いますので、以下のＱＲコードから管理帳簿の使い方を実際に見て頂いた後に読み進めるとスムーズです。

オリジナル管理帳簿のダウンロードはこちらから。

（スマホや携帯だとＱＲコードからダウンロードできませんので、p335にあるご案内からご登録ください）

http://nakamura03.staba.jp/kaminotyobohahontosugoiH30.0108.xlsx

【動画】管理帳簿の説明

https://youtu.be/xTTPrMRHeNs

仕入表

仕入日	商品名	仕入単価	海外内送料	海外転送料	消費税・関税	国内送料	FBA手数料	販売価格	[illegible]	[illegible]	[illegible]	[illegible]	[illegible]	[illegible]	[illegible]	[illegible]	備考
7月19日	A	1,750	0	127	150	100	679	3,500	694	19.8%	0.159	1.75	11	[illegible]	[illegible]	7,632	[illegible]
7月20日	B	[illegible]	0	127	150	100	679	3,500	694	19.8%	0.159	1.75	11	[illegible]	[illegible]	7,632	[illegible]
7月21日	C	[illegible]	0	127	[illegible]	100	[illegible]	[illegible]	[illegible]	[illegible]	[illegible]	[illegible]	11	[illegible]	[illegible]	[illegible]	[illegible]
7月22日	D	1,750	0	127	150	100	679	3,500	694	19.8%	0.159	1.75	11	23,399	38,500	7,632	ホーム&キッチン－990位・平均月間個数30個・FBA7
7月23日	E	1,750	0	127	150	100	679	3,500	694	19.8%	0.159	1.75	11	23,399	38,500	7,632	ホーム&キッチン－990位・平均月間個数30個・FBA7
7月24日	F	1,750	0	127	150	100	679	3,500	694	19.8%	0.159	1.75	11	23,389	38,500	7,632	ホーム&キッチン－990位・平均月間個数30個・FBA7
		10,500	0	762	[illegible]	600	[illegible]	[illegible]	[illegible]	19.8%	[illegible]	[illegible]	[illegible]	140,395	[illegible]	45,791	

仕入表は、メーカーからもらった見積りで、利益が出るかどうかを確認することに使用するものです。

仕入表の最上段の項目欄は左から、以下のように並んでいます。

①**仕入日：**購入した日付
②**商品名：**購入した商品名
③**仕入単価：**見積りに書いてある卸値
④**海外内送料：**国内メーカー直取引の場合は関係なし
⑤**海外転送料：**国内メーカー直取引の場合は関係なし
⑥**消費税・関税：**消費税だけ10％掛かるように入力（国内メーカー直取引の場合は関税は関係なし）
⑦**国内送料：**自宅か代行会社からAmazon倉庫までの送料（全体の数量で割る）
⑧**FBA手数料：**FBA料金シミュレーターのAmazonの販売手数料、FBA出荷作業手数料、在庫保管手数料の合計を入力します。

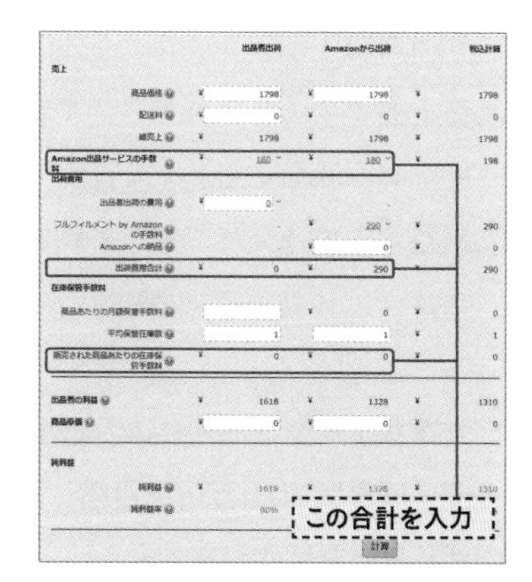

この場合は、右の図のようにAmazonの販売手数料180円＋FBA出荷作業手数料290円＋在庫保管手数料0円＝470円となります。

在庫保管手数料に関しては小さいものや標準サイズの商品はほぼ掛かりませんので、計算に含めなくても問題ないと思います。しかし大型サイズの商品は保管料が多く掛かる場合があるので、よく計算した上で仕入れてください。ＦＢＡシュミレータに記載がある保管料は１ヵ月売れなかった場合の保管料です。

⑨販売価格：Amazonの販売価格を記載

⑩利益単価

利益が自動で計算されるように関数が入っています。計算式が入っているのでご安心ください。

利益単価＝⑨販売価格—③仕入単価—④海外内送料—⑤海外転送料—⑥消費税・関税—⑦国内送料—⑧FBA手数料

⑪利益率

利益率が自動で計算されるように関数が入っています。

利益率＝⑩利益単価（利益）÷⑨販売価格（売上単価）×100

⑫重量：商品ページやFBAシミュレーターに記載があります

⑬総重量：⑫重量×⑭個数

⑭個数：仕入個数

⑮仕入原価：仕入れた合計金額

仕入原価＝（⑨販売価格＋③仕入単価＋④海外内送料＋⑤海外転送料＋⑥消費税・関税＋⑦国内送料）×⑭個数

⑯売上高：その仕入れで見込まれる合計の売上高

売上高＝⑨販売価格×⑭個数

⑰利益：その仕入れで見込まれる合計の利益額

利益＝⑩利益単価×⑭個数

大事なポイントは利益の合計金額です。

例えば月利で10万円を目指しているのに、ここの数字が5万円だともっと作業しなければなりません。

月利で10万円目指しているなら、月利10万円×1.2〜1.5倍の合計利益額になると、月利10万円は必ず達成できるでしょう。

1.5倍であれば月利15万円分の仕入れをしなければならない、ということです。ということは、

●1ヶ月で月利150,000円分の仕入れ

●2週間で月利75,000円分の仕入れ

●1週間で月利37,500円分の仕入れ

●1週間を5日とすると1日月利7,500円分の仕入れ

を目標値に落とし込み、視覚的に毎日仕入表を見て行動できれば、あなたの目標利益は現実化します。

在庫表

FBA納品日	商品名	[illegible]	[illegible]	[illegible]	[illegible]	[illegible]	FBA手数料	販売価格	[illegible]	[illegible]	[illegible]	[illegible]	[illegible]	[illegible]	[illegible]	仕入総額	売上高	利益	備考
8月5日	A	1,750	0	127	150	100	679	3,500	694	19.8%	0.1588	1.75	11	1		21,272	35,000	6,938	[illegible]
8月6日	B	1,750	0	127	150	100	679	3,500	694	19.8%	0.1588	1.75	11	6	5	10,636	17,500	3,469	[illegible]
8月7日	C	1,750	0	127	150	100	679	3,500	694	19.8%	0.1588	1.75	11	10		2,127	3,500	694	[illegible]
															16	34,035	[illegible]	[illegible]	

在庫表は商品を買ってAmazonのFBA倉庫に納品したら付けるものです(各項目は仕入表とほぼ同じなので省略させていただきます)。

仕入表については先ほど説明しましたが、グレーにトーンダウンされているものがあったと思います。

私は商品を仕入れてFBA納品できた段階で、仕入表の商品を在庫表に移します。

なぜこういった行為をするのかというと、**現在AmazonのFBA倉庫にいくら分の商品を納品していて、その商品で大体どのくらいの売上と予想利益が見込まれるか把握するためです。**

仕入表はたしかに大事ですが、商品を買ってFBA倉庫に納品することで初めて商品が販売できる状態になります。

仕入表で自分の目標利益を追うのも重要ですが、販売できる状態にあるものがいくらあって、その商品による予想売上、予想利益を見通すことが必須です。

これを正確に視覚化できるのが在庫表というものです。

また在庫表をつけることで売れないものが何かをはっきり意識できるので、在庫に圧迫されないきれいな物販ができるようになります。

ちなみに商品のリピート仕入れを考える際も、この在庫表は使えます。

私の場合、次のように印を付けて、リピート仕入れできる商品を把握しています。

○在庫が十分あるものは差引の部分を青色

○在庫が半分くらいになってきたら差引を黄色

○在庫がなくなり至急リピート発注を考えるものは差引を赤色

総重量	個数	売れた個数	差引	仕入原価	売上高	利益
1.75	11	1	10	21,272	35,000	6,938
1.75	11	6	5	10,636	17,500	3,469
1.75	11	10	1	2,127	3,500	694
			16	34,035	56,000	11,101

売上表

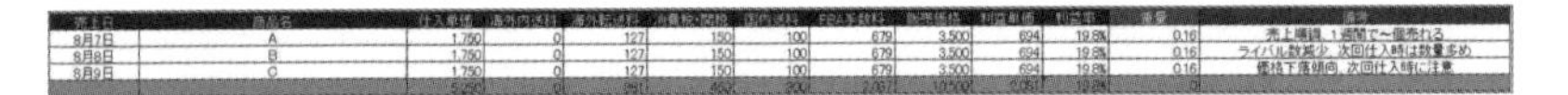

売上日	商品名	仕入単価	海外内送料	海外転送料	消費税・関税	国内送料	FBA手数料	販売価格	利益単価	利益率	重量	備考
8月7日	A	1,750	0	127	150	100	679	3,500	694	19.8%	0.16	売上順調、1週間で〜個売れる
8月8日	B	1,750	0	127	150	100	679	3,500	694	19.8%	0.16	ライバル数減少、次回仕入時は数量多め
8月9日	C	1,750	0	127	150	100	679	3,500	694	19.8%	0.16	価格下落傾向、次回仕入時に注意
		5,250	0	381	450	300	2,037	10,500	2,081	19.8%	0	

売上表は、商品が売れたら記載するものです（こちらも各項目は、仕入表とほぼ同じなので省略します）。

売上表を付けることで実際にいくら売上げ、どれくらいの利益を得たか確認することができます。そして、目標の月利を達成できたかどうかを確認することができます。達成できなければ、何かしら改善点があるということです。

注意点としては、商品が売れた段階での販売価格が、仕入れた段階での販売価格と異なる場合があります。

その場合はAmazonの手数料が変わるので、その時々で手数料内容を変えなければなりません。

Aという商品が1つ売れたら在庫表から売上表に必要な部分だけをコピペして、売上表を記載します。さらに在庫表からAという商品を一つ差し引く、という流れで連動させながら使用していきます。

この管理帳簿は「仕入表」「在庫表」「売上表」の3つで構成されています

が、よく見かけるのが、この3つすべてを一つのシートでまとめて管理するパターンです。

ですが、ひとつひとつのシートに分けることで役割を明確にし、商品や資金の流れを見えやすくしているので、私はこの帳簿を手放すことができません。

物販経験者の方ならわかると思いますが、物販ではキャッシュフローの管理は思いのほか重要になってきます。

Amazon物販ビジネスをしている人の多くがやりがちなのが、Amazonの管理画面を見て「月の売上が○○万円ぐらいで大体の利益率が○○％ぐらい利益出ている！ 稼げている！」のようなざっくりした感覚をもってしまうことです。

初心者のうち、つまり扱っている商品数が少ないうちはまだ良いでしょう。しかしだんだん商品数や扱う金額が増えてくると、いずれ限界が来ます。

適正な在庫管理ができなくなると資金繰りが苦しくなります。また、お金の流れがわからないことは精神的にも不安なので、必要以上に仕入れを躊躇してしまうことになります。

物販を始めたばかりの人には実感がわかないかもしれません。しかし、これは本当に重要なことです。私もしっかりと帳簿をつけることでお金の流れを把握することで、仕入れが怖くなくなりました。月利100～200万円に到達できるようになったのも、帳簿をつけて適切な仕入れ量を判断できるようになってきたからだと思っています。

お金の管理があやふやになっている方はぜひ帳簿をつけてください。

【動画】管理帳簿を使った目標設定の方法

https://www.youtube.com/watch?v=knyR_HtEJnw

(17分30秒のところから見てください)

03

商品の最低ロット数が多い場合はどうするか?

まずはロットを下げる交渉をする

メーカーから提示された最低ロット数(最低発注数量)が多い場合があります。「最低でも100個注文していただかないと売りませんよ」「100個単位でお願いします」のような場合です（ここまでロットが大きな場合は少なく、ロットがない場合やロットがあっても少額な場合も多いですのでご安心ください）。

ロットが仮に大きな場合は、その商品の売れ行きをまずしっかり確認する必要がありますが、ひと月に売れるであろう個数より大きな個数を仕入れるのは不安ですよね。

その場合は、メーカーに「初回はテスト販売をしたいのでロットを下げて頂けないでしょうか？　最初はこの型番とこの型番を○○個ずつで大丈夫ですか？多少卸値が高くなっても構いませんので。」という交渉をしてみましょう。 交渉すると話が通って最低ロットを下げてもらえることも少なくありません。

なぜかというとメーカー側も商品をより多く販売してほしいからです、最初からこの数量は厳しいと思ったら、素直にロットを下げてほしいとお願いしてみましょう。

実際の商品の売れ行きを定点観測して販売可能数を判断する

一方、最低ロット数を下げる交渉をしても、下げてもらえないこともあります。この場合、Keepa（キーゾン）などのデータの数字を見て、「そんなに売れていない、この商品は買えない。ダメだ……」と諦めてしまう方がいます。

しかし、先にお伝えしたように、Keepa（キーゾン）などのツールのデータは目安でしかなく、正しく計測できないことも少なくありません。

そこで諦める前に、ライバルの在庫数を確認して、日ごとか週ごとに在庫数の増減を確認しましょう。p180～で詳しく書いている定点観測です。Keepa（キーゾン）などのデータに頼るより、少し時間はかかりますが定点観測の方が明らかに正確です。

例えばライバルの在庫数が97個で、翌週90個になっていれば、1週間で7個売れていることが定点観測するとわかります。Keepa（キーゾン）のデータでは全然売れていないのに、定点観測してみたら何倍も売れていたということは結構多いので、諦めずに試してみてください。

Keepa（キーゾン）のデータでは10個しか売れなくて買えないけど、定点観測したら正しい売れ行きは100個だったとしたら、大きなロットも購入できる可能性があります。十分あり得る話です。**Keepa（キーゾン）などのツールのデータに頼るのではなく、ライバルの在庫数を定点観測して、ロットが買えるか否かを判断していきましょう。**

最初は1ヶ月分を目安に在庫を持とう

基本的にはAmazon物販初心者の方は1ヶ月で完売するであろう個数をメーカーから購入し販売してもらいたいです。ただし、メーカーが要求してくる最低ロット数が多い場合は、1ヶ月分以上の在庫を持つ場合もあり得ます。その場合は各々の資金力によって仕入れるか否かを判断することになりますが、判断がつかなければ、在庫の目安は大体持って最大3ヶ月くらいまでかと思います（資金力がある人なら売れる商品は半年分持ったり、1年分持ったりする人もいます）。

あとは仮に3ヶ月分の在庫を買うとしても掛け売りにできれば状況は変わります。掛け売りは月末締めの翌月末払いなどなので、例えば2月1日に買った商品が3月末まで支払えば良いので、2ヶ月分の販売猶予があります。残りの1ヶ月分だけ在庫を現金で持つという感覚であれば、3ヶ月分の在庫というのはさほど大きくないです。

04

利益率が何%なら仕入れるか?

初回は低利益率でも仕入れることがおすすめ

初回仕入れは少量テスト販売なので、赤字でなければ低利益率でも仕入れて、Amazonで売れる感覚を掴んでみることをおすすめします。特に初めて国内メーカー直取引をやる人は、まずは経験を積むという意味で思い切って仕入れた方が良いでしょう。利益トントンでもAmazonで売れる感覚が作れれば、その経験がプラスになります。

利益率の出し方の基本は、「利益率＝利益単価（利益）÷売上単価（販売価格）×100」です。

国内メーカー直取引で早く結果を出せる人は、Amazonで商品が売れる経験を積んで売れる感覚を身につけた人です。ですから最初は利益率よりは売上を作ることを意識してほしいと思っています。

また利益率も大事ですが、低利益率でも毎月安定した利益が出るなら、それで良いですよね。利益率よりも利益額、まず売上を立てることが大切です。

利益率の基準

始めたばかりの人が最初から利益率20％以上などの高い利益率を設定してしまうと、なかなか仕入れができないでしょう。

だいたい最低利益率を10％としている人が多いので、利益計算して回転が良さそうなら利益率5〜8％でも仕入れてみると良いでしょう。データを見て売れる商品を買うのでリスクは低いはずです。

利益率が10％を切ると仕入れを躊躇するライバルセラーも多いので、5～8％の利益率の商品はライバルが少ない傾向にあります。

特に最初は経験を積む必要があるので、利益率5～8％で仕入れて、徐々に自分のなかで利益率の設定を高めていけば良いでしょう。継続して作業を行えば利益率20％前後などのメーカー商品も現れてきます。

2回目以降の仕入れで利益率を上げることも可能

1回目の仕入はテスト販売なので少量発注に徹してもらいたいですが、売れることがわかれば2回目以降の仕入れで数量を増やして価格交渉を行ったりして、卸値を下げ利益率を引き上げることができます。メーカー取引はメーカーと長期的につながる事で利益率を作ることが可能なのです。

例えば最初は利益率10％で仕入れていたのが卸値を下げてもらって、利益率15％～20％くらいになることだってあります。もちろん利益率を上げるためにはメーカーから卸値を安くしてもらわなければならないので、購入数量を最初より大きく買わなければならなかったりもしますが、メーカーから信頼を得られれば、ほぼ確実に利益率は上がっていきます。

これは転売ビジネスではできない、国内メーカー直取引の魅力の1つと言って良いでしょう。最初から利益率の良い商品はライバルが当然多くなります。最初は低い利益率で、長い付き合いで利益率を上げていくことで息の長い商品になり、ライバルと差別化した仕入れが可能になったりもするので、この辺も意識するといいでしょう。利益率は自分次第でいかようにもなるのです。

05 もらった見積りで利益が出ないときの交渉術

どうしても利益が出ない場合は交渉する

先ほど低利益率でも最初のうちは、商品を仕入れた方が良いという話をしました。そうはいっても、利益が出る見込みがない場合は、先ほどお伝えしたように卸値や送料を安くしようと交渉するようにしましょう。

利益が出ない場合、たいていの方は諦めます。しかし、諦めずにメーカーと交渉すると卸値が安くなるケースも少なくありません。

私のコンサル生での実例として、最初は6掛け(定価の40%OFF)だったのに、「これでは利益が出ません。もっとたくさん買えるようにしますので他に条件はありませんか?」と聞くだけで、6掛けが5掛け(定価の50%OFF)になった方もいます。

「もっとたくさん買えるように」と言っていたのに、ロット数など何も条件面は変わらなかったそうです。

このような交渉が10社中、1社でも成功すれば、あなたの勝ちです。他の人はすぐ諦めてしまって、この条件を引き出せないので、この時点で差別化できます。メーカー直取引の場合、一見不利に見えることが、じつは大きなチャンスになることがあるのです。

単純に仕入れ数量を増やした場合の掛け率を聞く

もらった見積りで利益が出ない場合の対応をもっと細かくお話します。最初にもらった見積りで7〜8掛けの場合は、1個からの掛け率を提示されている場合があります(そもそも1個では送料負けしますが)。そのため、一番掛け率(卸値)の安い人はどういった条件で買っているのかを、メーカーに聞いてみるのもありです。

特に利益が出ない商品なのにライバルセラーが多い場合は、仕入数量を増やして掛け率を下げている可能性があります。

この見積りではAmazonで利益が出ないと伝える

本書に従ってメーカーと交渉しているならば、正直にAmazon販売である旨はメーカーに伝えているはずです。その場合、この見積りではAmazonの販売手数料と送料を差し引いた後では利益が出ないことを、正直に伝えましょう。そのうえで、次のことを交渉してみましょう。

●仕入れ数量を増やした場合など掛け率が変わったりするのか?(メーカーの方から提示してくれる場合があります)
●今後長期的にお付き合いさせていただくことで卸値を安くしてもらえることはあるか?
●現在Amazonで販売している人がいれば、同じ条件にするにはどうしたらいいか?

小売と卸業者で掛け率が違うのか聞く

商品の流れは一般的には「メーカー→卸問屋・代理店→小売店→消費者」のような形です。最近ネット販売が流行していることで、この流れが壊れている部分もありますが、まだ根強くこの商流は残っています。

ということは小売店よりも卸業者は掛け率（割引率）が良くなければ商売にならない訳です。というわけで、その小売や卸といった言葉だけで、小売は6掛け、卸は5掛けや4掛けなど、掛け率を変えているメーカーも存在します。

私たちはAmazon販売と伝えているので、小売業者の立場になります。なので、「小売と卸で掛け率が違ったりするのか?」ということも念のため聞いておくと良いでしょう。

もし小売と卸で掛け率が違っているのであれば、卸業者と同じ条件にするにはどうすれば良いのか聞いてみると良いでしょう。仕入れ量を増やすことで卸の掛け率にしてもらえることがあります。

もし小売だけでなく卸も考えているのであれば、**「最終的には卸も考えているので、たくさん買うから卸の掛け率でできませんか?」**と交渉してみても良いでしょう。卸もメーカー取引を続けることで、いずれ実践できたりもしますので。

メーカーの気持ちを考える

諸々もらった見積りで利益が出ない場合の対策を話しましたが、現在の私は一度メーカーの商品を実際に購入して、実際にメーカーにとって自分自身がお客さんになった後に交渉しています。

なぜかというと商品を買うか分からない人に色々と言われても響かない場合が多いからです、メーカーの立場になれば当たり前のことですよね。

もちろん商品を買う前に交渉することもＯＫですが、自分本位でなく、こういう風に相手の立場になって交渉すると、もっとスムーズです。

この辺はメーカー取引全てにおいて重要なことなので、頭の片隅に置いといてもらえたら嬉しいです。

06

リピート発注について

2回目のリピート発注時の仕入れ個数判断の考え方

ここまでの流れをうまく実践できた方は、メーカーとうまく繋がることができるでしょう。ここではメーカーとうまく繋がり、1回目の発注を行い、商品が売れたことを見越して、2回目のリピート発注をどのように行うか、その考え方をお伝えします。

まず、初回仕入時のテスト販売で売れ行きを確認すると、実際にひと月で何個ぐらいが売れるかが実績値として測れます。その実績値をもとに2回目を発注すればいいだけです。

もうこの時点では、Keepa、キーゾンなどのデータは一切見ません。実際に販売したご自分の実績値があるので、それをもとに2回目のリピート発注をかけていきます。

例えば初回に10個仕入れを行い、1週間で10個販売できたのであれば、1ヶ月に40個売れることが予測できます。そうなると「2回目の仕入れでいきなり40個を仕入れるのは不安だから、ひとまず20個仕入れてみよう！ そして仮に20個が2週間で売れたら、3回目の仕入れは40個試そう！」など具体的な戦略を立てて、資金力やメーカーからの最低発注数量を考慮して、どの程度の在庫を持つか判断していきましょう。

ロットが少ない場合は段階的に徐々に発注数量を増やしていくのがリスクのない方法です。

在庫切れは極力防ぐ！

利益を安定的に出していくためには、在庫切れがないように商品を補充する必要があります。

始めたばかりの方の場合、在庫が残ることに恐怖心を持つ方が多いのですが、当然在庫切れにも注意しないといけません。在庫切れはせっかくの利益を得る機会を損失することになってしまいます。

目安として1.2〜1.5ヶ月分の在庫を少し多く持つことで、在庫を切らさずに1ヶ月に1度のリピート発注で利益を上げていくことができます。

例えば「今月は1ヵ月で40個売れたから、来月在庫切れを確実に防ぐため50〜60個発注しよう」という具合です。

リピート発注のタイミング

Amazonには、大口出品者のみに、販売向上につながる情報を提供してくれる「Amazon出品コーチ」というサービスがあります。

下の図のように、「Amazon出品コーチ」を見ることで、在庫切れになる前にリピート発注のタイミングを効率よく確認することができます。

目安ではありますが、在庫がなくなるまでに日数も載っているので、いつ頃リピート発注すれば良いか計画を立てることができます。

ただ「推奨される個数」はあてにならないことが多いので、あくまで自分の実績値をもとにリピート発注時に個数を算出してください。

Amazon出品コーチの他に「在庫健全化ツール」といったものもAmazonはあります。こちらもリピート発注時に参考になるので、一度ご確認ください。また通常商品が売れればセラーセントラルのトップ画面に「在庫の補充」といった画面が左のほうに出てきますので、そちらもご確認ください。こちらも推奨される数量はあてにならないのでご注意ください。

Amazon出品コーチ

出品コーチ

出品コーチレポート

在庫補充推奨

検索結果なし

ダウンロード　FBA在庫を補充

リピート発注する日を決めておく

まだ最初で扱っている商品が少ないうちは良いのですが、扱う商品が多くなると、毎日在庫確認をするのは大変かもしれません。

在庫切れを起こさないようにリピート発注するのは大事ですが、在庫確認に追われて他の作業に集中できないこともあります。

ですから、だんだん扱う商品が増えてきたら1週間に1回など、リピート発注する日を決めておくと良いでしょう。

資金的に余裕が出てきて、2～3ヶ月分の商品を仕入れることができるようになれば、月初めと月の中旬の、月2回程度でいいでしょう。安定したメーカーが複数見つかれば、月に2回メーカーに発注をかけるだけで利益が出るとは、こういう状態のことを言います。あとの時間は自由に使えます。

赤字メーカーリストを付ける

転売よりもメーカー取引は販売価格の変動が少なく、リピート発注でき、長期的な利益になる場合が多いです。ただ、ライバルの増加で販売価格が以前売っていたときよりも下がることはメーカー取引でもありますし、時には利益が出なくなることもあります。

しかし、この場合は一定の期間を設けることで、販売価格が元に戻るケースもあるので、私は「赤字になったメーカーリスト」を付けています。

一度価格が荒れたメーカーには、「Amazonの販売者を限定化した方が良い」と交渉すると話が通じる場合が多いです。なので、私はこういった赤字メーカーリストをきちんと付けており、定期的に見返しています。

代理店や卸問屋ともやり取りしていこう

Chapter8では、見積りの精査やリピート発注についてお話してきました。

見積りの精査は時間がかかる作業ですが、慣れれば次第に早くなるので、頑張ってみてください。

それから、メーカー取引を実践すると、直接そのメーカーとは取引できないけれど、そのメーカーの商品を取り扱っている代理店や卸問屋を紹介される場合があります。

その場合も丁寧に代理店や卸問屋とやり取りを重ねてほしいと思うわけですが、代理店も卸問屋もたくさんのメーカー品を扱っている場合があるので、そこも利益を積み上げるひとつのポイントです。

例えばA社というメーカーにメールを送ると、A社を取り扱う卸問屋を紹介されたとします。

その卸問屋にA社の見積りをもらうと、A社では利益が出ません。しかし、その卸問屋はB社やC社、D社、E社というメーカーの商品も取り扱っており、それをAmazonで販売すると利益が出るかもしれません。

なので、A社だけでなく、その卸問屋が扱っているすべてのメーカー商品の見積りをもらうと、なお良いですね。

ただ、その際に卸問屋さんが扱っているメーカー数が膨大だと、果たしてこれがAmazonで販売しているか、売れているかどうかもわかりません。

そこで私は必ず、卸問屋には「御社の扱っているメーカーで一番売れているものは何ですか？　メーカーの売れ筋ランキングを教えてください」とか「Amazonで販売している商品はどれですか？」などと聞くようにしています。

これを行なうことで、思わぬ副産物に出会ったりします。

メーカー取引を実践すると、メーカーと直接は無理だけど、こういった卸問屋や代理店と付き合うケースも出てきます。

その際は思わぬ副産物が現れるかもしれないので、上記の点を意識して交渉に臨んでもらえたらと思います。

Chapter 9

月利100～200万円を達成させよう

～メーカーといい関係になり長期で安定した利益を得る方法～

国内メーカー直取引で一番重要なことは、メーカーと信頼関係を築き、長期的な安定利益を得ることです。ここでは、リピートするメーカーに対するさらなる値下げ交渉の方法、Amazonの販売者の限定化といった、長期安定的な利益構築の方法をお伝えします。さらに作業に行き詰まったときの改善点についてもお伝えします。

01

最も重要なことはメーカーと深く付き合い信頼関係を構築すること

冒頭でもお伝えしていますが、国内メーカー直取引の本当の魅力はメーカーと深く付き合うことができること。商品の仕入れを続けながらメーカーのニーズや悩みを引き出して、それを解決できるような提案をすることで信頼関係を築くこと。**そうすることで価格交渉して卸値を下げたり、Amazonの販売者を限定化したりしてもらい、結果的にライバルと差別化が可能になり、毎月の利益が階段状に伸び続けるようになります。**

転売だと利益が一過性のものなので、メーカー直取引のように階段状にはなりません。しかし、メーカー直取引の場合は自分だけ価格交渉をうまくこなしてライバルから一歩差別化した状態になれます。また、Amazonの販売者を自分や少数のライバルセラーだけにメーカーから絞ってもらうことで、他のライバルとの差別化ができます。**このような利益を残す差別化が実行しやすいところに、メーカー直取引最大のメリットがあります。**

もちろん最初はたくさんのメーカー商品をリサーチし、取引先をまず増やすことが重要です。でもそれだけではライバルとの本当の差別化はできないので、もう一歩先へ進む必要があります。**そのライバルから一歩先へ行く差別化の方法をこれからお話します。**

02

長期的に深く付き合える メーカーの見つけ方

そもそも「長期的に付き合えるメーカー」にはどうしたら出会うことができるのでしょうか?

「長期的に付き合えるメーカー」とは「長期的に利益を上げ続けることができるメーカー」ということなので、ライバルと差別化する必要があります。差別化しなければ売れた商品にみんなが群がり、メーカー直取引でも販売価格が必ず下がります。その負のスパイラルから抜ける必要があるのです。

「長期的に付き合えるメーカー」の見つけ方は、一言で言うと「ライバルがあまりやらないことを実践する」です。

例えば、とある海外メーカーにメールして、1回目の返信ですぐ見積りがもらえて利益が出るようなところは、こちらとしては嬉しいです。しかし、このようなメーカーの商品で長期的に利益を出すのは難しいでしょう。メールしてすぐに取引が成立するということは、他のライバルセラーに対しても同じ対応をしている可能性が高いためです。

つまり、すぐに取引が決まるメーカーの場合はすでにライバルがたくさんいる可能性が高く、そうでなくてもいずれライバルがうじゃうじゃいる状態になります。そうなると、転売ほどでなくても販売価格が崩れやすいでしょう（すぐに取引が決まるメーカーでまだ利益が出るなら、先にAmazonの販売者を限定することを提案していきましょう)。

もちろん、こういったメーカーでも誠実に付き合えば長期的な付き合いが可能になります。しかし、より長期的な付き合いができるメーカーと出会うには、さらに踏み込んでライバルがあまり手を出さないこともする必要があります。

Chapter6〜8でもお伝えしていますが、具体的に一例を挙げると次のようなことです。

●メールの返信がないメーカーに対してFAXや電話ができているか？（p237〜）
●Amazon販売を断られても理由を聞くなど、すぐに諦めずに対応しているか?（p253〜）
●HPや会社概要で自分の思いが相手に伝わるものになっているか？（p225〜）
●低い利益率でも、リピート時の価格交渉（利益率アップ）を見据えて商品を仕入れているか?（p291〜）
●利益の出ない見積りが提示された場合は、メーカーと交渉しているか?（p279〜）

こういったことは、ライバルセラーは基本的にやりたがらないか、知らずにチャンスを逃しています。しかし、このようなライバルセラーがあまりやらないことこそ、大きなチャンスがいくつも転がっているのです。

また、メーカーの立場に立って交渉する習慣を普段から身につけることで、メーカーと信頼関係を築くスキルが身につくようになります。

「最初はだめだったけど、交渉してみたら意外とあっさり話が通った」ということは海外メーカーでも珍しくありません。交渉と言っても難しいことではありません。**基本的にはメーカーの困っていること、知らないことに対して新しく提案をしていくことです。**お互いにwin-winになるような方法を探っていくのです。

このような経験を重ねていくと、メーカーと交渉するのが楽しくなることもあるでしょう。ぜひ、ライバルがあまりやりたがらないようなことにも挑戦して、長く付き合えるメーカーを増やしていってください。

03 リピートするメーカーに対する価格交渉

リピート仕入れでは積極的に価格交渉をする

長期安定的な利益を確保するためには、ライバルと差別化することが大事ですが、ここからは実際どうやって差別化していくかをお話します。

まず簡単なのはリピート仕入時の価格交渉です。**ライバルから数%でも安い価格で商品を買えたなら、それだけでもあなたの勝ちです。**なぜかというとライバルが利益トントンもしくは赤字でも、あなたは利益が残るからです。

ライバルは赤字が続くようであれば「この商品では利益が出ない」と判断して撤退します。つまり、価格交渉することで利益率を上げるだけでなく、ライバルとの差別化が可能になります。

メーカーには販売者がたくさんの商品を買ってくれない、継続して定期的に商品を買ってくれないという悩みが尽きません。利益が出なくなったらすぐに撤退されては、メーカーとしても困ってしまいます。「お金の切れ目が縁の切れ目」では、お互いに悲しいですよね。

価格交渉というと、こちらが一方的に得するための提案と思われがちですが、メーカーにとっても上記の問題を解決する有効な手段なのです。つまり、お互いにwin-winの関係で、メーカーと長く関係を続けやすくなります。

Chapter7～8でお伝えしてきたように、初回仕入れは商品が売れるかどうかのテスト販売なので、利益トントンでも仕入れた方が良いです。しかし、海外メーカー仕入れでは少量仕入れのままでは海外送料は高いままですし、掛け率も高いままです。2回目以降の仕入れのタイミングでは、徐々に購入数量を増やしながら、価格交渉も積極的に行っていきましょう。

最初にもらった見積りで薄利でも、価格交渉を行うことにより利益率をさらに高めることができます。特に購入数量を増やした場合は掛け率を低くできる場合が多いので、初回仕入れは薄利なメーカーでも十分な利益がとれるメーカーに作り変えることができます。

国内メーカーと違って、海外メーカーは電話したり直接会ったりする機会はほとんどありませんが、それでも価格交渉は十分可能です。

価格交渉のポイント

そこで、具体的にメーカーと価格交渉していく際のポイントについてお伝えしていきます。次の観点で価格交渉して、お互いwin-winになる形で、見積りにはない価格で仕入れ、ライバルと差別化していきましょう。

①ロットを増やす

初回よりも購入数量を増やせるようであれば、「もっと多く買うので掛け率を下げていただけませんか？」というような交渉をしてみましょう。

ロットを増やすというのはメーカーにとっては一番嬉しいことですから、交渉もやりやすいでしょう。月に1～2個しか売れないような商品に対してロットを増やすのは難しいですが、回転の良い商品であれば可能です。購入数量を増やしていく過程で掛け率を下げる交渉をしたり、最初から購入数量ごとの掛け率を確認したりしておくといいでしょう。

また資金力にもよりますが、掛け率を下げるために例えば、3ヶ月分くらいの在庫を持つのもいいでしょう。

②メーカーに条件を聞く

正直購入数量を増やすというのが卸値を下げる一番簡単な方法です。なので①を試してほしいですが、さらにライバルとの差別化を図るために他の聞き方もあります。例えば「今の掛け率よりも安くなる条件は他にありますか?」とメーカーに思い切って条件を聞いてみましょう。

だいたいの場合は購入数量の上限をあげることが求められますが、取引年数や実績によっては、今と同じ条件のままで掛け率が下がることもあります。

「たくさん買うから安くしてほしい」だけでなく「安くなる条件を教えてくれませんか?」と言葉の言い回しを変えることで、メーカー側も安くなる条件を考えてくれるメリットがあります。

また、海外送料についても、同じように交渉して見てもいいでしょう。

1回だけでなく2回、3回と掛け率を下げることも可能

長期的にメーカーと深く付き合えば、一度価格交渉をして下がった掛け率をさらに2回、３回と下げていき特別単価を得ることも可能です。メーカーも継続して定期的に購入してくれる販売者と見てくれるためです。

最初にもらった見積りにない掛け率で販売できることにより、ライバルとの差別化をすることができて利益に大きな差が出ます。

掛け払いの交渉もしていこう

掛け率を下げる交渉だけでなく、代金の支払い方法についても交渉していきましょう。出品者にとって資金繰りが良いのは、月末締め翌月払いの「掛け払い」です。最初は掛け払いに応じてくれないメーカーが多くても、リピート仕入れの段階で応じてくれることがあります。

例えばメーカーにより「初回取引時」「取引3回目以降」「取引3ヶ月以降」「取引6ヶ月～1年以降から」という条件を提示されます。

中には「掛け」にならないメーカーもあるので、自身の資金力により、取引を続けるのかどうかを判断していきましょう。掛け払いにすると資金繰りが楽になるのを本当に実感できるので、しっかり交渉していきましょう。

04 Amazonの販売者を限定化してもらうには?

国内メーカー直取引ならば価格崩壊を防ぐことが可能

利益の出るメーカーと取引が決まり、リピート発注ができるメーカーを増やしていく。そこでメーカー取引は終わりではありません。

単純なメーカー取引だけでは、いずれライバルが増えて価格崩壊を引き起こし、利益の出ないメーカーになってしまう可能性があります。こういったことを繰り返すと結局、また別のメーカーをリサーチし続けることになってしまいます。これでは転売と変わりません。

しかし、国内メーカー直取引では、このような価格崩壊を防ぐことができ、自分とメーカーの利益を守ることができます。転売では価格崩壊のリスクをコントロールできません。

価格崩壊を防ぐ方法の1つは、**メーカーにAmazonの販売者を限定化してもらうことです。**これ以上ライバルを増やさず、仕切りを設けて参入障壁を作ることは、お互いwin-winの方法です。

メーカーと長く深く付き合っていくなら、Amazon販売者の限定化の交渉は前項でお話した価格交渉とともに、必ず実践するようにしましょう。またAmazon販売者を限定化してもらうことから、何かしらの独占状態に結びつくこともあります。

Amazonの仕組みを理解したうえで販売者限定化の交渉をする

楽天やYahoo!ショッピングと違い、Amazonは同一商品に対して複数のセラーがカートボックスを獲得するために最安値で販売する必要があります。

そのため、セラーが増えすぎて商品の販売数とセラー数のバランス（需要と供給）が崩れると、価格崩壊が起きます。

どういうことかというと、月にAmazonで100個売れる商品であれば、10人ライバルのFBAセラーが月に10個売れます。しかしライバルセラーが20人になれば月に5個しか売れず、半分しか売上が得られません。売上が落ちると何が起こるかというと、価格を下げて売り切ろうとする人が必ず1人は登場します。需要と供給のバランスは、このようにして崩れていきます。

しかもプライスターという価格追従できるツール（p181～）があるので、1人価格を下げれば、他のセラーも自動的に一律価格を下げます。1,000円だった商品が990円、980円と早いスピードで価格を下げ、価格崩壊が起きてしまうのです。

加えて一度でも価格崩壊が起きてしまえば、そのメーカー品のブランド価値が低下します。これは販売者にとってもメーカーにとっても脅威です。

Amazonの商品の販売個数は一定で、いくらその商品を販売するセラーが増えても売上個数は変わりません。こういったことを自らメーカーに伝えることで、Amazonの販売者を限定化してくれます。

まずはメーカーの悩みを把握して解決策を伝える

メーカーにAmazonの販売者を限定化してもらうために一番大事なことは、メーカーの悩みを理解することです。多くのメーカーは次のようなことに困っています。

①オンラインでの希望小売価格の大幅な低下に困っている

解決策：Amazonは価格破壊が起きやすいプラットフォームであることを説明する。

②Amazonで知らない人が自分の商品を販売している

解決策：「自分は卸業です、Amazonでは販売しません」などと偽って結局Amazonで販売している人がいるので、そういった事実を伝え、メーカーと一緒に対策を検討する。具体的には卸業と名乗ってくる人には「ではどこの実店舗にどの型番の商品を何個卸すのか？」その卸す実店舗の名前、住所、電話番号、担当者名なども聞き、あとでメーカーから実店舗へそれが事実か確認する旨を伝え取引を決定していく。

③そもそもオンラインの知識がない

解決策：Amazonの仕組みがよくわかっていないので、こういったプラットフォームの特徴があると、Amazonのことを詳しく伝える。

④どうしてあんなに価格が一律に下がるのか分からない

解決策：プライスターなどで自動的に価格追従するツールがあるのを知らないので、それを教える。

⑤楽天、Yahoo!ショッピングや他の実店舗より、Amazonの方が安く売られている

解決策：　価格を下げている人を特定する。メーカーには全ての取引先がどのプラットフォームで販売しているか、また月に何個販売しているのかなどを具体的に確認してもらう。それでも解決しなければシリアルナンバーやラベルなどを商品に付け安売りしている販売者の特定を急ぐ。②で触れたように嘘をついてAmazon販売をしている人が多い印象があるので、そうした人々の特定に至急動く。

まずはメーカーの困っていることを把握するようにしましょう。①〜⑤はたいていのメーカーが困っていることなので、なぜ問題が起き、どうすれば解決できるのか提案できれば、メーカーの担当者に喜んでもらえます。メーカーから感謝され、一気に距離が近くなるでしょう。

あとは、価格崩壊が起きている段階で交渉すると、危機感を感じてもらいやすく効果的ですが、一度価格崩壊が起きてしまうと元に戻すのに時間と労力が非常にかかってしまうので、ライバルが増えて価格崩壊が起きる前に先手を打つということを意識していきましょう。

メーカーにメリットを与えられる最初の一人目になることが非常に重要です。交渉をしたその時は危機感を感じてもらえなくても先手を打つことにより、後に価格崩壊が起きた時にメーカーから頼られる存在になれることもあるので、早めに行動するようにしていきましょう。

Amazonの販売者の限定化交渉の流れ

先に書いたように、Amazonプラットプラットフォームの仕組みと現状を伝えて、価格崩壊に対する危機感を感じてもらうようにしましょう。また、ライバルが増えすぎて一度価格崩壊が起きると元に戻すのに時間がかかる旨も、きちんと伝えておくようにしましょう。

具体的には次の流れで、Amazonの商品ページを見せながら、Amazonの販売者の限定化交渉していくようにします。

①カートボックスを獲得するために最安値で販売しないといけない（p137～参照）。
②販売者の増加により、需要と供給のバランスが崩れた時に価格崩壊が起きる。ライバルが増えて自分の売上が落ちたら、必ず価格を下げようとする人が出てくる。
③プライスター（p181～参照）などのツールをみんな使っているので、一人が価格を下げると1分後にはみんな追従して価格崩壊が起きる。
④ライバルはセラーリサーチからKeepaなどのツールを使って、メーカーにメールを送ってくる。だから顧客を限定化しないとどんどんライバルが増えて価格崩壊が起きやすくなる。
⑤その商品の販売数は決まっているので、販売者を増やしても結果的に売上は変わらない。だから利益を守るためには販売者を限定化した方がメリットは大きい。

⑥現在Amazonで価格崩壊が起きている他メーカーの商品を例に、今後こうなる可能性があると伝える
⑦価格崩壊によるブランド価値の低下によりAmazon以外の販路の販売店（実店舗など含む）からクレームが増加することを示唆する。
⑧ブランド価値を守り、クレーム抑止のためにAmazonの販売者は絞ったほうがメリットがあることを提案する。

これができれば、さらにライバルからもう一歩先へ行けます。

実際に、Amazonでも販売者が多ければ多いほど、商品がたくさん売れると思っているメーカーもあるので、しっかり上記のことを提案すれば喜ばれます。メーカーさんとの信頼関係も当然できてきますので、販売者を限定してもらうだけでなく、独占の提案をもらうこともあります。よければ下記動画も併せてご覧ください。

●極秘交渉術

https://youtu.be/V-f_BauWiHM

ここでお話した全てをメーカーに向けて伝えてほしいわけでなく、どれか1つでも良いので簡潔に伝えてあげることで、メーカーの態度は変わります。簡単にいうと、もっとメーカーの気持ちを考えて丁寧に対応することだけでいいのです。そのひとつひとつの積み重ねが限定化や独占に繋がります。ぜひメーカーの気持ちを考えて、メーカー側の一番の立場になって、メーカーから好かれてください。

細かなことを話しましたが、それが最も大事な部分でノウハウやテクニックは限定化や独占に必要ないと考えます。メーカーがあなたのことを他の誰よりも信頼するのであれば、逆に向こうから限定化や独占の提案があるはずです。「こういうふうに限定化します」とか「独占のテンプレートはこれです」とか、無理な売り込み方をしてもそれがすべてのメーカーに当てはまるとは限らないと私自身は思っていますし、究極的にはそんな売り込み必要ないとも考えています。

商標権について

メーカー直取引において、仕入れるメーカーの商品が商標権を取っているかどうかはとても重要です。

例えば、とあるメーカーの「A」というブランド名の商標が通っていない場合があるとします。そうなると、「A」というブランドの商標を商標ヤクザと言われる人が勝手に無断で申請することがあります。登録が完了されてしまうと、その商品ブランドの価値が侵害される可能性があります。昔、タレントのピコ太郎さんの流行語「PPAP」が勝手に全然関係のない会社に商標登録され、トラブルになったことは覚えている方も多いでしょう。

上記のケースは厳密には違法なのですが、とても強い権利であるため、商標を取り戻すまでに裁判になり、費用が数百万円かかることがあります。

また、あのアップルもiPadの商標権をめぐる訴訟に巻き込まれ、中国企業と争ったことがありました。アップルのような大手企業でも商標権のトラブルに巻き込まれることがあるのです。

海外メーカーに比べれば国内メーカーは商標権を取っていないケースは少ないですが、たまに商標権を取得していないケースがあります。

J-Plat-Pat（特許庁の提供している登録商標が検索できるWebサイト）などで商標を登録しているか確認し、なければメーカーに確認してみましょう。商標権の登録を促すことで、思わぬトラブルを防ぐことが可能です。

このことがきっかけでメーカーさんと深く繋がれる可能性があり、私のコンサル生もそのおかげで独占の提案をもらった方がいます。

●特許情報プラットフォームJ-Plat-Pat

https://www.j-platpat.inpit.go.jp/

J-PlatPatでの商標検索の方法

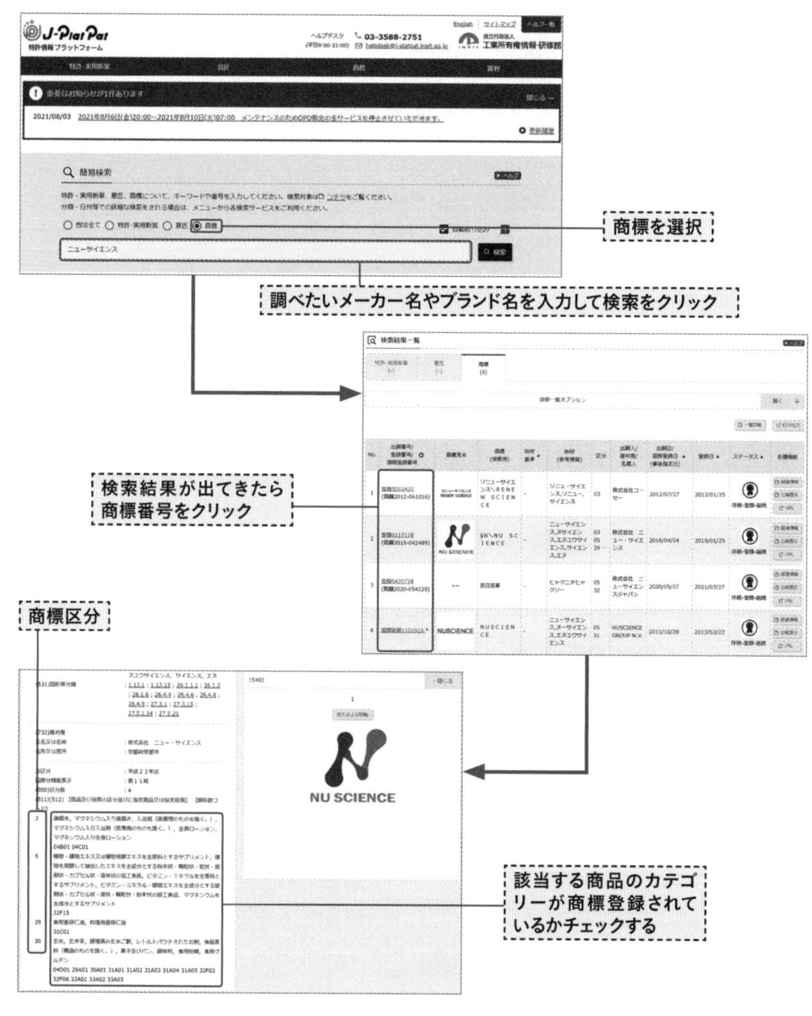

なお、上図のメーカーの商標の区分は「3」「5」「29」「30」になりますが、さらに該当商品の詳細を知りたければ、特許庁の「類似商品・役務審査基準」で調べられます。

※特許庁「類似商品・役務審査基準」

https://www.jpo.go.jp/system/laws/rule/guideline/trademark/ruiji_kijun/ruiji_kijun11-2021.html

商品・役務の調べ方

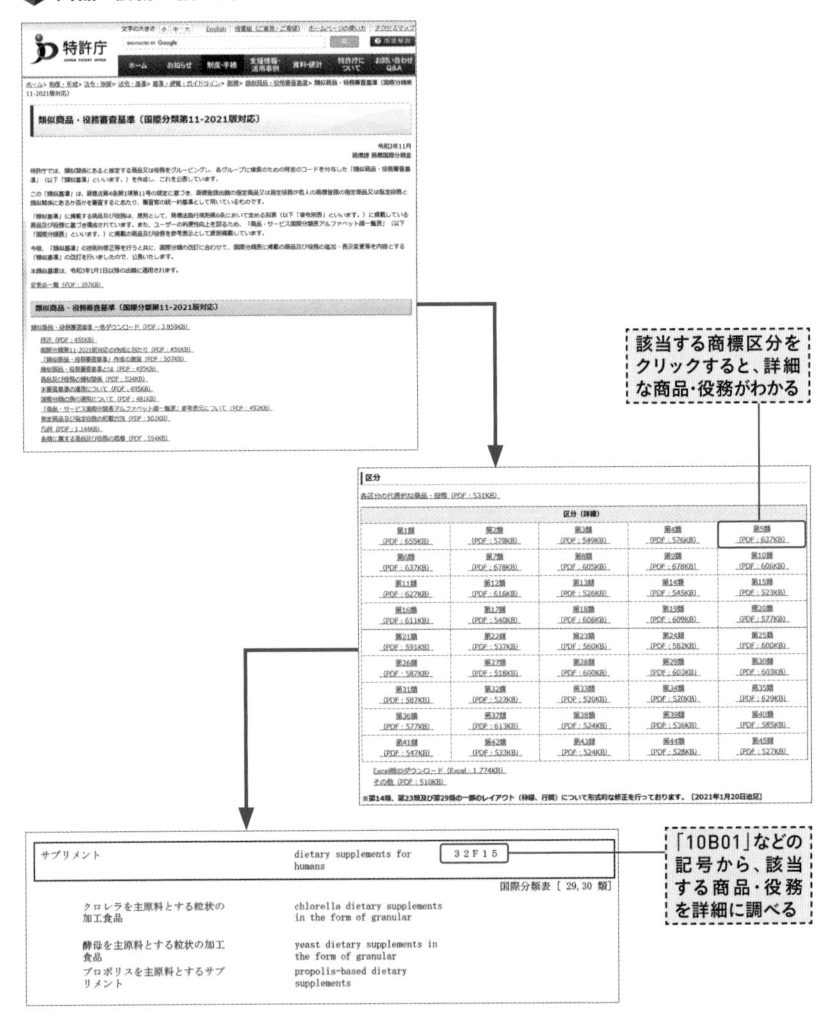

もし日本で商標を取っていないメーカーがあれば、商標を取るように促すのはもちろん、商標登録のサポートをしても良いでしょう。

商標登録については、以下の「Toreru」というサイトでスムーズにできます。また、ランサーズやクラウドワークスで弁理士を探すと、商標登録を外注できる人が見つかります。

●Toreru　https://toreru.jp/

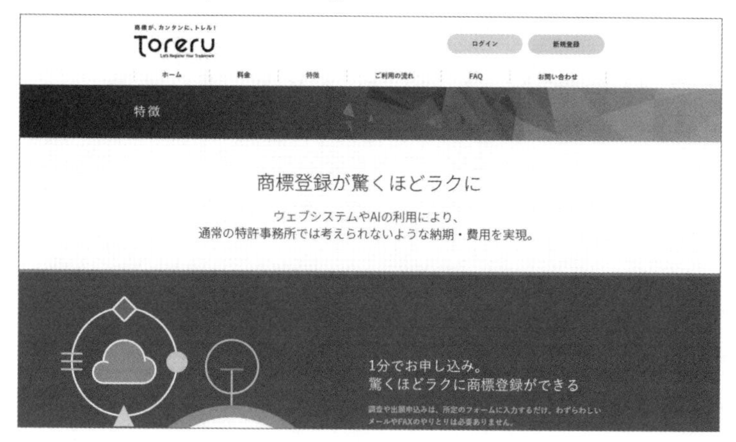

また、商標権の相談などは、「知財ポータル」などの公的機関を利用して無料で相談することが可能なので、不明な点があれば相談してみてください。

●知財ポータル　https://chizai-portal.inpit.go.jp/area/

（※国内メーカーの場合は商標権をしっかり取得している場合が多いので、この項目はあくまで参考程度に考えていただいて大丈夫です。）

05

行き詰まったらどうする?

稼げる人と稼げない人の違いとは?

この章の最後に、行き詰まってしまってなかなか思うように稼げない人がどのようにして改善していけば良いかをお伝えします。

私がコンサル生を見ていて、稼げる人と稼げない人では次のような違いがあると感じています。

稼げる人と稼げない人の違い

	稼げる人	稼げない人
メールを送る数	月間300社以上 ※ただし、月利に応じて徐々に減らすのはあり	月間300社以下
メールの返信率	標準は30%程度 良くて40〜50%	20%以下
成約率	30〜50社に1社以上。 パワーセラーリストが溜まるとさらに成約率は上がる	30〜50社に1社以下
リサーチ表	記入している	記入していない
仕入管理表	記入している	記入していない
定点観測	している	していない
目標達成の意識	自分のお金を稼ぐ意味を落とし込み、目標利益を達成する資金の考え方ができている	なぜお金を稼ぎたいかが曖昧で、目標利益に対する行動が伴っていない
リピート仕入れ時の価格交渉	している	していない
在庫切れ	起こしていない	起こしている
販売者限定化交渉	している	していない

なかなか思うように月利が得られない、作業が行き詰まっているという方は、おそらく上記のいずれかに改善点があるはずです。

逆に、チェックして上記を全部満たしていれば国内メーカー直取引で稼げないということはほとんどないです。一つひとつ改善を繰り返しながら成果を上げていきましょう。

メールを送る数が300社以下（p230～）

私のコンサル生で、初心者の方の成約率の標準は30～50社にメールを送って1社利益の出るメーカーの仕入れに至ります。

つまり月間成約目標を10社とすれば、最低でも300社はメールを送らないといけない計算になります。

国内メーカー直取引を始めたばかりの人は、メールを送る数が大事になってきますが、そもそもメールの数が少ない人が多いです。

「なかなかメーカーから返信がない、成約しない」と行き詰まりを感じている人は、まずメールの数を見直してみましょう。そして足りなければ改善していきましょう。

月間300社と言っても、1日10社送れば良い計算です。30分もあればメールできる数です。私のコンサル生では1,000社送っていた人がいましたが、やはり早く成果を出していました。**メールした数が月に300社以下の人は、理屈抜きでメールを送る数を増やしましょう。**

また安定して取引ができるメーカーができると、ガツガツメーカーにメールを送る必要はなくなります。そのため、一生毎月300社メール送付していく必要はありません。安定したメーカーを見つけるために、人生で考えるとほんとわずかな時間だけ真剣に作業をしてほしいのです。

初回メールの返信率が悪い（p237～）

初回メールの返信率が悪ければ、初回にメーカーにメールを送る文章が魅力的でない、ということになります。数字が測り悪ければ文章を見直し、適宜改善していきましょう。

またメールでの返信がなければ電話を掛けたりFAXを送ったりするなど、工夫していきましょう。

初回メールの返信率はいいが成約率が悪い（p253～）

初回メールの返信率が良いのに、実際に仕入れに至る成約率が悪ければ、初回メール後のメーカーとのやり取りに何か問題があるということです。初回メールだけでなく、メーカーとのやり取りの文章や会社概要などを適宜見直しましょう。

例えば、断られたときも、すぐに諦めずに「なぜだめなのか理由を教えてください」「他の販路ではどうですか?」などとアプローチしているか? 見積りで利益が出ないときは卸値や海外送料を安くする交渉をしているか? など、Chapter7～8でお伝えしたことを実践しているかどうか見直してみましょう。

リサーチ表に記入していない（p205～）

リサーチで大事なことは、しっかり記録して正しく作業することです。ただがむしゃらにリサーチしているだけでは成果は出ません。**効率的にリサーチするには、パワーセラーが扱っているメーカーを優先的にリサーチすることです。**

リサーチ表を活用することでパワーセラーリストが貯まっていきますし、視覚的にも正しく作業がきちんとできていると実感できます。必ずリサーチ表は記載するようにしましょう。

管理帳簿を記入していない（p268～）

キャッシュフローの管理はとても重要です。最初は良いかもしれませんが、管理帳簿をしっかり記入していないと、いずれ資金繰りが苦しくなります。

お金の流れがわからないと明確な根拠を持って仕入れをするのが難しくなり、精神的にも不安になります。

お金の流れを把握することは安心して物販を行ううえでは重要なことですし、適正に目標利益を管理するためにも管理帳簿は必ず活用しましょう。

HP・会社概要エクセルでメーカーに興味を持ってもらえない（p225～）

メーカーと交渉していく過程で「HPなど会社概要がわかるものを見せてください」と言われることが多いです。

もしそのときに会社概要を見せて成約に至っていないのであれば、会社概要の内容に改善が必要になります。**会社概要エクセルの改善だけで成約率が2倍になった例（40社に1社→20社に1社）もありますので、ご自身で作成した会社概要も適宜見直してみましょう。**

定点観測していない（p180～）

Keepaやキーゾンなどのツールで月間の売上個数を判断しても間違っていることが多いです。時間はかかりますが、初回の仕入れ判断のときは、しっかりと定点観測して明確な根拠で仕入数を判断しましょう。

定点観測は初回仕入れのときだけ行えばよく、あとは初回のテスト販売時の実績値をもとに、2回目のリピート仕入れ時の仕入個数を判断していけば良いでしょう。

目標が曖昧（p184～）

- 自分がなぜお金を稼ぐ必要があるのか
- お金を手に入れたら何をしたいのか
- 自分のやりたいことを実現するために月いくら稼ぎたいか？
- 目標利益を達成するためにはどうしたら良いか？
- 目標利益と現状の利益でどれだけギャップがあるか？

このようなことが明確な人と曖昧な人では、やはり大きな差が出ます。夢や目標が曖昧だと、モチベーションを維持することは難しいでしょう。

自分が何をしたいか願望が明確でないなら、夢リストを書いてみたりしても良いでしょう。そのうえで、しっかりと目標利益に対して自分がどれだけ行動しているかを数字で管理している人は、早く成果を出すことができます。

リピート仕入れ時の価格交渉をしていない（p282～）

2回目の仕入れのときから掛け率を下げる交渉ができるならば、躊躇せず積極的に行いましょう。発注数量を増やしたり、取引実績や年数に応じて掛け率を下げたりしてくれるメーカーが多いです。

最初から利益率の高いメーカーよりは、このように取引を重ねて利益率を段階的に上げていくほうが長い付き合いになることが多いです。

在庫切れを起こしている（p271～）

仕入管理表などを使って、在庫切れを起こさないように注意しましょう。在庫切れはせっかく売れるのに機会損失を作ってしまうことになるので、非常にもったいないです。

Amazonの販売者の限定化交渉をしていない（p295～）

価格崩壊を防ぐことは自分の利益もメーカーの利益も守られるので、Amazonの販売者の限定化は基本的にwin-winです。**オンライン販売の価格崩壊はメーカーも悩んでいることが多いので、基本的に感謝されるため、より長期的な付き合いに繋がるでしょう。**

すべてのことに関して言えるのは、**考えながら作業をしなければダメだ**、ということです。

Amazon物販ビジネスは、他のビジネスに比べても簡単だと私は思います。

ただ、がむしゃらに何も考えず作業を人一倍すれば良い、というものではないので、適宜今の自分はどこが悪いか数字を測りながら改善していくことが重要なのです。

ノウハウより「マインド」が大事

Chapter9までで、国内メーカー取引をメインにしたAmazon物販ビジネスについて、ほぼすべてのことをお話ししたつもりです。ここまでの内容は私が実際にコンサルタントとしてコンサル生にお話しているものを凝縮しています。

ただ、この内容を実践しても、うまくいく人とうまくいかない人がいるでしょう。なので、その際は正しく作業ができているかどうかを、改めて全体を見直して復習してもらいたいのですが、正しく作業できているのにうまくいかない人も中にはいます。

もう数年もコンサル業に携わって思うことは、その人の思考、言動などの部分を占める「マインド」が大事だということです。

あなたの言動は行動に現れ結果として反映されるので、日々注意することが大切です。マイナスな言動は、マイナスな行動へつながり、結果的にまったく稼げません。正しく作業ができていたとしてもです。

かれこれ5年ほどAmazon物販のコンサル業務に携わっていますが、うまくいっているコンサル生ほど、マイナスな言動は一切ありません。思うようにいかないことが多々あっても、マイナスなイメージをプラスへ変えるように常に考えて真剣に行動している、そんな感じです。これが最初からできている方ほど早く結果へ結びついています。

偉そうなことを書いていますが、私自身、マインドができているかと言えばそうでないこともたくさんあります。気分が乗らない日もありますし、辛かったりキツイことがあれば凹みます。仕事ができなかったり、思うように捗らないときはイライラもします。毎日幸せなことばかりではないです。

でも、そうならないために自分や家族の夢や目標を掲げ、一歩一歩ゆっくり進んでいます。それを支えているのが「マインド」でもあると思います。「ノウハウよりもマインドが重要」ってよく言いますよね。結局はこれが肝だと最近は思います。

Chapter 10

作業を外注化して自動で売り上げアップ！

～メーカー取引作業を細分化して効率的に外注を活用する方法～

Chapter9までの流れを継続して実践できれば、ある程度の安定したメーカーと複数社繋がりができ、実際の利益に結びついているはずです。これだけでもだいぶ自由な時間の中で利益が作れると思いますが、さらにあなたの時間を作るアドバイスをしていきます。ここでは、メーカー取引の作業を細分化し、外注化して利益を自動で生み出す仕組み作りについてご説明します。

01

作業を細分化して、外注できる工程を探す

まず、今まで話した国内メーカー直取引の作業工程を細分化すると、以下のフローチャートのようになります。

国内メーカー直取引の作業工程

①カテゴリーリサーチし、基準を満たすメーカーに交渉メールを送る

②メール、FAX、電話、Zoom、対面などでメーカーと交渉する

③メーカーから来た見積もり表を仕入れ表にて利益が出るかどうか精査する

④薄利でも最初はいいので、取引が可能なメーカーを1社見つける

⑤商品登録して商品をメーカーから仕入れる

⑥商品をFBAに配送する

⑦在庫表、売上表で売り上げ管理する

⑧在庫切れをおこさないようにリピート発注

⑨ここまでくれば怖いものなし。継続安定的な収入が実現

⑩取引可能なメーカー商品を扱うライバルセラーをセラーリサーチして交渉メールを送る（リサーチ表を必ず付ける）

⑪新たに取引できそうなメーカーとメール、FAX、電話、Zoom、対面などで交渉する

⑫新しいメーカーの見積もりで利益が出るかどうかを精査する

⑬新たなメーカーとの取引が複数決まる

⑭新たなメーカー商品を扱っているライバルセラーをくまなくセラーリサーチ

これらの作業のどこを外注化するかというと、①③⑥⑩⑫⑭あたりが良いと思います。

細分化すると、外注することが多いかと思うかもしれませんが、大まかに外注することは次の3つにまとめることができます。これだけ外注化できれば、自動的に売上がアップして自由な時間が増やすことになります。

商品のリサーチからメーカーにメールを送る作業を外注化（①⑩⑭）

カテゴリーリサーチ、セラーリサーチから、初回の交渉メールまでの作業を外注化することです。

ある程度実績を重ねて取引するメーカーが増えたら、注力すべきはメーカーとの信頼関係を深め、長く取引を続けることです。その方が長期安定的な利益を積み重ねることができるためです。

新規のメーカーリサーチ～メール送付までを外注化することで、取引が継続している メーカーとのやり取りや新規メーカーとのやり取りに自分が集中できるため、効率よく利益を積み重ねることができます。

リサーチからメールを送るまでの作業は慣れれば誰でも簡単に行うことが可能ですので、一番重要なメーカーとのやり取りにあなたは専念すべきです。

本書でお伝えしていることを実行すれば、自分ではなく誰かに この作業を任せることが可能です、ぜひ試してみてください。

ただし、この中でもリサーチについては、この一連の作業はまずは自分でやらないと感覚がつかめません。自分で理解していないことを外注しようとしても、依頼内容を伝えられないのでうまくいきません。結果的にコストと労力を増やしてしまうことになります。

そのため、まだ取引成立しているメーカーが少ないうちは、コツをつかめるまでは自分でリサーチをするようにしましょう。

メーカーの見積りで利益が出るかどうかの精査（③⑫）

見積り表を仕入表に入れて、利益が出るかどうかを精査する作業を外注化することです。国内メーカーからもらった見積り表の見方、仕入表の使い方、Amazonの商品ページの見方、利益計算の方法などを教えて外注化します。

上記のリサーチ作業と一括で外注する方法もあれば、リサーチ作業と分けて外注する方法どちらもあります。分けて外注する方がリスクヘッジできますが、ご自身に合った方法を採用してください。

ただ、見積りの利益精査は自分でやった方が、仕入れの可否を正しく判断しやすくなります。また、見積りの精査についても、まずは自分自身が理解していないと外注しても依頼内容が伝わらないので、作業に慣れるまでは自分でやることをおすすめします。

FBA納品の代行（⑥）

仕入れた商品をFBA納品する際に、納品代行会社や、障がい者さんの働く就労支援施設に依頼する方法です。

納品を代行した方が楽ではありますが、数百～数千万円規模の在庫を預ける場合、配送状況がわからないとストレスになります。

そのため、配送状況が明確にわかる納品代行会社や施設を選びましょう。
納品代行については、詳しくはp113～に詳しくお伝えしていますので、そちらをご覧ください。

02

外注の流れと外注化募集依頼文のテンプレート文章

私は作業を外注する際は、ランサーズやクラウドワークスなどのクラウドソーシングをよく利用します。

【ランサーズ】 https://www.lancers.jp/

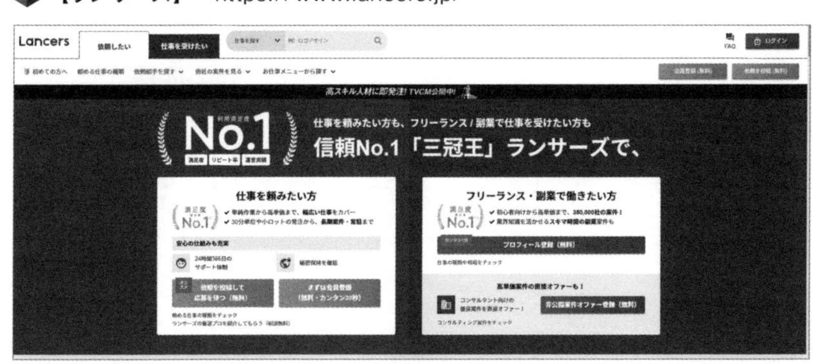

【クラウドワークス】 https://crowdworks.jp/

他にも似たような媒体はありますが、すべてお伝えしても仕方ないので、有名で私が実際に使って良かったところだけ挙げました。

こういった媒体に登録している方は、小さなお子さんがいて働きに出られないけど、自宅での仕事を求めている方などが登録しているわけです。**とても優秀な方でも育児で時間の融通が利かず、自宅でできる仕事を探している方がいます。**

もし、そういう方と仮に繋がれたとしたら、自分の仕事をお願いしてみると良いですよね。とても楽になります。

ここでは、ランサーズを使った外注の流れと、リサーチ作業の募集依頼文のテンプレート文章を紹介します。

ランサーズを利用した場合の外注の流れ

私は特にランサーズを利用するので、ランサーズを使った外注の方法についてお伝えします。利用する前に、会員登録(無料)を済ませておいてください。

ランサーズの外注の流れ

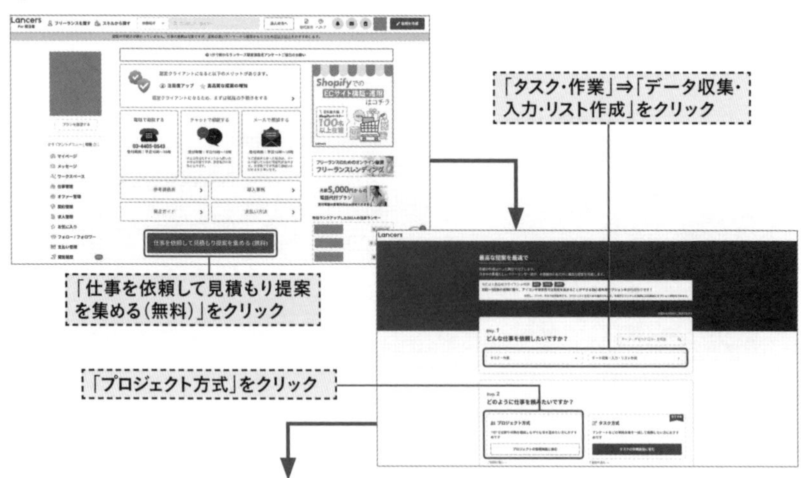
「タスク・作業」⇒「データ収集・入力・リスト作成」をクリック
「仕事を依頼して見積もり提案を集める(無料)」をクリック
「プロジェクト方式」をクリック

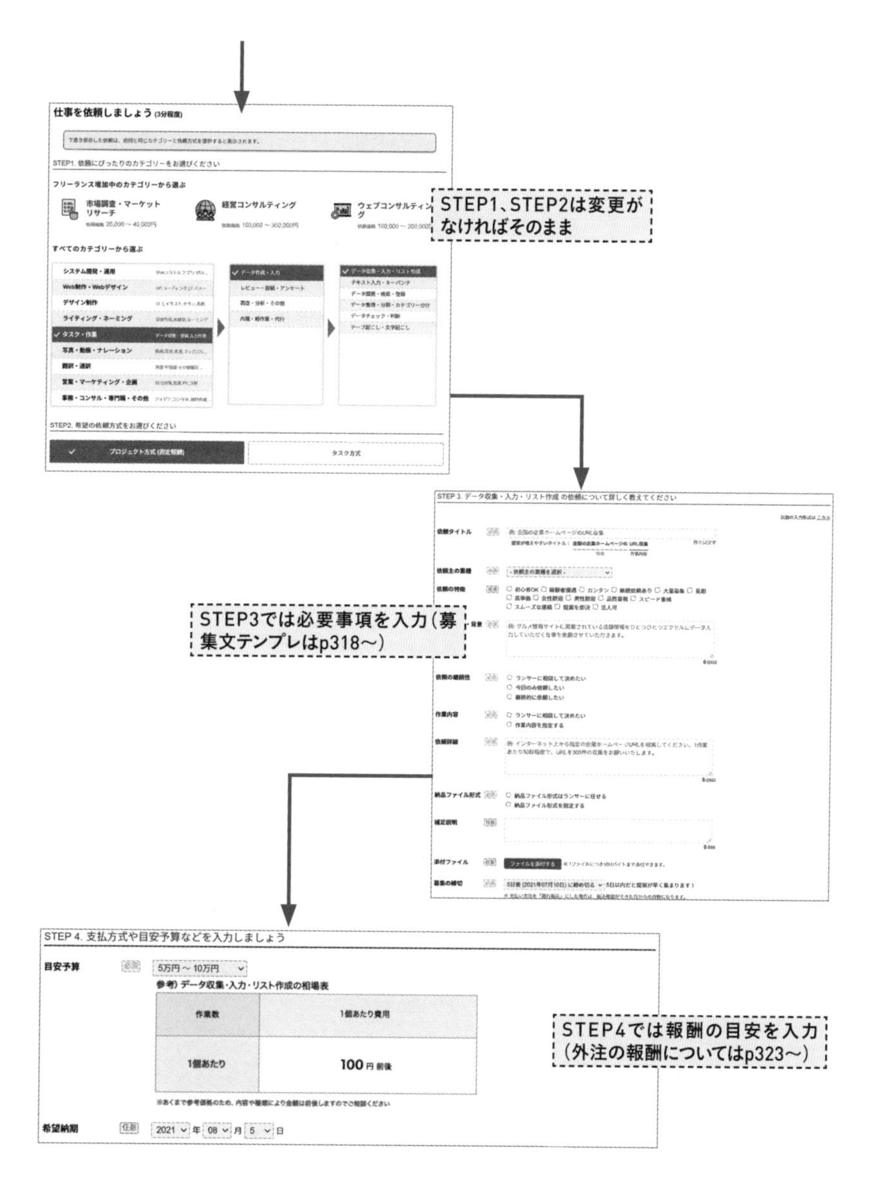
仕事を依頼しましょう
STEP1. 依頼にぴったりのカテゴリーをお選びください
STEP1、STEP2は変更がなければそのまま
STEP2. 希望の依頼方式をお選びください
STEP 3. データ収集・入力・リスト作成 の依頼について詳しく教えてください
STEP3では必要事項を入力(募集文テンプレはp318〜)
STEP 4. 支払方式や目安予算などを入力しましょう
STEP4では報酬の目安を入力(外注の報酬についてはp323〜)

メーカー直取引の作業の外注は様々ありますが、カテゴリーはすべて「タスク・作業」⇒「データ収集・入力・リスト作成」でOKです(ただし、第3章で紹介したホームページ制作の外注については、「Web制作・Webデザイン」⇒「ホームページ作成」)。

また、「プロジェクト方式」と「タスク方式」では、「プロジェクト方式」を採用してください。

プロジェクト方式とは、外注を募集した際に、応募のあった人から適切と判断した人に外注する一般的な方法です。長期的な仕事の依頼や、英語力があるなど特定の人にお願いするような場合に向いた方法です。タスク方式は、多人数から同時に作業をやってもらう方法で、比較的軽作業(アンケートやレビューなど)を依頼したときに向いた方法ですが、先にお伝えした外注の作業依頼には向いていません。

カテゴリーリサーチ外注化募集のテンプレート文章

カテゴリーリサーチをお願いして基準を満たすメーカーを探し、メーカーにメールを送信するまでの作業を募集している、実際のテンプレート文章を紹介します。

> 件名：「当社が指定するメーカーサイトのリサーチ及びメール送信作業（自宅可、少時間可、時間制限なし）」
>
> はじめまして。
>
> 当社が指定するメーカーサイトのリサーチ及びメール送信作業のお仕事です。（当社の基準を予めお伝えしますので、それに添ってサイトをリサーチし、メール送信を行う作業です）
>
> 時間の縛りもなく、自宅にて自分の好きな時間に行うことができます。
>
> 作業時間は１～２時間程度あれば完了するかと思います。
> （エクセルが慣れている方であれば、１時間程度で完了するかと思います）
>
> 事前にお仕事内容は動画にて説明させて頂きますので、ご安心ください。

【内容】
当社が指定するメーカーサイトのリサーチ及びメール送信作業のお仕事です。（当社の基準を予めお伝えしますので、それに添ってメーカーサイトをリサーチし、メール送信を行う作業です）

時間の縛りもなく、自宅にて自分の好きな時間に行うことができます。

作業時間は１～２時間程度あれば完了するかと思います。 事前にお仕事内容は説明させて頂きますので、ご安心ください。

【報酬】
１件５０円
１ヶ月３００社
合計１万５千円

【期間】
毎日の作業は行って頂きたいですが、
もし用事が入った時などは対応可能です。
その都度対応しますので、体調不良や長期旅行のときなどもご安心ください。

【応募条件】
・社会的常識がある方
・発注後に仕事を投げ出さない方
・報告・連絡・相談を確実に出来る方
・長期でお仕事をお願いできる方

たくさんのご応募おまちしております。

何か疑問点などがございましたら、いつでもご相談ください。

いかがでしょうか?

良い外注さんを見つけて、ビジネスを効率化し、拡大していきましょう。

03

どんな外注さんが良いのか？

募集文章をお見せしたので、興味のある方は早速ランサーズ、クラウドワークスなどで外注さん探しをしてみてください、きっとあなたに合う人が見つかります。が、そうは言っても外注さんを選ぶ基準がわからないと思うので、私が経験した採用基準をお話します。

採用基準その1：応募文章をしっかり確認する

当たり前のことだと思いますが、**自分の仕事に依頼してきた方の応募文章をしっかり確認してください。**これである程度どんな人かわかります。

中にはひどい方もいますので、この人いいな、ちゃんと応募文章を書いてくれていて意欲がありそうだな、という方を選んでみてください。

採用基準その2：実績を見る

ランサーズやクラウドワークスでは、**応募してきた人の過去の実績を見ることが可能です。**今までにどんなことをしてきて、相手からどのような評価を受けてきたのかなど、一目瞭然です。応募文章を確認した上で、この実績も見るとよりいいでしょう。

採用基準その3：できれば優秀な主婦の方が良い

いよいよどの人に仕事をお願いするか決定する段階ですが、**私の経験上、**

丁寧に仕事を行ってくれ長期的に付き合ってくれるのは「主婦」の方が多いです。応募文章と実績を見て、良いなと思う男性と女性（主婦）の方がいれば、私は迷わず女性（主婦）の方を選びます。

理由はいろいろありますが、まず私たちがお願いするような単純作業に応募してくるような男性は言い方が悪いですが、もしかしたら仕事ができない可能性があります。主婦の方のように自宅でなければ仕事ができない環境なら理解できますが、男性はそうではないです（自分で子育てしている男性がいらしたら、申し訳ありませんが）。

なので、主婦の方のが良いと考えます、時間的にも融通が利くことが多いです。子どもが幼稚園や保育園に行っている間は時間が作りやすかったりしますから。

また、男性の方はどちらかというと独立志向が強く、私の今までの経験上すぐに仕事を放棄する方が多かったです。**そういった理由から、できれば優秀な主婦の方に仕事をお願いした方が長期的な良い付き合いができると考えています。**

採用基準4：身内に外注しない方が良い

ランサーズやクラウドワークスを通じて外注するだけでなく、友人や身内に外注することを考える人もいるでしょう。

しかし、私は友人や身内に作業を外注することに関しては消極的です。なぜなら、関係が近い分、言いたいことが言いづらいところがあるからです。うまく作業をしてくれない場合も、「もう仕事を辞めてくれ」と言うこともなかなかできません。

奥さん(旦那さん)であれば、まだお互い話しやすいので良いとは思いますが、もしうまくいかなければ、自分がストレスを抱えたままで仕向ける必要があります。言いたいことを遠慮して物販に支障が出ることは避けたいですし、外注をきっかけに気まずい関係になるのもいけません。

個人的には、ランサーズやクラウドワークスで外注するほうが、何かあった時でも後腐れなくていいと思います。特に自分の親に仕事をお願いすることは控えたほうが良いと私は思います、どうしても自分の親には頭があがりません。そうなると自分が思うような経営ができなくなる可能性もあるので要注意です。

外注さんと付き合う心構え

採用基準1〜3を話しましたが、1回の募集で良い人が見つかると思わないでください。あとで外注さんへの報酬体系はお話しますが、外注さんにお支払いする代金は高くはありません。そういった意味でも優秀な方は見つかりづらいわけです。

また外注さんは自分の能力の良くて30%程度の仕事しかできません。最初は10%も満たないでしょう。外注化の心構えの1つとして「外注化＝すぐ楽になる」ではありません。

むしろ外注化すると他人に自分の仕事を教えないといけないので、外注さんが仕事に慣れるまでは今までの業務の倍以上は疲れます。**徐々に外注さんが育ってくれると自分も楽になって作業が捗る、**というイメージのほうが合っていると私は思います。

そして、外注さんの能力は自分の能力で決まるわけなので、この本で述べてきた一連の流れを実際に試していなかったり、理解できない時点で外注化すると、必ず失敗します。

私のコンサル生の中には、すでに私のコンサルを受ける前から月利100万円とか月利200万円を稼いでいる人もいますが、**そういった方でも自分が理解していない作業を外注化すると100%失敗します。**まず自分の力をつけて、そこから外注化を考える、という流れがオススメです。ちなみに私は外注化なしで月利200万円は達成しています。

04

外注さんの報酬体系は?

カテゴリーリサーチからメーカーにメールを送るまでの報酬体系は?

この本でお話した最初の国内メーカー取引のステップは、カテゴリーリサーチから基準に合った商品を見つけ、そこのメーカーにメールを送ることから始まります。この作業を外注化しますが、この報酬体系は1社あたり大体50〜70円、優秀な方を見つけたい場合だと100円前後です。商品のピックアップだけで、自分でメールを送る場合は単価をもう少し落として良いと思います。ただ私の場合はもうカテゴリーリサーチとセラーリサーチを同時にお願いしており、報酬体系もカテゴリーリサーチの単価です。セラーリサーチだけの単価を設定すると面倒なので同単価でも良いように考えます。

外注さんにはKeepaやキーゾン、翻訳サイトなどのツールを使ってもらうことになりますが、Keepaなどの有料ツールの費用は、依頼側が負担します。

1ヶ月に最低でも300社メールしてほしいので、最低でも月に15000〜21000円、高いと30000円を外注さんに支払います。この金額を聞いてどう思われますか? 高いですかね? 私は高くないと思います。

というのも、外注さんが作業している間は自分も違う仕事ができますし、外注さんが作業してくれて良いメーカーが数社見つかれば、この作業代金は余裕で回収できるからです。しかもリピート性が高いメーカー商品なら翌月からは外注さんの作業代金はない状態なので、自分が作業しなくても利益が上がるイメージです。長期安定的な利益を得られる種を蒔いてくれるのですから、むしろめちゃくちゃ安いです。

もちろんメーカーとの返信ややり取りなど肝心な部分は自分で行った方がいいと思いますが、この作業を外注化できるだけでグッと楽になり時間が作れます。

セラーリサーチからメーカーにメールを送るまでの報酬体系は?

カテゴリーリサーチで取引できるメーカーが見つかると、それを扱っている出品者をセラーリサーチします。この作業を外注化する場合の報酬体系です。

この場合はカテゴリーリサーチと違い、基準に合った商品を見つける、という作業をしなくて済むので、**カテゴリーリサーチからメーカーにメールを送るまでの報酬体系より安くて大丈夫です。**

大体1社メールを送るごとに30〜50円、高くて70円前後と考えます（商品のピックアップだけで、自分でメールが送れる場合は単価的にもう少し落としていいと思います）。

ただ私の場合はもうカテゴリーリサーチとセラーリサーチを同時にお願いしており、報酬体系もカテゴリーリサーチの単価です。セラーリサーチだけの単価を設定すると面倒なので同単価でも良いように考えます。

メーカーから頂いた見積表の精査を外注化する場合の報酬体系は?

実践やってみればわかりますが、**メーカーから頂いた見積表で利益が出るかどうかを仕入表に落とし込んで確認する作業が、意外に大変です。時間が掛かります。**なので、この作業を外注化します。

精査作業の報酬体系は、1商品あたりでだいたい10〜20円、継続的に依頼ができるようになると30〜50円程度と考えられます。

ただ、この作業は人によってできる人とできない人のばらつきが出るので、随時外注さんから仕上がった仕入表を確認し、アドバイスすることが重要です。

リサーチ〜メール、見積りの精査を一括でお願いする場合の報酬体系は?

カテゴリーリサーチ、セラーリサーチ、見積り精査については別々で外注する方法もありますが、一括で依頼することもできます。

この場合の報酬単価は、件数ごとに単価を設定するのが難しいので、月額固定報酬制で3〜5万円くらいが考えられます。 一括依頼にすると、作業の窓口をワンストップで一本化できるメリットはありますが、辞めた場合に外注先を一気に失うリスクがあります。

そのため、基本的には別々で外注し、メーカー直取引について理解が深まり、信頼関係ができあがった人の場合のみ一括依頼すると良いでしょう。

障がい者の就労支援施設への配送代行の報酬体系は?

障がい者の方の就労支援施設については、ラベル貼りの作業だけお願いするのであれば1商品10〜15円程度が妥当です。 もちろん、付き合いが長くなったり、他の作業もお願いしたりする場合はもう少し単価を上げていいでしょう。

納品代行会社よりも安く代行できるし、発送遅れのリスクも低いです。障がい者さんの就労支援という社会貢献にもなるので、ぜひ活用してみてください(p116〜)。

05

外注さんへの依頼のコツと付き合い方

外注先へのマニュアル作りはZoomがおすすめ

ここまでリサーチの部分と見積りの精査部分の外注化について話しましたが、外注さんにこの作業を任せる場合は文章でのマニュアルでなく、動画でのマニュアル作りをした方が相手に分かり易く、そして自分も楽にマニュアル作成ができます。

私が動画のマニュアル作成によく使用しているのが、コロナ禍でリモート会議をするのによく使われるようになった、Zoomというツールです。

Zoom　https://zoom.us/jp-jp/meetings.html

こちらを使えば自分のパソコンの画面を共有化し録画可能なので、Zoomで録画した動画をYouTubeの限定公開でアップして、そのリンクを外注さんに渡してあげて作業内容を伝える、という流れがいいと思います。

また、私の場合は外注さんからあがってきた資料の訂正も動画で行ったりしています。文章だとわかりづらいものもあるので、動画は相手に伝わり易く魅力的な方法です。

報酬体系は月間で10,000円以上とすると募集がかかりやすい

諸々お話しましたが、外注さんの報酬体系を設定する場合は、なぜか月の合計報酬額を10,000円以上に設定すると募集が掛かり易いです。

3,000円とか5,000円だと、なかなか人が集まらないです。また応募文章が細か過ぎてもダメです。というわけで、この辺も見据えて募集を行えばより良いと思います。

場合によっては報酬単価を上げてもよい

私はオンラインで繋がり自宅でできる簡単な仕事の相場は、通常外に出て仕事をする時給単価より安いものと考えて、仕事をお願いしています。

ただ、私の場合、外注さんが1日に作業をする時間がどのくらいか、ご本人に確認しています。想定していた時間よりも大幅に時間がかかっているようであれば、短縮できるようにアドバイスしますし、もし短縮できそうになければ報酬単価を上げます。

また良いメーカーと繋がれたらボーナスを出したり、最初は1件50円だけど作業に慣れたら最終的には1件100円に報酬アップしたりすることもあります。相手のモチベーションを上げながら、お互いにwin-winの状態で付き合えると最高です。

メーカーとも長期的な付き合いを目指しますが、**外注さんとも良きビジネスパートナーとして長期的な付き合いを目指してください。**

この人は合わないと思ったら……

外注さんとお付き合いしていく中で「この人合わないな」「この人はしっかり作業してくれないな」「この人ダメだ……」と感じたら、その人に仕事をお願いすることはやめましょう。

ランサーズやクラウドワークスなどは、あくまで作業の代行という形で、バイトや社員という一般的な形ではありません。もし自分が思うような作業をして頂けないのであれば、継続して仕事をお願いする必要はないかと思います。**そして、良いと思った人にだけ継続的な仕事をお願いすればOKです。**

この辺がオンラインの外注化のメリットの1つです。通常のバイトや社員だと、距離が近く意思疎通を図りやすい分、簡単には「辞めてくれ」と言えません。不当解雇になってしまうからです。そのため、バイトや社員の場合、自分と合わない人と、長期的に付き合わないといけないかもしれません。私もバイトやスタッフを雇用して痛い経験をしたことがあります。

バイトや社員などは、基本的には労働基準法に守られた立場になりますし、社会保険も完備しないといけません。しかし、外注さんはバイトや社員ではなく、あくまでも業務委託です。業務委託であれば、私たちは作業をお願いし続ける必要もありませんし、外注さんも仕事を途中から断ったり、他の仕事と兼ねたりしても構いません。雇用するよりお互い自由な関係です。

もちろん、物販での売上・利益が拡大していくと、バイトや社員の雇用も考えないといけないこともありませんが、最初のうちは自分に合った人とストレスなく仕事をお願いしましょう。

といっても、ある程度は外注さんが育つまで時間が掛かりますし、そこまで優秀な方は滅多にいないのも事実なので、**徐々に外注さんと一緒に頑張って効率化していく、という考え方が良いと思います、**外注さんに思いやりの気持ちをもつことが大切です。

直接取引はNG

まれにランサーズやクラウドワークスなどを経由せず、「私と直接お仕事をしてください」と直接取引を依頼する募集者や外注さんもいます。ランサーズやクラウドワークスに本来支払うべき利用手数料を払わないようにするためですが、当然規約違反です。また、外注さんとのトラブルも多いので絶対にやめましょう。

具体的には、外注さんが期限にルーズになったり、仕事の質やスピードが落ちたり、仕事をしなくなったり逃げたり……。実際にこういう事例にあった方もいますし、直接取引をすると「仕事を辞めてください」と言いづらくなります。

オンラインの外注化のメリットを活かしながらストレスなく外注化を実践した方が良いと思うので、この辺は十分お気を付けください。

以上、外注化について説明させて頂きましたが、**「外注化＝楽になる」といった発想は捨ててください。**

「外注さんと共に一緒に頑張って事業を効率化する」「外注さんとwin-winの関係で長期的に付き合う」という視点が外注化に取り組むなかで忘れている方が多いので、注意しましょう。

思いやりをもって外注さんに接すれば、きっとプラスの仕事をしてくれたりと、あなたにもメリットがあります。**ぜひ国内メーカー取引の内容を実践して、外注化にも取り組んでみてください！**

外注さんが働きやすくするために

Chapter10では外注化についてお話ししましたが、おそらく最初のうちはなかなかうまくいかないと思います。最初から仕事ができる人なんていないでしょうし、やっと苦労して仕事を伝えることができた、と思ったら辞めてしまうことも多いです。

なので、私はできる限り外注さんが働きやすいように、そしてモチベーションが上がるように日々工夫しています。

具体的にいうと、お願いする仕事において1日ベースでの締めは設けていません。

例えばメールを送る作業を毎日10件やって月300件ね、などの作業をお願いすると、外注さんも毎日作業かと思って嫌になります。それよりも「できれば毎日10件ぐらい送ってもらえたら助かりますが、忙しい日は作業できないと思うので、大体1週間で70件、1ヵ月で300件送ってもらえたら嬉しいです」のような言い方にすれば、外注さんのストレスは減ります。「必ず毎日」という締めが少し緩くなるからです。

私たちがお願いしようとする作業の単価は決して高いとは言えないものです。それなのに毎日作業を強制されたら、自分だったら嫌だなと思って、仕事をお願いする方とは、私はこのように接しています。

あとは随時、報酬の見直しを行っています。これも例えば「最初は○○円だけど、仕事ができるようになったら○○円にします」など、最初の段階でお話しできると良いでしょう。仕事ができるようになれば、報酬アップしてでもそのまま居続けてもらったほうが、これからのビジネスの向上になります、ここでケチることはないのです。

私のコンサル生も外注化を試している方がいますが、外注さんの能力と報酬が比例していないと、早く辞めていってしまいます。能力が高い方ならなおさらでしょう。安く使いたい、という気持ちは理解できますが、ここもメーカー取引と同じで「人対人」なので、思いやりをもって外注さんと接していきたいですね。

私にもかなり付き合いが長い外注さんがいますが、今では簡単なやり取りで意思疎通ができるので、とても助かっています。

これからいろんな外注さんとお付き合いすることになるかもしれませんが、よければこの辺をご参考ください。

おわりに
～好きな時に好きな人と好きな場所に好きなだけ行く～

国内メーカー直取引は、ライバルと差別化して長期的に安定的な利益が得られる、誠実なビジネスであることがおわかりいただけたと思います。なおかつ利益を積み上げる方法はとてもシンプルながら、メーカーと信頼関係を深く築くことで「自分で稼ぐ力」が手に入る、王道の物販ビジネスとも言えます。

本書に書いてあることを忠実に実践してメーカーの信頼を得られれば、1日2～3時間の作業で長期的に安定して稼ぐことが十二分に可能です。

また、本書では詳しくお伝えしませんでしたが、メーカーと長く深く付き合うことで、さらに次のようなメリットを享受できるようになります。

●新商品も最安値で仕入れることができるようになる。

●販売者の限定化から独占契約もできるようになる。

●メーカーと共同のOEM商品を開発できるようになる。

本書で書いてあることを極めればこれらは実現可能であり、もはや向かうところ敵なしと言えます。

国内メーカー直取引はメーカーと交渉して卸値を下げてもらったり、価格競争を防いだりすることが可能です。

その具体的なノウハウについても本書で詳しくお伝えしていますが、これは従来の物販ではコントロールできない、国内メーカー直取引ならではの大きな魅力です。

従来の物販でライバルとの価格競争に陥り、途中で稼げなくなって挫折してしまった方でも、国内メーカー直取引では稼ぎ続けることができるでしょう。しかもリサーチ地獄に陥ることはありません。

この可能性に満ちたAmazonと国内メーカー直取引の魅力をお伝えしたくて、私はこの本を書きました。

私は次のような理念を掲げています。

●Amazon物販ビジネスを通じ自分で稼ぐ力を身に付けてもらい、「好きな時に好きな人と好きな場所へ好きなだけ行く」という理想を現実化してもらう。

● 販路拡大に悩んでいるメーカーさんと深い信頼関係を築く中で、何十年も続くAmazon物販ビジネスを構築するノウハウを覚えてもらう。

●消費者が買ってワクワクするような商品を、メーカーと一緒に売るためのAmazon物販ノウハウを学んでもらう。

国内メーカー直取引は、これらを実現できる最適なビジネスと信じています。私だけでなく、この理念を実現できたコンサル生も多く生まれています。

私は今では欧米、中国、国内と3つの拠点から仕入れを行い、事業を拡大しています（海外メーカー直取引については、拙著『Amazon海外メーカー直取引完全ガイド』をご覧ください）。

好きなビジネスだから、ここまで事業を拡大できましたし、お金と人間関係に恵まれた理想の生き方を実践できています。

Amazon物販ビジネスを通じて多くの仲間にも恵まれ、仲間たちと旅行に出かけたりもしています（コロナ禍なので今は控えていますが、またみんなで顔を合わせてお会いしたいです）。

そして何と言っても、転売ではなく、メーカー直取引をきっかけに家族との大切な時間も確保できるようになりました。仕事もプライベートもすべて充実した人生を手に入れています。これはメーカー直取引という手法に出会わなければ実現しなかったかもしれません。

ぜひ、あなたにも私たちと一緒に「好きな時に好きな人と好きな場所へ好きなだけ行く」という理想の人生を手に入れてほしいと思います。

なお、この本は国内メーカー直取引を実践したい方だけではなく、実はメーカーさんに向けて書いたものでもあります。

私自身が自社の商品も開発する中で、Amazonというオンライン販売の可能性はとても大きなものだと実感しています。

しかし逆にメーカーさん自身がオンラインの顧客管理や卸先の素性を理解しないまま商品を誰でもかれでも卸すと、オンラインの販売価格はいずれ崩壊してしまいます。

オンラインの販売価格が下がるということはメーカーさんのブランドイメージ低下にもつながり、悪影響を及ぼすと考えています。

この本に書いてある通りです。

もしかしたらオンライン販売やAmazonでの販売に慣れていないメーカーさんもいるかもしれませんが、このような現状があることを理解した上で、自社のブランドイメージを確保して頂きたいと思います。対策は必ずできます。

全ての方がメリットある形で消費者の方々に商品を届けることができれば最高なので、より良い形で私自身、メーカーさんとお付き合いできたらと日々感じています。

最後までお読み頂いて、本当にありがとうございます。

この本を出版するきっかけを与えてくださったインプルーブの小山さん、小松﨑さん、この本の出版を決定して頂いたスタンダーズの佐藤社長、この本の隅々まで編集の助言をくださったスタンダーズの河田さん、そしてこれまで関わってきてくれた全ての方に感謝しています。

国内メーカー直取引を本書に書いてあるとおりに実践して、さらに早く結果に繋げていただくために、この本を買ってくださった方限定で、次のプレゼントをご用意しました。

①過去有料で販売したAmazon物販ビジネスの教科書

（PDF95ページに及ぶ丁寧な解説と各項目においての動画付き）

②以下の各項目ごとの分かり易い解説動画3本

【amazon物販ビジネスの魅力とは？】（54分収録）

【国内メーカー直取引の魅力とは？】（1時間2分収録）

【あなたの夢や目標を達成させるために必要な事とは？】（1時間5分収録）

③【儲かるメーカーリスト300・購入者限定セミナー】

過去、有料で開催したリアルセミナー動画（3時間21分収録）

④【本書「国内メーカー直取引改訂版」購入者限定プレゼント】

最新の国内メーカー取引事情を包み隠さずお話します、お楽しみに！！

特典の入手方法は簡単です。下のQRコードを読み取って、登録フォームにご入力ください。

なお、本書にてご案内しているリサーチ表や管理帳簿、会社概要エクセルなどのダウンロードは、左のQRコードのLINEにてお友だ ち追加ください、ご登録後すぐに資料をお送りしています。

それでは、最後の最後まで本書を読んでいただき、本当にありがとうございました。

一人でも多くの方がAmazon物販ビジネス、国内メーカー直取引で理想の人生を手にすることを心から願っております。

2021年9月

中村裕紀

用語索引

A～F

G～Z

あ行

か行

さ行

た行

な行・は行

ま行

や行・ら行・わ行

中村裕紀

Hironori Nakamura

Amazon物販ビジネスコンサルタント。
1984年生まれ。2021年現在37歳、二児の父。
介護・福祉関連の施設に勤める傍ら、2011年頃からAmazon物販ビジネスを副業にて開始。
2013年に独立し、2014年に転売で月利100万円を達成するも直後にアカウントが閉鎖。
その後はメーカー取引一本で売上を立て、2015年に月利200万円を達成する。
現在は国内外のメーカーと取引を重ね、年商2億円に迫る勢いで成長している。
同時にAmazon物販&メーカー直取引のコンサルタント業務を行い、
月利30〜200万円以上を継続して稼ぐプレイヤーを多く輩出している。
著書に『Amazon海外メーカー直取引完全ガイド』（弊社）がある。

Amazo

カバーデザイン・本文デザイン　越智健夫
本文DTP・図版作成　西村光賢
Special Thanks　小山睦男（インプループ）

Amazon海外メーカー
直取引完全ガイド

せどり、転売はもう古い! 初めてでも、1人でもできる

中村 裕紀
（Amazon物販コンサルタント）

海外のメーカーから仕入れてAmazonで売る!
⇒1日わずかの時間を使ってで毎月200万円稼ぐ!!
最高の副業ビジネススタートブック!

ハードルが高いと思われるけど意外とカンタン！個人で海外メーカーと取引して輸入した商品をAmazonで売るノウハウを、超初心者にもわかるように徹底的にわかりやすく解説します。コロナ時代も強い副業ビジネスをこの一冊でマスター！

A5判／384ページ／1,980 円（税込）

ビジネスYouTubeで売れ!

知識ゼロから動画をつくって
販促・集客・売上アップさせる最強のビジネス法則

酒井 大輔
（YouTube戦略コンサルタント）

超ビギナーがYouTube動画を作って
集客するノウハウを完全公開!!
ウェブ営業がわからない人のための史上最高の動画集客術

「会社でいきなりウェブ担当にされた!」「デジタルマーケティングってなに？」という人のための、低予算でYouTubeを活用して集客・販促につなげるためのノウハウを、基本からマーケティング、さらには心理学的側面から教えていく、画期的ビジネスYouTube入門！

四六判／264ページ／1,650円（税込）

Amazon国内メーカー直取引完全ガイド
増補改訂版

2021年9月30日　初版第1刷発行

著者　中村裕紀
編集人　河田周平
発行人　佐藤孔建
印刷所　三松堂株式会社
発行　スタンダーズ・プレス株式会社
発売　スタンダーズ株式会社
〒160-0008　東京都新宿区四谷三栄町12-4　竹田ビル3F
営業部　Tel.　03-6380-6132
Webサイト　https://www.standards.co.jp/